人力资源管理实战型系列教材

人力资源法规

孙泽厚　徐慧娟　主编

科学出版社

北　京

内 容 简 介

本书系统地介绍了人力资源管理实践所涉及的主要法律法规，内容主要涵盖集体合同、劳动合同法、社会保险法、用工管理制度与法规、劳动争议调解仲裁法等。每个章节包括主要内容提示、引导案例、法律法规主要内容陈述、案例讨论、资料导读、章节思考题。为了帮助读者精确地理解法律条文的含义和教师组织教学，在章节主要内容中穿插了大量案例，并进行了深入的案例评析，给出了处理结果。除此之外，每个章节在章节初始安排了抛砖引玉式的引导案例，同时在章节最后安排了有利于扩展性学习的讨论型案例。

本书适合作为人力资源管理本科教材及MBA教材，亦可作为企业人力资源管理培训教材，同时也可作为大学生及广大劳动者就业过程中掌握劳动维权知识的参阅读本。

图书在版编目（CIP）数据

人力资源法规/孙泽厚，徐慧娟主编 . —北京：科学出版社，2016.3
人力资源管理实战型系列教材
ISBN 978-7-03-047613-5

Ⅰ.①人… Ⅱ.①孙…②徐… Ⅲ.①人力资源管理 – 劳动法 – 中国 – 教材 Ⅳ.
①D922.5

中国版本图书馆 CIP 数据核字（2016）第 047364 号

责任编辑：张 宁 / 责任校对：李 莉
责任印制：徐晓晨 / 封面设计：蓝正设计

科 学 出 版 社 出版
北京东黄城根北街 16 号
邮政编码：100717
http://www.sciencep.com

北京建宏印刷有限公司 印刷
科学出版社发行 各地新华书店经销
*
2016年3月第 一 版 开本：787×1092 1/16
2019年5月第五次印刷 印张：17
字数：403 000

定价：**68.00元**

（如有印装质量问题，我社负责调换）

人力资源管理实战型系列教材
编 委 会

总　序

二十六年前，当我们开始学习组织行为学时，即被其以人为本的内涵所吸引。虽然，当时国内很少有人关注这一学科，甚至有人批驳它是伪科学，但我们相信，这门由心理学、社会学、人类学、经济学等有关行为的学科组成的交叉学科一定会在管理中有重大的应用价值。

从主讲组织行为学或管理心理学课程，到探讨其在劳动人事管理中的应用，我们默默地耕耘，直到五十而知天命。随着劳动人事管理向人力资源管理方向发展，武汉理工大学形成了工商管理专业人力资源管理方向，毕业生受到了人才市场的欢迎。九年前，我们创办了人力资源管理专业，毕业生就业率一直在本校名列前茅。2005年，我们的教学研究成果获得了湖北省教学成果一等奖；2008年，"人力资源管理"被评为湖北省精品课程；2013年，"组织行为学"被评为湖北省来华留学生品牌课程。我们主编的《人力资源管理——理论与实践》和《组织行为学》教材，深受社会各界好评。一路走来，充满艰辛，我们付出了许多心血，也获得了无限喜悦。

人力资源管理是蓬勃发展的新兴专业，实践性非常强，教材建设是专业建设的重要组成部分，是教学质量工程的建设重点。为此，在科学出版社的支持下，我们精心策划，联合有关高校的师资力量，组织企事业单位的人力资源管理人员，共同编写了工商管理类人力资源管理实战型系列教材，主要面向人力资源管理、工商管理、劳动与社会保障等专业的本科生和研究生（包括 MBA、EMBA），也可作为企事业单位在职培训的教材，以及各类管理人员的参考用书。

这套系列教材的特色主要体现在三个方面。

1. 统筹规划的系统性

作为湖北省教学研究项目"人力资源管理专业实践教学体系创新研究"的重要成

果，该系列教材经过精心规划和系统设计，涵盖了"绩效管理""薪酬管理""工作分析与职位管理""人力资源风险管理""职业生涯管理""人力资源法""人力资源管理战略规划""人员测评与选拔""人力资源开发与培训""组织行为与人力资源管理实训"等核心课程和特色课程，体系完备，重点突出。同时，该系列教材注重理论教学与实践教学相结合，纸质教材与电子课件、课程网络资源相结合，各种教学方法和手段优化组合，系统性强。

2. 领先前沿的创新性

罗帆、孙泽厚、桂萍、赵富强、卢少华、彭华涛等主编人员具有在美国、英国等发达国家知名大学留学的经历，了解人力资源管理的国际学术前沿和发展动态，将所主持的国家自然科学基金项目、国家社会科学基金项目的最新研究成果纳入教材。《人力资源风险管理》是国内外第一本相关领域的教材，包含人力资源风险预警管理、新生代农民工管理等内容，具有显著的创新性。该系列教材所采用的混合式教学、原创性案例、情景模拟、角色扮演和实训等方法，新颖独到。为了适应互联网＋时代教育信息化的发展趋势，我们在书中插入二维码，读者用手机扫描即可观看关键知识点教学录像、最新案例和阅读材料。

3. 需求导向的实战性

我们在全国范围内针对企事业单位人力资源管理人员、高校人力资源管理教师和学生分别进行了问卷抽样调查，对目前人力资源管理教材建设中的问题进行了诊断，了解了三方对人力资源管理教材的需求和期望，以需求为导向进行人力资源管理教学改革，所编写的教材强调实战性。以《组织行为与人力资源管理实训》为代表，综合反映实践教学创新的成果，致力于提高学生将来从事人力资源管理所需的综合素质，强化人力资源管理的战略视角、业务技能和实际操作能力。

该系列教材的主编主要来自武汉理工大学、中南财经政法大学、华中师范大学、武汉科技大学、湖北经济学院、中南民族大学等高校，是多年教授人力资源管理相关课程的任课教师，积累了丰富的教学研究和实战经验。参编人员还有来自美国明尼苏达大学、日本帝京平成大学、上海金融学院、中山大学、上海交通大学、华南理工大学及企事业单位的人力资源管理人员。人员队伍结构合理，优势互补，不仅在人力资源管理理论研究方面有新突破，而且具有丰富的人力资源管理咨询或实践经验。该系列教材充分体现了集体智慧和多方经验，涉及面广，受益面大。

在编写系列教材的过程中，我们吸收了国内外学者的研究成果以及众多人力资源管理者的实践经验，得到了科学出版社、湖北省教育厅、湖北省人力资源学会、武汉理工大学等高校的大力支持和帮助，在此我们深表谢意！

罗帆　孙泽厚

2016 年 1 月

前　言

　　我国人力资源法律法规一直处于不断完善的过程中，特别是《中华人民共和国劳动合同法》（简称《劳动合同法》）的出台，对企业人力资源管理实践产生了重大影响。用工风险广泛体现在劳动合同签订与执行、工伤认定、社会保险办理、员工休息休假、招聘管理、薪酬管理、绩效管理、离职管理等各个人力资源管理重要环节。作为人力资源管理实践者，必须依法开展人力资源管理，减少用工法律风险，促进劳动关系和谐发展。

　　本书涉及的法律主要有《集体合同规定》、《中华人民共和国劳动法》（简称《劳动法》）、《劳动合同法》、《中华人民共和国社会保险法》（简称《社会保险法》）、《中华人民共和国劳动争议调解仲裁法》（简称《劳动争议调解仲裁法》）等系列法律法规。本书的宗旨是阐述上述法律法规如何运用于人力资源管理实践，分四个主要模块展开，即介绍集体合同与劳动合同、五大社会保险、用工管理、劳动纠纷处理各个环节如何依法进行管理活动。

　　2005年我校成立人力资源管理系以来，人力资源相关法规课程的开设不仅源于对专业系统性的完善，更来自于用人单位对人力资源管理专业人员的迫切需求。而编写一部系统性、实战性的教材也是多年的愿望。2015年金秋十月是收获的季节，本书初稿在团队合作的努力下得以完成。特别感谢硕士研究生孙云刚同学、陈梅同学、姚腾飞同学、董能丹同学、李建韬同学参与资料收集和整理工作，特别感谢武汉市洪山区劳动人事争议仲裁办肖业华主任、王晓兵主任和武汉市东湖高新区劳动人事仲裁办张勇主任在案例收集方面给予的大力支持。

　　由于种种原因，本书还存在诸多有待改进之处，敬请读者批评指正。

孙泽厚　徐慧娟

2015年12月3日

目　录

第一章

集体劳动合同

　　劳动合同是规范劳动者和用人单位之间劳动权利与义务关系的协议。2008 年 1 月 1 日颁布实施了《劳动合同法》，《劳动合同法》与《劳动法》相比更细致、更具可操作性，明确了劳动合同的订立、履行、变更、解除和终止等内容。劳动者和用人单位双方应依法订立劳动合同，并严格依照法律规定和合同约定履行合同，通过规范双方的行为，维护稳定和谐的劳动关系。劳动合同分为集体劳动合同和个人劳动合同，分别简称为集体合同和劳动合同。

　　集体合同作为一种劳动法律制度，是商品经济发展的产物。作为商品交换形式的契约制度，其发展中最有意义的是劳动力成了自由买卖的商品。在资本主义社会中，资产阶级为了使剥削合法化，便通过国家立法对雇佣契约予以认可；工人阶级则为了争得改善出卖劳动力的条件，逐步联合起来，迫使资产阶级承认工人享有自由结社权和通过集体协商谈判签订集体合同的权利，并通过法律形式予以确认。在我国社会主义市场经济条件下，集体合同是调整劳动关系、保护劳动者合法权益和促进经济发展的重要手段。

　　本章回答以下问题。

　　什么是集体合同？

　　集体合同主要包括哪些内容？

　　集体合同的形成机制——集体协商是如何进行的？有哪些法律规定？

　　集体合同在订立、变更、履行中有哪些规定？

　　集体合同有哪些形式？

　　各种集体合同对专门群体所体现的保护或倾斜作用是什么？

集体合同对新进员工个人劳动合同产生怎样的影响？

2008 年 5 月 12 日，某航空公司与公司工会推选出的协商代表经过集体协商，签订了一份集体合同草案。双方首席代表签字后，该草案经五分之四的职工代表表决通过。该草案由航空公司于 5 月 20 日报当地劳动和社会保障局登记、审查及备案，劳动和社会保障局 15 日内未提出异议。该集体合同有关规定摘录：公司员工每月工资不低于 1 500 元。

2008 年 7 月，该航空公司录用王君为安防技术员，并于 7 月 11 日与他签订了为期两年的劳动合同，约定工资为每月 1 100 元。不久，王君与公司老员工聊天时得知集体合同关于工资的规定后，多次与公司交涉要求提高工资，公司未能同意。

王君不服，于 2008 年 9 月下旬向劳动争议仲裁委员会提出申诉，要求航空公司按集体合同规定的工资标准履行合同，并补齐 2008 年 7 月至 9 月低于集体合同约定的月工资标准部分的劳动报酬。

思考：仲裁委员会将作出怎样的裁决？你认为应以哪个合同为依据支付王君的工资？

第一节　集体合同概述

一、集体合同的定义与适用范围

集体合同是指用人单位与本单位职工根据法律、法规、规章的规定，就劳动报酬、工作时间、休息休假、劳动安全卫生、职业培训、保险福利等事项，通过集体协商签订的书面协议。

《集体合同规定》第 2 条确定了集体合同的适用范围：中华人民共和国境内的企业和实行企业化管理的事业单位与本单位职工之间进行集体协商，签订集体合同，适用本规定。

二、集体合同的内容

《集体合同规定》第 8 条规定，集体协商双方可以就下列多项或某项内容进行集体协商，签订集体合同或专项集体合同。

常规内容包括：劳动报酬；工作时间；休息休假；劳动安全与卫生；补充保险和福利；女职工和未成年工特殊保护；职业技能培训；集体合同管理；奖惩；裁员；集体合同期限；变更、解除集体合同的程序；履行集体合同发生争议时的协商处理办法；违反集体合同的责任；双方认为应当协商的其他内容。

其中，《集体合同规定》第9~18条对以上内容的详细规定如下。

劳动报酬主要包括：用人单位工资水平、工资分配制度、工资标准和工资分配形式；工资支付办法；加班、加点工资及津贴、补贴标准和奖金分配办法；工资调整办法；试用期及病、事假等期间的工资待遇；特殊情况下职工工资（生活费）支付办法；其他劳动报酬分配办法。

工作时间主要包括：工时制度；加班加点办法；特殊工种的工作时间；劳动定额标准。

休息休假主要包括：日休息时间、周休息日安排、年休假办法；不能实行标准工时职工的休息休假；其他假期。

劳动安全与卫生主要包括：劳动安全卫生责任制；劳动条件和安全技术措施；安全操作规程；劳保用品发放标准；定期健康检查和职业健康体检。

补充保险和福利主要包括：补充保险的种类、范围；基本福利制度和福利设施；医疗期延长及其待遇；职工亲属福利制度。

女职工和未成年工特殊保护主要包括：女职工和未成年工禁忌从事的劳动；女职工的经期、孕期、产期和哺乳期的劳动保护；女职工、未成年工定期健康检查；未成年工的使用和登记制度。

职业技能培训主要包括：职业技能培训项目规划及年度计划；职业技能培训费用的提取和使用；保障和改善职业技能培训的措施。

集体合同管理主要包括：集体合同签订时间；确定集体合同期限的条件；集体合同变更、解除、续订的一般原则及无固定期限集体合同的终止条件；试用期的条件和期限。

奖惩主要包括：劳动纪律；考核奖惩制度；奖惩程序。

裁员主要包括：裁员的方案；裁员的程序；裁员的实施办法和补偿标准。

为便于理解，我们将以上内容概括为三个部分。

1.标准条件规范部分

标准条件规范部分是集体合同的核心内容，对个人劳动合同起制约作用，主要包括：劳动报酬；安全生产与工业卫生；工作时间与休息休假；工伤、医疗、养老等保险待遇；生活福利；职工技术培训；劳动纪律等。

2.过渡性规定

过渡性规定主要包括因集体合同履行发生纠纷的解决措施，如优先招用被解雇的职工以及集体合同的监督检查办法。

3.关于集体合同本身的规定

关于集体合同本身的规定主要包括集体合同的有效期限、变更、解除条件等。

每个单位、行业或区域可以按规定条款拟定集体合同或专项集体合同，在确定合同内容时需要注意克服以下偏向。

一是内容不具体、不全面，如没有提出履行集体合同的具体要求，对某些组织技术措施不作具体规定等，这种做法往往使集体合同不能履行，达不到签订集体合同的目的。

二是中心不明确，抓不住重点，内容繁杂琐碎，给合同的执行和检查带来了不少困难。

三是不从全局出发，忽视国家、企业和职工三者利益的一致性，片面强调职工福利，对职工的劳动条件和生活条件提出不合实际的过高要求，影响了企业的经营管理，最终也会影响职工劳动条件和生活条件的改善。

三、集体合同的签订原则

进行集体协商，签订集体合同或专项集体合同，应当遵循下列原则：①遵守法律、法规、规章及国家有关规定；②相互尊重，平等协商；③诚实守信，公平合作；④兼顾双方合法权益；⑤不得采取过激行为。

四、集体合同的法律特征

1.集体合同的主体特征

集体合同由工会代表企业职工一方与用人单位订立；尚未建立工会的用人单位，由上级工会指导劳动者推举的代表与用人单位订立。由此可知，集体合同的签订主体是工会和用人单位或者由上级工会指导劳动者推举的代表与用人单位。

2.集体合同的程序特征

我国《集体合同规定》第4条规定，用人单位与本单位职工签订集体合同或专项集体合同，应当采取集体协商的方式。企业职工一方与用人单位通过平等协商订立集体合同，协商谈判是订立集体合同的必经程序。

在集体合同订立过程中，双方均选出集体协商代表，就集体合同的具体内容进行协商。在这一过程中，双方可就集体合同草案的内容展开认真全面的讨论，充分发表各自的意见，申明各自的主张，在平等协商的基础上达成共识，形成一致意思表示，并根据双方协商的结果拟定集体合同草案。协商未达成一致或出现事先未预料的问题时，经双方同意，可以暂行中止协商。协商中止期最长不超过60天。

3.集体合同通过的条件特征

我国《集体合同规定》第36条规定："经双方协商代表协商一致的集体合同草案或专项集体合同草案应当提交职工代表大会或者全体职工讨论。职工代表大会或者全体职工讨论集体合同草案或专项集体合同草案，应当有三分之二以上职工代表或者职工出席，且须经全体职工代表半数以上或者全体职工半数以上同意，集体合同草案或专项集体合同草案方获通过。"

平等协商共决，签订集体合同

【举例说明】

某纺织有限责任公司工会和公司签订了《某纺织有限责任公司集体合同》《某纺织有限责任公司女职工专项集体合同》。集体合同的签订与实施，理顺了企业内部的劳动关系，调动了广大职工的生产积极性，促进了企业经济效益的提高，更重要的是进一步体现了工会的维护职能。

　　该公司集体合同的签订过程，自始至终以平等协商为基础和前提条件，在平等协商的过程中，双方着重处理好了两个关系。其一是相互尊重、平等协作的关系。在协商谈判中，企业与工会的法律地位是平等的，都享有平等的提议权、否决权、赞同权和陈述权，相互之间不存在隶属关系。其二是掌握原则，抓住重点，求同存异，实事求是。集体合同的签订既要坚持以法律为依据，又要结合本企业的实际情况。为了保证集体合同的顺利签订，公司工会和各分厂工会经过自上而下、由下及上的反复讨论审议，结合企业实际拟订了集体合同初稿。后经双方对照《劳动法》《集体合同规定》《劳动合同法》，经过反复酝酿讨论，六易其稿，最终拟订了《某纺织有限责任公司集体合同》和《某纺织有限责任公司女职工专项集体合同》草案，并提交公司一届一次职工代表大会讨论审议。之后经职工代表大会以票决制的方式全票通过了这两个集体合同。同日，公司工会主席代表职工和公司总经理代表公司在这两个集体合同上签了字。

　　点评：该纺织有限责任公司签订集体合同时遵守了集体合同的签订原则，合同双方在签订合同的过程中相互尊重、平等协商；合同达到了通过的条件，且该公司签订合同的程序合法。

　　4.集体合同生效的条件

　　《劳动合同法》第 5 章第 54 条规定，集体合同订立后，应当报送劳动行政部门；劳动行政部门自收到集体合同文本之日起 15 日内未提出异议的，集体合同即行生效。依法订立的集体合同对用人单位和劳动者具有约束力。行业性、区域性集体合同对当地本行业、本区域的用人单位和劳动者具有约束力。《劳动法》和《集体合同规定》也有相关规定。

五、集体合同的意义

　　1.促进合同双方谈判实力的均衡

　　签订劳动合同时，单个劳动者处于弱势而不足以同用人单位相抗衡，因而难以争取到公平合理的劳动条件。例如，由工会代表全体劳动者同用人单位签订集体合同，可以实现在合同中规定的集体劳动条件，集体劳动条件是本单位内的最低个人劳动条件。因此，集体合同能够防止和纠正劳动合同对于劳动者的过分不公平，使合同双方在实力上取得平衡。

　　2.有利于解决共性问题

　　劳动关系的内容涉及方方面面，如果事无巨细均由劳动合同规定，那么每份劳动合同都将成为一本具有相当篇幅的文件，增加了人力资源管理部门的工作量。通过集体合同对劳动关系的内容进行全面规定之后，劳动合同只需就单个劳动者的特殊情况作出规定即可，这样就会大大简化劳动合同的内容，也会大大降低签订劳动合同的成本。由于集体合同具有上述作用，集体合同被认为是劳动合同的"母合同"。

　　3.有利于解决动态性问题

　　在劳动合同的有效期内，如果企业经营状况或社会经济形势等因素发生了较大变化，那么可以通过集体合同的调整来保障劳动者权益。如根据有关规定，用人单位需要裁减人员，应当征求全体职工意见。因此，在集体合同中明确规定这方面的内容，实际上是将经济性裁员规范化以利于企业的稳定。许多在劳动合同中难以涉及的职工整体利益问题，均可通过集体合同进行约定，如劳动条件的改善、集体福利的提高等。

从劳动关系的调整上看，实行集体合同制度是在国家劳动法律法规的调整与劳动合同的调整中间增加集体合同的调整这一层次，实现对劳动关系的多方位、多层次调整。集体合同对劳动关系的调整，同一般的劳动法律法规相比针对性更强，同时也有利于消除或弥补劳动合同存在的某些随意性，为企业劳动关系的调整提供一种新机制，从而使企业劳动关系更和谐、更稳定。

总之，实行集体合同制度，有利于从整体上维护职工的劳动权益，更好地保护劳动者个人的合法权益，调动职工生产劳动的积极性、主动性和创造性，增强职工的企业主人翁意识。

六、集体合同与劳动合同的区别

集体合同与劳动合同各司其职，存在以下六种区别。

1.集体合同与劳动合同的两方当事人不同

劳动合同的当事人分别是单个的劳动者和企业。集体合同的当事人分别是全体职工和企业，这里的全体职工是指工会或职工代表（未建立工会的企业通过选举职工代表参加集体谈判）。

2.集体合同与劳动合同的内容不同

劳动者个人和企业签订的劳动合同，主要约定的是企业和员工个人之间的权利与义务，而集体合同里主要约定的是全体职工权利与企业义务。劳动合同是每一个职工和企业分别签订的，所以劳动合同所反映的内容是个性化的。例如，具体到某一位职工，他的工作内容是什么，工资是多少，岗位是什么，享受什么样的福利待遇等。而集体合同反映的是企业全体或部分劳动者应享受哪些最基本的福利待遇，有哪些最基本的保障条件。因此，集体合同反映的是共性的问题，劳动合同反映的是个性的问题。

3.集体合同与劳动合同的作用不同

劳动合同的作用是在企业与员工之间建立起劳动关系，约定双方当事人在履行劳动合同过程中各自的权利与义务，以及合同解除与终止的时间和条件。劳动合同的任何一方不履行约定的义务，都是违约或者违法的。而集体合同更多的作用是约束企业给予全体或部分职工最基本的待遇。在集体合同中，对于约定的企业义务，企业必须执行；对于约定的员工义务，基本上是道义上的。

4.集体合同与劳动合同订立的时间和方式不同

劳动合同是双方当事人一旦建立劳动关系，应依法在一个月内签署。而集体合同则不同，因为劳动关系刚刚建立的时候，企业职工人数不多，无法签署集体合同。所以，签署集体合同与劳动合同的时间是不一样的。

按照法律规定，劳动合同是双方当事人在平等自愿的基础上，一旦达成共识，就可以签署。而集体合同是双方当事人虽然在平等自愿的基础上达成了共识，但是还需要经过一些必经程序才能签署。集体合同首先必须制定集体合同的文本，然后提交职工代表大会，并经半数以上职工代表讨论通过，双方当事人才可以签署。

5.集体合同与劳动合同发生法律效力的时间不同

劳动合同是一经双方当事人签署，就马上产生法律效力。而职工代表或工会，即使和企业签署了集体合同，也不能马上产生法律效力。当双方当事人签署完集体合同后，应该报给相关的劳动行政部门。在法律规定的一段时间内，如果劳动行政部门没有对集体合同提出异议，或者没有给企业任何回复，那么在达到法律规定的时间期限（上报 15 日）后，集体合同才具有法律效力。

6.集体合同与劳动合同的期限不同

劳动合同有三种期限，即固定期限的、无固定期限的和以完成一定工作任务为期限的。而集体合同只有一种期限，就是有固定期限的，而且时间一般是一至三年。

第二节　集体协商

一、什么是集体协商?

我国劳动关系现状总体是稳定的，但从劳动关系的发展趋势来看有如下特点：一是劳动人口从无限供给到相对短缺；二是劳动者权利意识觉醒；三是新生代农民工已占农民工群体的 60% 以上，而且调查显示，他们越来越倾向于用团体行动来维权；四是劳动关系调整的重点由个体劳动关系走向集体劳动关系。因此，集体协商是市场经济的必要选择，并成为市场经济调整劳动关系的基本制度。

二、集体协商代表

1.集体协商代表的定义与产生

集体协商代表（简称协商代表），是指按照法定程序产生并有权代表本方利益进行集体协商的人员。

职工一方的协商代表由本单位工会选派。未建立工会的，由本单位职工民主推荐，并经本单位半数以上职工同意。职工一方的首席代表由本单位工会主席担任。工会主席可以书面委托其他协商代表代理首席代表。工会主席空缺的，首席代表由工会主要负责人担任。未建立工会的，职工一方的首席代表从协商代表中民主推举产生。

用人单位一方的协商代表，由用人单位法定代表人指派，首席代表由单位法定代表人担任或由其书面委托的其他管理人员担任。

2.集体协商代表的职责

《集体合同规定》第 25 条和第 26 条明确了协商代表的职责：参加集体协商；接受本方

人员质询，及时向本方人员公布协商情况并征求意见；提供与集体协商有关的情况和资料；代表本方参加集体协商争议的处理；监督集体合同或专项集体合同的履行；法律、法规和规章规定的其他职责。协商代表应当维护本单位正常的生产、工作秩序，不得采取威胁、收买、欺骗等行为。此外，协商代表应当保守在集体协商过程中知悉的用人单位商业秘密。

3.集体协商代表的保护

职工一方协商代表在其履行协商代表职责期间劳动合同期满的，劳动合同期限自动延长至完成履行协商代表职责之时，除出现下列情形之一的，用人单位不得与其解除劳动合同：①严重违反劳动纪律或用人单位依法制定的规章制度的；②严重失职、营私舞弊，对用人单位利益造成重大损害的；③被依法追究刑事责任的。

职工一方协商代表履行协商代表职责期间，用人单位无正当理由不得调整其工作岗位。

4.集体协商代表的其他规定

（1）人数规定：集体协商双方的代表人数应当对等，每方至少 3 人，并各确定 1 名首席代表。

（2）委托事项规定：集体协商双方首席代表可以书面委托本单位以外的专业人员作为本方协商代表，委托人数不得超过本方代表的三分之一；首席代表不得由非本单位人员代理。

（3）人员变动规定：工会可以更换职工一方代表；未建立工会的，经本单位半数以上职工同意可以更换职工一方代表；用人单位法定代表人可以更换用人单位一方协商代表。

三、集体协商程序

集体协商程序见图 1-1。

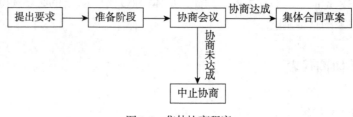

图 1-1　集体协商程序

1.提出要求

《集体合同规定》第 32 条明确说明集体协商任何一方均可就签订集体合同或专项集体合同以及相关事宜，以书面形式向对方提出进行集体协商的要求。一方提出进行集体协商要求的，另一方应当在收到集体协商要求之日起 20 日内以书面形式给予回应，无正当理由不得拒绝集体协商。

2.准备阶段

《集体合同规定》第 33 条明确了协商代表在协商前应进行下列准备工作：①熟悉与集体协商内容有关的法律、法规、规章和制度；②了解与集体协商内容有关的情况和资料，收集用人单位和职工对协商意向所持的意见；③拟定集体协商议题，集体协商议题可由提出协商一方起草，也可由双方指派代表共同起草；④确定集体协商的时间、地点等事项；⑤共同确定一名非协商代表担任集体协商记录员。记录员应保持中立、公正,并为集体协商双方保密。

3.组织协商会议并形成集体合同草案

《集体合同规定》第 34 条明确表示,集体协商会议由双方首席代表轮流主持,并按下列程序进行:①宣布议程和会议纪律;②一方首席代表提出协商的具体内容和要求,另一方首席代表就对方的要求作出回应;③协商双方就商谈事项发表各自意见,开展充分讨论;④双方首席代表归纳意见。达成一致的,应当形成集体合同草案或专项集体合同草案,由双方首席代表签字。

4.中止协商

《集体合同规定》第 35 条规定,集体协商未达成一致意见或出现事先未预料的问题时,经双方协商,可以中止协商。中止期限及下次协商的时间、地点、内容由双方商定。

四、集体协商争议

1.集体协商争议存在的必然性

建立集体协商机制是构建社会主义和谐社会的必然要求。在现实的社会经济生活中企业主或厂方总是希望通过控制劳动力成本的方式来提高企业的收益;劳动者则是希望提高工资,改善劳动条件。劳资双方存在利益冲突是客观的和必然的。

正是因为这种矛盾的客观性,需要找到一种有效解决矛盾的制度来维持二者关系的和谐,使社会经济持续健康地向前发展。集体协商机制的提出和确立适时地满足了这种需要。通过集体协商机制这一规范化、制度化的通道,以和平理性的方式解决劳动关系双方冲突,尽可能地避免矛盾激化或化解矛盾,有利于降低解决冲突的社会成本,维护劳动关系的和谐稳定,保护劳动者的生产积极性,维护社会经济的良性运行。

2.集体协商争议的协调

1)协调组织的规定

争议发生后通常首先寻求内部解决,当双方不能协商解决时,可以寻求第三方力量。《集体合同规定》第 49~51 条规定如下。

《集体合同规定》第 49 条明确表示集体协商过程中发生争议,双方当事人不能协商解决的,当事人一方或双方可以书面向劳动保障行政部门提出协调处理申请;未提出申请的,劳动保障行政部门认为必要时也可以进行协调处理。

《集体合同规定》第 50 条明确表示劳动保障行政部门应当组织同级工会和企业组织等三方面的人员,共同协调处理集体协商争议。

《集体合同规定》第 51 条明确表示集体协商争议处理实行属地管辖,具体管辖范围由省级劳动保障行政部门规定。

中央管辖的企业以及跨省、自治区、直辖市用人单位因集体协商发生的争议,由劳动保障部指定的省级劳动保障行政部门组织同级工会和企业组织等三方面的人员协调处理,必要时,劳动保障部也可以组织有关方面协调处理。

2）协调时间的规定

《集体合同规定》第 52 条明确表示协调处理集体协商争议，应当自受理协调处理申请之日起 30 日内结束协调处理工作。期满未结束的，可以适当延长协调期限，但延长期限不得超过 15 日。

3）协调程序的规定

《集体合同规定》第 53 条明确了集体协商争议的程序：①受理协调处理申请；②调查了解争议的情况；③研究制订协调处理争议的方案；④对争议进行协调处理；⑤制作《协调处理协议书》。

4）协调结果的规定

《集体合同规定》第 54 条明确表示《协调处理协议书》应当载明协调处理申请、争议的事实和协调结果，双方当事人就某些协商事项不能达成一致的，应将继续协商的有关事项予以载明。《协调处理协议书》由集体协商争议协调处理人员和争议双方首席代表签字盖章后生效。争议双方均应遵守生效后的《协调处理协议书》。

第三节　集体合同的订立、效力、变更、解除

一、集体合同的订立

1.集体合同的订立主体

《集体合同规定》第 2 条明确规定，中华人民共和国境内的企业和实行企业化管理的事业单位与本单位职工之间进行集体协商，签订集体合同。可见，集体合同是由全体职工和用工单位之间签订的。

2.集体合同的订立程序

集体合同的订立程序见图 1-2。

1）协商并形成草案

协商也称谈判，这是签订集体合同的必经程序。由企业和职工双方代表就拟订的集体合同草案进行平等协商，无论哪一方当事人提出的草案文本，另一方当事人没有正当理由都不得拒绝。如有不同意见，应由企业行政领导与工会进行协商，补充或修改集体合同草案。协商解决不成，按照有关法律规定处理。

在协商之前需要进行集体合同协商代表的确定。企业代表由法定代表人担任或指派；职工方代表由工会选派，未建立工会的由企业职工民主选举推举代表，合同内容须得到半数以上职工的同意。

草案的形成是在收集职工和企业有关部门的意见后，由协商一方或双发共同拟定集体合同草案。

2）审议

依据相关法律法规的要求，将在集体协商谈判基础上形成的集体合同草案文本，提

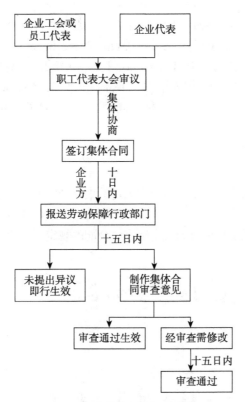

图 1-2　集体合同的订立程序

交职工代表大会或全体职工大会进行审议，使集体合同能够充分反映和代表广大职工和企业的要求。

3）签字

《集体合同规定》第 37 条明确表示，集体合同草案或专项集体合同草案经职工代表大会或职工大会通过后，由集体协商双方首席代表签字。按照合同成立理论，集体合同一经双方首席代表签字，合同即成立。签字后的集体合同不得因双方代表的变更而解除。签字是集体合同订立过程的一个必经手续，也是集体合同的形式要求。

4）审查

集体合同的订立不等于集体合同的生效。

《集体合同规定》第 42 条明确规定，集体合同或专项集体合同签订或变更后，应当自双方首席代表签字之日起 10 日内，由用人单位一方将文本一式三份报送劳动保障行政部门审查。劳动保障行政部门对报送的集体合同或专项集体合同应当办理登记手续。劳动保障行政部门应当对报送的集体合同或专项集体合同的以下事项进行合法性审查：①集体协商双方的主体资格是否符合法律、法规和规章规定；②集体协商程序是否违反法律、法规、规章制度；③集体合同或专项集体合同内容是否与国家规定相抵触。

5）生效公布

劳动保障行政部门自收到集体合同文本之日起 15 日内未提出异议，集体合同即生效。签订集体合同双方在收到劳动保障部门的审查意见后，对其中无效或部分无效的条款应进行修改，并于 15 日内报送劳动保障行政部门重新审查。经劳动保障行政部门审查登记生效后的集体合同，双方应及时以适当的形式向各自代表的全体成员公布。

值得注意的是，集体合同必须以书面形式订立。换言之，只有以书面形式订立的合同，才具有法律效力。集体合同涉及用人单位、工会、全体员工各自的权利和义务，采用书面形式订立，便于履行和检查。同时，集体合同需报劳动保障行政部门登记审查。

二、集体合同的效力

《集体合同规定》第 6 条规定：符合本规定的集体合同或专项集体合同，对用人单位和本单位的全体职工具有法律约束力。用人单位与职工个人签订的劳动合同约定的劳动条件和劳动报酬等标准，不得低于集体合同或专项集体合同的规定。

集体合同的法律效力高于劳动合同

【案例介绍】

申请人：吴某

被申请人：某电子公司

吴某于 2010 年 4 月 1 日入职某电子公司，从事车间管理工作。该电子公司于 2011 年 12 月 31 日与代表本公司全体员工的工会签订了集体合同。合同有效期 3 年，从 2012 年 1 月 1 日起至 2014 年 12 月 31 日止。该集体合同中约定："公司在集体合同存续期间与员工订立劳动合同，有固定期限的，劳动合同期限不得少于 3 年。"该集体合同经过劳动行政部门审查有效。

2012 年 12 月 31 日，吴某在续签劳动合同时向该电子公司提出签订 3 年期的劳动合同，但该电子公司只愿与其续签 1 年期限的劳动合同。吴某无奈，只得同意与电子公司签订自 2013 年 1 月 1 日起至 2013 年 12 月 31 日止的劳动合同。吴某合同签订后向劳动部门和工会反映，希望重新签订 3 年期的劳动合同。因种种原因，劳动合同没能重签。2013 年 12 月 31 日下午，该电子公司通知吴某劳动合同已到期，公司不再续签。吴某认为他的劳动合同期限应该于 2015 年 12 月 31 日止，这家电子公司违反集体合同的规定单方终止其劳动合同，要求电子公司继续履行劳动合同。电子公司工会代表吴某提起劳动争议仲裁。

【案例评析】

本案中，这家电子公司与工会签订的集体合同，依法经过劳动行政部门审查通过，该集体合同合法有效。《劳动合同法》第 55 条明确规定，用人单位与劳动者订立的劳动合同中劳动报酬和劳动条件等标准不得低于集体合同规定的标准。在该集体合同的有效期内，吴某与这家电子公司续签劳动合同时应遵守集体合同的有关约定。该电子公司在与吴某续签劳动合同时，吴某已明确提出签订 3 年期劳动合同的要求，但这家电子公司不接受，只愿与吴某签订 1 年期的劳动合同，该劳动合同中关于合同期限的约定与集体合同的约定相冲突。因此，该劳动合同中关于劳动合同期限的条款自订立时起无效，对双方没有约束力。双方的劳动合同期限应以集体合同的约定为准。申请人要求被申请人继续履行劳动合同，符合法律规定。

【处理结果】

劳动争议仲裁委员会裁令双方继续履行劳动合同至 2015 年 12 月 31 日。

《劳动合同法》第 55 条规定，集体合同中劳动报酬和劳动条件等标准不得低于当地人民政府规定的最低标准；用人单位与劳动者订立的劳动合同中劳动报酬和劳动条件等标准不得低于集体合同规定的标准。《集体合同规定》第 6 条也规定，用人单位与职工个人签订的劳动合同约定的劳动条件和劳动报酬等标准，不得低于集体合同或专项集体合同的规定。可见，集体合同的法律效力高于劳动合同，集体合同对一般劳动合同具有准法规的效力，其所确立的劳动报酬、劳动条件等是一般劳动合同内容的基准。因此，本章开篇中引导案例中的答案也就明确了。

集体合同高于劳动合同的效力主要表现在以下两个方面。

（一）补充性效力

如果集体合同有的内容是劳动合同未涉及的，那么这些将成为劳动合同的补充，对劳动者和用人单位也是有约束力的，都应当按照集体合同中的规定执行。

（二）强制性基准

集体合同中规定的劳动条件和劳动待遇等标准是劳动者利益的最低标准。劳动合同的标准若低于集体合同规定的标准，则是无效的。

已经生效的集体合同对不赞成集体合同的员工有约束力吗？

【案例介绍】

申请人：李某

被申请人：A 公司

A 公司是一家规范化管理的商场，经民主程序商场与工会签订了集体合同，并报劳动保障部门登记备案。集体合同中有一条规定：在周末与节日的商场经营活动中，员工需要延长一个小时工作时间，商场向员工支付加班费。

在 2011 年五一期间，公司要求所有员工每天加班一小时。公司员工李某称，在制定集体合同的当天，全体职工讨论、集体表决时，他投了反对票，集体合同对他是不生效的，因此拒绝公司的安排。后公司对李某不听从安排的行为给予 100 元扣款的处罚。李某不服，向劳动争议仲裁委员会提起仲裁，要求撤销公司的处罚决定。

【案例评析】

集体合同自签订生效之日起，即对企业和企业全体劳动者都具有约束力。本案中，A 公司的集体合同是经过民主程序由全体职工讨论、表决通过，并由工会与商场签订的，自其生效之日起，即对 A 公司所有员工都具有约束力。

依据法定程序签订并生效的集体合同，不因个别员工没签署而对其没有约束力。因此，A 公司依据所签订的集体合同对李某作出的处分并无违法之处。

【处理结果】

劳动争议仲裁委员会驳回李某的诉求，按 A 公司原处理方式执行。

三、集体合同的变更、解除

《集体合同规定》第 39 条规定：双方协商代表协商一致，可以变更或解除集体合同或专项集体合同。

《集体合同规定》第 40 条规定了可以变更或解除集体合同或专项集体合同的情形：①用人单位因被兼并、解散、破产等原因，致使集体合同或专项集体合同无法履行的；②因不可抗力等原因致使集体合同或专项集体合同无法履行或部分无法履行的；③集体合同或专项集体合同约定的变更或解除条件出现的；④法律、法规、规章规定的其他情形。

《集体合同规定》第 41 条规定，变更或解除集体合同或专项集体合同适用本规定的集体协商程序。

第四节　集体合同的其他形式

一、专项集体合同

集体合同的具体内容可能涉及劳动关系的各个方面，也可能只涉及劳动关系的某个方面。随着社会经济的发展，各方面的问题也逐渐显现，想要一劳永逸地在一个集体合同里解决所有问题越来越不可能。为了减少协商谈判所需要的社会成本，也为了更有针对性、更有效地解决劳动关系某一个方面的问题，工会在推进集体合同制度的实践中订立专项集体合同逐渐成为一种普遍形式。

1.专项集体合同定义

所谓专项集体合同，是指用人单位与劳动者根据法律、法规、规章的规定，就集体协商的某项内容签订的专项书面协议。

2.专项集体合同常见种类

1）劳动安全卫生专项集体合同

随着保护劳动者权益的认识逐渐深入，劳动安全卫生标准越来越被社会关注。在已有的《劳动法》、《中华人民共和国工会法》（简称《工会法》）、《中华人民共和国安全生产法》（简称《安全生产法》）、《中华人民共和国职业病防治法》（简称《职业病防治法》）、

《中华人民共和国消防法》（简称《消防法》）、《危险化学品安全管理条例》等劳动安全卫生法律法规及标准的前提下，为进一步规范企业与职工双方在生产经营活动中的行为，加强安全生产的管理和监督，防止和减少安全生产事故的发生，维护职工的安全健康合法权益，促进企业的稳步发展，依据有关规定，结合某行业、某企业实际订立劳动安全卫生专项集体合同，已经越来越受到广大员工的关注。

资料导读

江苏省东海县在石英行业大力推行《职业危害防治专项集体合同》，截至 2011 年，全县石英行业共签订专项集体合同 291 份，覆盖企业近 400 家，惠及职工 23 000 人，石英行业企业职工参加体检人数达 19 327 人，同比增长 17%。职业危害防治工作呈现四个显著变化：职工维权意识和自我防护意识显著增强；企业经营者对预防职业危害重要性的认识及加大劳动保护投入的主动性显著提高；企业工作环境和劳动保护设施显著改善；因职业危害引发的劳资矛盾和纠纷显著下降。2011 年全年东海县只有 2 例因职业危害引发纠纷的投诉案例。《职业危害防治专项集体合同》的推行，为东海县安全发展、科学发展、跨越式发展与和谐发展作出了积极贡献。

2）女职工权益保护专项集体合同

女职工权益保护专项集体合同，是用人单位与本单位女职工根据法律、法规、规章的规定，就女职工合法权益和特殊利益方面的内容通过集体协商签订的专项协议，对用人单位和本单位的全体女职工具有法律约束力。结合本单位的工作实际制定的女职工特殊权益保护专项集体合同，往往具有较强的针对性、实效性和可操作性，是切实维护女职工合法权益和特殊利益的重要机制和手段。例如，专项集体合同里规定企业与女职工建立劳动关系应当订立劳动合同，实行男女同工同酬；在企业工会委员会、职工民主管理和进修、培训、出国考察、挂职锻炼时企业必须安排一定比例的女职工参加；根据女职工的生理特点，对经期、孕期、产期和哺乳期的女职工给予特殊保护；企业不得在孕期、产期、哺乳期降低其基本工资或终止、解除其劳动合同；单位每年对女职工（含离退休女职工）进行一次妇科检查；专项集体合同还对合同的检查和监督等方面进行了明确规定，使女职工合法权益得到了切实的维护和保障。

3）工资调整机制专项集体合同

2007 年，国家劳动和社会保障部提出，中国将力争在五年内，使各类企业都建立工资集体协商制度，形成正常的工资增长机制。工资集体协商，是指职工代表与企业代表依法就企业内部工资分配制度、工资分配形式、工资收入水平进行平等协商，并在协商一致的基础上签订工资协议的一种制度安排。在企业工资集体协商过程中，职工一方明显处于弱势。代表企业利益的一方往往组织严密，具有很强的专业素质，而代表职工利益的一方往往是由选举、任命等方式临时产生，缺乏谈判的动力与技能，致使工资谈判常常走过场，难以收到实际效果。为此，企业职工一方需要借助有组织的工会力量，真正具备与企业一方平等协商的能力，以订立工资调整机制方面的专项集体合同。

二、行业性、区域性集体合同

1.行业性、区域性集体合同的定义

行业性、区域性集体合同，是指行业工会或区域内的工会与企业代表或企业代表组织，就劳动报酬、工作时间、休息休假、劳动安全卫生、保险福利等事项，进行集体协商所订立的集体合同。

根据我国企业工会目前的状况，实行多层次的谈判特别是推行行业性、区域性的集体谈判，可以使企业工会相对透明，从而避免因工会与企业存在依赖关系而导致很多问题，所以它具有不同于企业内部集体合同的特殊意义。在制度设计方面，行业性、区域性集体合同作为集体合同的一种，一方面具有集体合同的性质，其订立和内容在没有特别规定的情况下，适用集体合同的一般规定，如《集体合同规定》中有关集体协商程序、集体合同审查的有关内容；另一方面，行业性、区域性集体合同作为一种特殊类型的集体合同又具有诸多的特殊性。

2.行业性、区域性集体合同的适用范围

在县级以下区域内，部分行业内可以订立统一的行业性、区域性集体合同。这表明行业性、区域性集体合同的主题范围超出了单个用人单位的范围，可以在一定范围内的不同用人单位之间共同订立、适用。但是，这一范围又受到一定的限制。

1）"县级以下区域内"的限制

在我国各地的实践中，行业性、区域性集体合同并不限于在县级以下区域内订立，而且在劳动合同法出台之前，各地地方性法规对行业性、区域性集体合同进行规定的，很多也不限于县级以下区域。但是在劳动合同法的限定中规定了这一限制。

行业性、区域性集体合同是在县以下的一定区域内，对带有普遍性、倾向性的突出问题进行平等协商，订立集体合同，这样可以避免重复协商，提高工作效率。由一定区域内不同的企业参与协商并订立合同，应当参照一定区域内相关企业的共同问题进行协商。区域范围越广，各参与企业之间的共同问题越少，集体合同中共同的标准和内容也越少。因此，行业性、区域性集体合同适用的范围过宽，会影响它的可行性，不利于充分发挥这一制度所特有的功能和作用。同时由于我国行业性、区域性集体合同制度的实践发展较晚，现在并不成熟，不宜于在过宽的范围内实施。实践中，行业性、区域性集体合同一般也在小型企业或同行业企业比较集中的乡镇、街道、社区和工业园区（经济技术开发区、高新技术产业园区）适用。

2）"建筑业、采矿业、餐饮服务业等行业"的限制

这一限制包括两层含义：①行业性集体合同应在同一行业的企业之间共同订立、适用；②行业性集体合同应在"建筑业、采矿业、餐饮服务业等"具有明显特点的行业内订立、适用。

行业性集体合同可以在更加广泛的范围内将劳动者团结起来，一起和用人单位议定劳动条件，避免不同单位劳动者之间相互竞争，从而有利于维护职工和企业双方的合法权益，构建和谐稳定的劳动关系。但是不同行业的劳动者和用人单位对劳动条件有着不同的要求，不同行业之间很难达成有效、适宜的统一权利义务协议。同时，只有在某些具有明显特点的行

业中,劳动者和用人单位才更需要通过行业性集体合同进行行业内多个企业之间的统一协议,也只有在这些特殊性行业中,行业性集体合同的特殊作用和意义才更加明显。在实践中,行业性集体合同也多在行业特点明显的行业内订立、适用。

3.行业性、区域性集体合同的协商代表

行业性、区域性集体合同可以由工会与企业方面代表订立,这在集体协商代表方面不同于集体合同。

1)企业职工一方协商代表

企业职工一方与用人单位通过平等协商,就劳动报酬、工作时间、休息休假、劳动安全卫生、保险福利等事项,可以订立集体合同。集体合同草案应当提交职工代表大会或全体职工讨论通过。集体合同由工会代表企业职工一方与用人单位订立;尚未建立工会的用人单位,由上级工会指导劳动者推举的代表与用人单位订立。可见在一般情况下,订立集体合同的协商代表是工会或者由劳动者推举的代表和用人单位代表。行业性、区域性集体合同明确规定由工会与企业方面代表订立。可见在行业性、区域性集体合同的订立中,只能由相关的工会代表企业职工一方。

2)企业一方协商代表

由于行业性、区域性集体合同的范围超出了单个的用人单位的范围,所以企业一方的协商代表也存在一定的特殊性,一般由区域内的企业联合会或其他企业组织、行业协会选派,或者由上级企业联合会组织区域内的企业主经民主推选或授权委托等方式产生。

资料导读

武汉市餐饮业工资集体合同

2011年4月,武汉市工会与武汉市餐饮协会签订了工资专项集体合同,这份合同惠及武汉市餐饮业近50万名员工。这个合同的出台一方面体现了武汉市工会和企业方能准确把脉劳动力市场动态,另一方面也体现了广大劳动者团结一致联合维权的信心和力量。

在经过两年多职工方与企业方大量调查研究后,在形成草案的基础上,经过近6个月多次集体协商,武汉市餐饮业工资专项集体合同得以出台。该合同的部分条款将餐饮业10类主要工种划分了最低工资线,将其中工资最低工种的底线提升到武汉市最低工资标准的130%,且不包括加班加点工资、高温津贴等各种福利,并约定2011年度餐饮业工资增长标准不低于9%。

由于餐饮业女性员工所占比例较大,合同对女性员工同工同酬待遇作了明确规定,并对女性员工反映较多的生育假期待遇和工资待遇作了相关规定。

1.武汉市餐饮业工资专项集体合同是行业集体合同

《劳动合同法》第53条规定,在县级以下区域内,建筑业、采矿业、餐饮服务业等行业可以由工会与企业方面代表订立行业性集体合同,或者订立区域性集体合同。《劳动合同法》第54条规定,依法订立的集体合同对用人单位和劳动者具有约束力。行业性、区域性集体合同对当地本行业、本地区的用人单位和劳动者具有约束力。行业性集体合同通常集中在建筑业、餐饮业等行业,这些行业大多为非工企业,数量众多且通常规模不大,因此其职工流动性大,企业工会力量薄弱甚至没有工会，侵害劳动者合法权益的事件时有发生，劳动关系矛盾现象突出。

2.武汉市餐饮业工资专项集体合同是专项集体合同

《劳动合同法》第52条规定，企业职工一方与用人单位可以订立劳动安全卫生、女职工权益保护、工资调整机制等专项集体合同。武汉市餐饮业工资专项集体合同在工资增长机制建立、女职工权益保护等方面的实践为我国劳动法规贯彻实施作出了积极贡献。

3.武汉市餐饮业工资专项集体合同是集体协商的结果

集体协商（又称集体谈判）是劳动关系的核心内容，通过集体协商雇佣方与劳动者在某一范围内以就业待遇等劳动者切身利益问题为协商焦点，经过反复磋商，经过合法程序而达成一致意见，并将协商结果以集体合同的形式加以固化，以期保障劳动者的基本权益。集体协商对维护劳动者共同关心的利益，特别是维护弱势劳动者群体利益，建立和谐劳动关系，增强企业凝聚力具有重要意义。

三、工会对集体合同履行的监督权

工会是我国工人阶级自发组成的重要群众组织，是代表职工利益、维护职工利益的组织，也是实现社会主义职工民主制度的基本组织形式。工会对保障和实践社会主义职工当家做主的国家主人翁地位、协调劳资关系、促进企业生产起到了组织保障作用。

1.工会依法要求用人单位承担责任的权利

1）工会权利实施的情形

工会依法要求用人单位承担责任适用的情形是用人单位违反集体合同。《集体合同规定》对集体合同或专项集体合同的内容作了系统的规定，其中主要是用人单位在用工过程中所应提供的劳动条件和承担的义务。用人单位对其任何内容的违反，都构成对集体合同的违反。

2）用人单位应承担的责任

我国现行立法中，较多地涉及用人单位违反集体合同应当承担责任的规定，但是并没有对企业违反集体合同所应当承担责任的内容和形式作出具体规定，而是在集体合同内容方面要求订立合同的双方对此予以约定。一般来说，当事人可以选择约定的责任形式，包括继续履行、解除合同、支付违约金、赔偿损失、赔礼道歉等。

2.工会申请仲裁和提起诉讼的权利

因履行集体合同发生争议，经协商解决不成的，工会可以依法申请仲裁或者提起诉讼。其中主要涉及两个问题，即工会与纠纷具体当事人之间的关系以及解决因履行集体合同发生纠纷中仲裁与诉讼的关系。

角色扮演

本实训项目由任课教师提前准备关于集体合同的案例，并将学员分成若干组，每组中的成员分别担任案例中涉及的纠纷双方利益成员、争议裁决机构成员，由各自负责扮演的角色阐述各方观点，任课教师最后对各方观点进行点评总结，通过此项目的训练提高学员对集体合同规定的理解和记忆，并提升实践及运用能力。

案例讨论

2009年9月某制药股份有限公司（简称制药公司）工会代表全体职工与公司签订了集体合同。该合同规定：职工工作时间为每日8小时，每周40小时，在上午和下午连续工作4小时期间安排工间操一次，时间为20分钟，职工工资报酬不低于每月1100元，每月4日支付，合同有效期自2009年9月16日至2010年9月15日。该合同于9月底被劳动管理部门确认。2009年10月，制药公司从人才市场招聘了一批技术工人到新建的制药分厂工作。每个技术工人也和制药公司签订了劳动合同，内容均是：合同有效期自2009年11月1日至2010年4月1日，工作时间为每日10小时，每周50小时，上、下午各工作5小时，其间无工间休息，工人工资每月1500元，劳动中出现的伤亡由劳动者自行负责。技术工人上班后发现车间药味很浓，连续工作后出现头昏等身体不适，遂向分厂负责人提出要享有总厂职工工间休息的待遇。分厂的答复是：①总厂集体合同订立在先，分厂设立在后，集体合同对分厂职工无效，分厂职工不能要求和总厂职工同等的待遇；②按劳取酬，分厂职工比总厂职工工资高出许多，增加劳动强度也是公平合理的。

思考题

1.集体合同对制药分厂职工是否有效？

2.制药公司和分厂技术工人订立的劳动合同有哪些内容无效？

本章思考题

1.集体合同制度起源于何种背景？在其他国家的劳动关系中起到了哪些作用？

2.集体合同制度在我国的发展情况如何？你认为集体合同制度在我国得不到普及的原因有哪些？

参考文献

程延园.2009.劳动合同法教程.北京：首都经济贸易大学出版社.

国务院法制办公室.2010.中华人民共和国劳动法典.北京：中国法制出版社.

江苏省东海县总工会.2012.东海县总工会推行专项集体合同筑牢职工安全屏障.现代职业安全,（2）:76-78.

黎建飞.2007.劳动合同法案例判解.北京：中国法制出版社.

石应忠.2008.平等协商共决签订集体合同.兵团工运,（4）：27.

喻术红.2009.劳动合同法专论.武汉：武汉大学出版社.

第二章

个人劳动合同

　　个人劳动合同简称劳动合同，是广大劳动者与其所在的用人单位双方所签订的体现在劳动关系过程中各自权利与义务的总和。签订劳动合同不仅有利于保护劳动者的合法权益，也能进一步规范用人单位的用工管理。《劳动合同法》颁布实施后，我国各行业的劳动合同签订率有了较大提高，但在实施过程中仍然存在很多问题需要进一步改善。

　　本章回答以下问题。

　　劳动合同的订立原则是什么？如合同任意一方被胁迫所签订的合同是否有效？

　　劳动合同所应包含的必选内容与可选内容分别是哪些？

　　劳动合同有哪些形式？分别适用于哪些情形？如什么条件下劳动者有权签订无固定期限劳动合同？无固定期限劳动合同是否等同于铁饭碗？

　　劳动合同中重要条款的各种具体规定有哪些？如试用期长短如何确定？试用期劳动者胜任能力有限能保住饭碗吗？试用期工资待遇与正式员工有区别吗？

　　劳动合同应如何履行？违反劳动合同双方所应承担的罚则有哪些？如不签订劳动合同用人单位支付双倍工资的具体规定是什么？

　　劳动合同在哪些情况下可以变更、解除、延续和终止？遇到医疗期、孕期内劳动者合同应顺延的具体规定有哪些？

公司可以任意更改劳动合同的期限吗？

　　某公司与小张于 2011 年 7 月 22 日签订了为期 5 年的劳动合同，合同约定试用期为半年，小张在试用期及成为正式员工之后一直表现良好。但是从 2011 年第四季度起，公司效益一直下滑。2012 年 4 月 3 日，该公司人事部负责人突然通知小张说，由于当初的劳动合同没有经过经理办公室的讨论研究，所以出现问题，可能要终止合同；如果小张愿意继续工作，则合同期限必须改为 3 年。小张表示不能接受，要求继续履行合同，经过与公司多次交涉未果，于是向当地劳动仲裁委员会申请仲裁。

讨论：仲裁委员会将作出怎样的裁决？

第一节 劳动合同订立

一、劳动合同的定义

为了完善劳动合同制度，明确劳动合同双方当事人的权利和义务，保护劳动者的合法权益，构建和发展和谐稳定的劳动关系，2007 年 6 月 29 日第十届全国人民代表大会常务委员会通过了《劳动合同法》，并于 2008 年 1 月 1 日实施。

《劳动法》第 16 条明确了劳动合同的概念：劳动合同是劳动者与用人单位确立劳动关系、明确双方权利和义务的协议。《劳动合同法》第 1 条明确了本法的立法宗旨：完善劳动合同制度，明确劳动合同双方当事人的权利和义务，保护劳动者的合法权益，构建和发展和谐稳定的劳动关系。

二、劳动合同的形式与内容概述

1.劳动合同的形式

《劳动合同法》第 2 章第 10 条规定建立劳动关系，应当订立书面劳动合同。已建立劳动关系，未同时订立书面劳动合同的，应当自用工之日起一个月内订立书面劳动合同。用人单位与劳动者在用工前订立劳动合同的，劳动关系自用工之日起建立。

订立书面劳动合同是劳动者的义务

【案例介绍】

申请人：张某、李某

被申请人：某超市公司

张某和李某于 2012 年 10 月 8 日进入某超市公司工作，但公司人力资源部因为业务繁忙，直到 10 月 27 日才向张某和李某下发了三日内到人力资源部订立三年期劳动合同的通知函。张某认为签了合同后提出辞职就会受到合同的约束，李某听说法律规定超过一个月不满一年未与劳动者订立书面合同的用人单位应当向劳动者每月支付两倍工资，两人就都没有去订立劳动合同。公司于 10 月 31 日给张某和李某下发了终止劳动关系的通知函，并将 10 月 8 日至 10 月 31 日的报酬打入张某和李某的工资卡内。张某和李某不服，申请仲裁。仲裁委员会依据劳动合同法和劳动争议调解仲裁法的规定，受理了张某和李某的申请。

【案例评析】

《中华人民共和国劳动合同法实施条例》（简称《劳动合同法实施条例》）对于不签订劳动合同的法律后果进行了详细的规定，张某和李某无视法律关于签订书面劳动合同的强制性规定而丢了工作。书面劳动合同的签订是遵守法律的必然结果，随着劳动合同法的内容为大众所熟知，签订劳动合同成为理所当然的事情，也成为遵守劳动合同法的基本要求。

【处理结果】

仲裁委员会经过审理，依据《劳动合同法实施条例》第 5 条的规定，裁决不支持张某和李某的请求。

录取通知书能否代替劳动合同？

【案例介绍】

申请人：王某

被申请人：某广告公司

2010 年 2 月，某广告公司进行了一次招聘，经过层层筛选，某高校应届毕业生王某成为他们的录用对象之一。录用名单确定后，公司按照内部招聘程序向王某发出了录用通知书，其中标注了他的工作岗位、工资报酬等。王某接到通知书后便到公司办理了入职手续，双方未签订书面劳动合同。

2010 年 12 月 26 日，公司实行经济性裁员，王某被列入了裁员名单。双方在协商解除劳动合同的过程中，王某提出，公司一直没有与他签订书面劳动合同，按照《劳动合同法》的相关规定，公司应当向他支付在职期间的双倍工资。但公司认为招聘时公司便向包括王某在内的每一个被录用人员发放了录用通知书，通知书中包括了《劳动合同法》规定的劳动合同应当具备的所有条款，工资、福利、试用期、岗位等内容一应俱全。在职期间，双方一直按照录用通知书中的内容履行各自的权利义务，王某认可录用通知书的内容和效力，从未对此提出过任何异议。因此，录用通知书就是劳动合同，公司愿意按照法律规定向王某支付经济性裁员的经济补偿，但拒绝向王某支付双倍工资。双方最终未能协商一致，王某向劳动争议仲裁机构提起仲裁申请。

【案例评析】

发放录用通知书并不能免除用人单位签订书面劳动合同的法定义务，案例中的这家公司未按照法律规定与员工签订书面劳动合同，按照《劳动合同法》第 82 条的规定，应当向王某支付双倍工资。

【处理结果】

劳动争议机构裁决录用通知书不能代替劳动合同，该公司应向王某支付双倍工资。

2.劳动合同的内容

劳动合同的内容，是指劳动者与用人单位双方通过平等协商后达成一致的有关劳动权利和劳动义务的具体条款。它是劳动合同的核心部分。

《劳动法》第19条及《劳动合同法》第17条规定了劳动合同的内容。其中《劳动法》第19条规定的内容有7项：劳动合同期限；工作内容；劳动保护和劳动条件；劳动报酬；劳动纪律；劳动合同终止的条件；违反劳动合同的责任。

《劳动合同法》第17条关于劳动合同内容的规定有9项：用人单位的名称、住所和法定代表人或者主要负责人；劳动者的姓名、住址和居民身份证或者其他有效身份证件号码；劳动合同期限；工作内容和工作地点；工作时间和休息休假；劳动报酬；社会保险；劳动保护、劳动条件和职业危害防护；法律、法规规定应当纳入劳动合同的其他事项。

与《劳动法》相比，《劳动合同法》增加了三项内容，即用人单位基本信息、劳动者基本信息、社会保险。

用人单位和劳动者是劳动合同上的当事人，缺少当事人则无法订立合同，则更无所谓的合同关系，因此用人单位和劳动者的基本情况是劳动合同条款的首要的必备条件。用人单位的名称，是指其在登记机关登记的称谓；住所，是指其主要办事机构所在地；法定代表人或者主要负责人，是指可以在其权限范围内对外行使相关行为的用人单位代表。

劳动者的姓名、住址和居民身份证或者其他有效证件号码是劳动者的自然情况。自然人的姓名，是指在身份证或者户籍登记上的称谓；住址，根据《中华人民共和国民法通则》（简称《民法通则》）第15条规定，"公民以他的户籍所在地的居住地为住所，经常居住地与住所不一致的，经常居住地视为住所"；居民身份证或者其他有效证件号码是确定劳动者身份的外在表现形式。

无论是明确用人单位的名称、住所和法定代表人或者主要负责人，还是明确劳动者的姓名、住址和居民身份证或者其他有效身份证件号码，都是为了明确劳动合同的主体及其联络方式。这样既有利于确定对方当事人或其他相关人员履行义务或文书送达的地点，又有利于劳动合同履行过程中发生争议时，仲裁机构和法院管辖权的确定。

劳动合同除以上规定的必备条款外，用人单位与劳动者还可以约定试用期、培训、保守秘密、补充保险和福利待遇等其他事项。

劳动者以虚假信息入职，如何确认劳动关系？

【案例介绍】

申请人：张某父母

被申请人：某劳务公司、某船厂

职工"石某"于2009年2月到某劳务公司工作，该劳务公司在2011年2月承包了某船厂部分工程后将"石某"安排到该项工程中从事装配工作，双方没有订立书面劳动合同。2011年6月22日中午，"石某"外出发生交通事故，经抢救无效死亡。随后，公安机关对交通事故进行调查，某劳务公司也通知死者家属前来。随着调查的深入和家属的到来，该公司方知晓死亡职工并非"石某"，其真实身份为张某。并且，张某系1993年7月24日出生，2009年2月张某入职到某劳务公司工作时尚不满16周岁，遂冒用同乡石某（1991年4月出生）的身份证件，以石某的名义到劳务公司工作，其在死亡时也还不满18周岁。2011年12月，死者张某的父母申请仲裁，请求：①确认死者张某与某劳务公司之间事实劳动关系成立。②确认死者张某与某船厂之间用工关系成立。③索取一切赔偿。

【案例评析】

1.关于劳动者的从业年龄

《劳动法》第94条规定，"用人单位非法招用未满十六周岁的未成年人的，由劳动行政部门责令改正，处以罚款；情节严重的，由工商行政管理部门吊销营业执照"；《中华人民共和国未成年人保护法》（简称《未成年人保护法》）第38条规定，"任何组织或者个人不得招用未满十六周岁的未成年人，国家另有规定的除外"；《禁止使用童工规定》（国务院令第364号）第2条也规定，"国家机关、社会团体、企业事业单位、民办非企业单位或者个体工商户（以下统称用人单位）均不得招用不满16周岁的未成年人（招用不满16周岁的未成年人，以下统称使用童工）"。综上，法律通过种种禁止性的规定已经明确，劳动者从业的起始年龄为年满16周岁，不满16周岁的劳动者为童工，用人单位招用童工属于违法行为。因此，只有年满16周岁方可具备劳动者主体资格。本案中，死亡职工张某在入职时尚不满16周岁，其与某劳务公司之间属于非法建立的劳动关系。

2.订立劳动合同的原则

张某在建立劳动关系时，由于不满16周岁，便冒用了他人的身份，这一行为违反了《劳动合同法》第3条"订立劳动合同，应当遵循合法、公平、平等自愿、协商一致、诚实信用的原则"中的诚实信用原则，该法第8条是对诚实信用原则如何操作的具体规定，"用人单位招用劳动者时，应当如实告知劳动者工作内容、工作条件、工作地点、职业危害、安全生产状况、劳动报酬，以及劳动者要求了解的其他情况；用人单位有权了解劳动者与劳动合同直接相关的基本情况，劳动者应当如实说明"。诚实信用是对劳动关系双方都有的要求，显然本案中的劳动者张某违反了这一原则性规定。

根据《劳动合同法》第26条第1款第1项的规定，"以欺诈、胁迫的手段或者乘人之危，使对方在违背真实意思的情况下订立或者变更劳动合同的"，劳动合同无效或者部分无效。因此，张某冒用他人身份，隐瞒真实年龄，使用了欺骗的手段获得某劳务公司的招用，该劳动关系的成立依法无效。

3.对事实劳动关系的确认

虽然张某入职时有冒用他人身份、刻意隐瞒不满16周岁的法律事实的行为，该行为对非法、无效劳动关系的缔结负有责任，但某劳务公司并不能据此免除其应当承担的法律责任。《禁止使用童工规定》（国务院令第364号）第4条已明确规定，"用人单位招用人员时，必须核查被招用人员的身份证；对不满16周岁的未成年人，一律不得录用。用人单位录用人员的录用登记、核查材料应当妥善保管"。因此，用人单位招用劳动者绝不应成为被动方，而应属于主动管理的一方，某劳务公司没有尽到应尽的管理职责，未依法严格核查被招用人员的身份证明，对非法、无效劳动关系的缔结所负责任应认定为主要责任，并应依法承担相应的法律后果。

另外，张某与某劳务公司在建立劳动关系之时是非法无效的，关键在于张某未满16周岁，张某使用欺骗手段也是为了隐瞒其不满16周岁的事实。但是随着时间的推移，待张某年满16周岁以后，他便已经具备了成为一名法律意义上的劳动者的主体资格。而此时，张某也正在履行与某劳务公司之间的劳动关系，这也使得双方劳动关系从非法无效在劳动者主体资格这一条件成立后转为了合法有效。当然，张某仍然使用的是石某的身份，对单位有欺骗的事实，但此时的"欺骗"对用人单位没有意义。用人单位对劳动者没有特别要求的情况下，劳动者是叫张三还是李四对劳动关系的成立和履行并不产生实质影响，名字此时只是某一劳动力的符号而已。因此，不管劳动关系建立之时如何，至少张某死亡之时与某劳务公司是存在事实劳动关系的。

4.关于劳务派遣

申请人的另外一条仲裁请求是确认死者张某与某船厂之间用工关系成立。按照《劳动合同法》的规定，接受以劳务派遣形式用工的单位是用工单位，也就是说张某是通过劳务派遣的方式到某船厂工作的。而本案中，张某到某船厂工作是因为其用工单位某劳务公司承包了某船厂的部分工程而安排其去工作的，对此，两单位均提供了工程发包合同、工程项目完工结算考核情况表和工程结算单据。以上证据不难看出这种用工形式并非劳务派遣用工。因此，申请人的这条仲裁请求没有事实依据，不能够得到支持。

【处理结果】

仲裁委员会裁决一方面确认了张某在死亡之时与劳务公司存在事实上的劳动关系，另一方面驳回了申请人的其他仲裁请求。

三、劳动合同的重要内容分述

1.工作地点

工作地点是指用人单位安排劳动者在何处从事工作。工作地点的确定对劳动者工伤的认定等有重要意义。

2. 工作时间和休息休假

工作时间和休息休假的内容包括：标准工作时间；计件工作时间；劳动者的周休日；法定节假日；一般情况和特殊情况下的加班加点；用人单位加班加点的禁止；加班加点的工资支付和年休制度。明确工作时间和休息休假可以更好地保护劳动者的休息休假权。

用人单位给劳动者放"长假"付出了怎样的代价？

【案例介绍】

申请人：雷某

被申请人：某机械厂

雷某自2003年7月到某机械厂担任技术总管，厂家与其签订了劳务合同，为其办理了社会保险。到 2011 年 1 月雷某工资每月为 4 200 元。同年 12 月，厂家由于订单减少，经济效益有所下滑，决定裁减高薪人员，但碍于高额经济补偿金，于是厂家大会宣布，雷某需要放长假回家，每月领取 500 元生活费。雷某很无奈地离开了单位。2012 年 3 月，雷某以厂家未按劳动合同约定提供劳动条件和未及时足额支付劳动报酬为由提出解除劳务合同，并要求厂家支付解除劳动关系补偿金和补发工资差额共计 45 200 元。仲裁请求：裁令被申请人支付申请人解除劳动关系经济补偿金和补发工资差额。

【案例评析】

依法订立的劳动合同对用人单位和劳动者双方具有约束力，双方应当履行劳动合同约定的义务。被申请人应当依劳动合同约定给申请人提供劳动岗位并足额支付工资，现由于被申请人违背了该项义务，依据《劳动合同法》第 38 条第 1 项和第 2 项规定，申请人可以解除劳动合同。被申请人虽然已经为申请人交纳了社会保险，发放了部分工资，似乎履行了劳动合同约定的义务，但《劳动法》第 50 条规定："不得克扣或者无故拖欠劳动者的工资。"《工资支付暂行规定》第 15 条也指出："用人单位不得克扣劳动者工资。"可见用人单位必须按照法定或劳动合同约定的标准，无条件地向员工发放全部工资，不得以任何形式、任何借口加以克扣。被申请人的行为属于没有全面履行自己的合同义务，违反了劳动法律法规规定，应当承担相应的法律后果。

【处理结果】

仲裁委员会支持了申请人的仲裁请求，裁决某机械厂支付雷某解除劳动关系经济补偿金和补发工资差额。

3.劳动报酬

劳动报酬是劳动力价值的表现形式，是指用人单位根据劳动者的劳动岗位、技能及工作数量、质量，以货币形式支付给劳动者的工资，是劳动者提供劳动而取得的报酬。劳动报酬具体包括工资标准，支付日期、地点和方法，奖金、津贴的获得条件及标准。用人单位与劳动者订立的劳动合同中劳动条件和劳动报酬等标准不得低于集体合同规定的标准，这种合理的劳动报酬标准能使职工保持生产的积极性，为用人单位、社会更好地创造财富。因此，在劳动合同中约定适宜的劳动报酬显得尤为重要。

劳动合同约定的报酬不得低于集体合同规定的标准

【案例介绍】

申请人：李某

被申请人：某食品企业

李某于 2007 年 12 月退伍转业后被安置在 A 县某食品企业工作。2008 年 1 月 1 日，双方签订了为期 2 年的劳动合同，合同约定月工资为 1 200 元，每月计发 1 次。2008 年 4 月，在合同履行期间，该企业工会与企业经协商签订了 1 份为期 3 年的集体合同。为提高职工的积极性，该集体合同约定企业所有员工每年年终可获得 1 次第 13 个月的工资。该集体合同经企业职工代表大会通过，并报当地劳动行政部门审核后开始生效。2009年1月，由于李某没有得到第13个月的工资，遂向企业负责人提出应补发第13个月工资的要求。但该企业负责人称，他与企业签订的劳动合同中已明确约定了支付劳动报酬的次数，双方应严格按劳动合同的约定履行。无奈之下，李某申请仲裁。

【案例评析】

《劳动合同法》第55条规定，集体合同中劳动报酬和劳动条件等标准不得低于当地人民政府规定的最低标准；用人单位与劳动者订立的劳动合同中劳动报酬和劳动条件等标准不得低于集体合同规定的标准。李某与企业签订的劳动合同中虽然没有约定可以享受第13个月的工资，但是该企业工会与企业签订的集体合同中规定了第13个月工资的有关内容，这属于集体合同对劳动合同内容的补充。

【处理结果】

裁决该企业按照集体合同的规定补发李某第13个月的工资。

4.社会保险

社会保险是指国家和社会为保障暂时或永久丧失劳动能力或失业期间劳动者的基本生活需求而提供的一种物质帮助制度。我国的社会保险项目主要有养老保险、失业保险、工伤保险、医疗保险和生育保险。社会保险关涉到劳动者权利的救济与保障，随着我国社会保险制度和相关法律法规的逐渐完善，社会保险已经成为劳动合同的必备条款之一。

用人单位不按规定办理社会保险的后果

【案例介绍】

申请人：何某

被申请人：某服装公司

何某于2009年3月21日到某服装公司上班，岗位是出纳员，工资为每月1 200元，每月10日发上月工资。工作期间，公司没有为何某办理社会保险参保手续。2012年2月10日何某以公司没有为其办理社会保险为由提出辞职，要求解除劳动关系并支付经济补偿金，双方协商未果。何某诉至劳动人事争议仲裁委员会，请求裁决公司补办工作期间的社会保险并支付经济补偿金。

【案例评析】

《劳动合同法》第38条第3款规定，用人单位未依法为劳动者缴纳社会保险费的，劳动者可以解除劳动合同。同时《劳动合同法》第46条规定，劳动者依照本法第38条规定解除劳动合同的，用人单位应向劳动者支付经济补偿。

【处理结果】

仲裁委员会根据《劳动合同法》第38条、第46条和第47条之规定，裁决双方劳动关系解除，服装公司应依法为何某办理社会保险，并支付何某解除劳动关系经济补偿金3 600元（3个月工资，每工作1年补偿1个月工资）。

5.*劳动保护、劳动条件和职业危害防护*

劳动保护是指劳动合同中约定的用人单位为保障劳动者在劳动过程中的身体健康与生命安全，防止职业病和伤亡事故的发生而采取的有效措施，包括用人单位必须提供的生产、工作条件和劳动安全保护措施，以保证劳动者在完成任务过程中的安全健康。劳动条件是指劳动者完成劳动任务的必要条件，包括必要的劳动工具、工作场所和设备、劳动防护用品等。职业危害防护是指对劳动者因其从业过程中存在的各种有害的化学、物理、生物及其他因素，而使其可能患职业病的各种危害进行防护。

用人单位不仅应当为劳动者提供必需的劳动保护、劳动条件和职业危害防护，而且必须按国家标准执行，但劳动合同的约定可以高于国家标准；国家没有规定标准的，劳动合同中的约定应当保证不使劳动者的身体健康受到危害及生命安全受到威胁。

6.*法律、法规规定应当纳入劳动合同的其他事项*

1）劳动纪律

劳动纪律是指劳动者在劳动过程中必须遵守的劳动规则和工作秩序。劳动合同的劳动纪律包括国家法律、行政法规及用人单位内部制定的规章制度等，如上下班制度、工作制度、岗位纪律、奖励和惩戒的条件等。劳动合同中明确规定劳动者对劳动秩序的遵守，有利于劳动过程的顺利进行及劳动目的的实现。

2）违反劳动合同的责任

违反劳动合同的责任是指在劳动合同履行过程中，当事人一方违反合同约定义务，致使劳动合同不能正常履行，给对方造成损失时应承担的法律后果。违反劳动合同责任的约定是一项防范性条款，其有利于督促合同双方当事人增强责任心，认真自觉履行合同义务，维护当事人的合法权益。

3）试用期

试用期是指用人单位和劳动者为了相互了解、甄别，以便于选择定夺而约定的一定期限的考察期。

4）培训

培训是指职工在职期间（含岗位）的职业技术培训，包括在各类专业学校（职业技术学校、职工学校、技工学校、高等院校等）和各种职业技术培训班、进修班的培训以及其他多种培训。

5）保守秘密

秘密包括多种，其中最重要的涉及商业秘密。商业秘密是指不为公众知悉的，能为用人单位带来经济利益，具有实用性并经用人单位采取保密措施的技术信息和经营信息。企业可以与需要保守商业秘密的员工签订保密协议。

6）补充保险

社会保险可由国家基本保险、用人单位补充保险和劳动者个人储蓄保险三个层次构成。其中，用人单位补充保险是指用人单位根据自己的经济实力，自主地为劳动者建立的社会保险，是本单位为劳动者提供的在已有基本保险基础上的额外物质帮助。因此，只要用人单位和劳动者协商达成一致，就可写入劳动合同。

7）福利待遇

国家发展社会福利事业，兴建公共福利设施，为劳动者休息、休养和疗养提供条件。用人单位应当创造条件，改善集体福利，提高劳动者的福利待遇。劳动者可以在社会救济、优抚、文化、体育、卫生等方面获得帮助，也可以针对特殊群体如残疾人和无依靠的老人、儿童提供福利，劳动者可在提高职工文化生活质量等福利待遇事项上与用人单位协商约定。

四、劳动合同的期限

劳动合同期限是指当事人双方所订立的劳动合同起止的时间，即用人单位招用劳动者的期限或者劳动者为用人单位服务的期限。在劳动合同期限内，双方应当遵守合同约定的权利义务。例如，劳动者进行生产、工作获取相应的报酬；用人单位使用劳动者，为其提供约定的劳动条件，向其支付约定的报酬。劳动合同当事人可选择签订的劳动合同有固定期限、无固定期限和以完成一定工作为期限的劳动合同。将合同期限列为劳动合同的法定必备条款，是为了使即将确立的劳动关系在一定期间内保持相对稳定状态，使合同双方当事人对自己行为的后果有预期。

1.固定期限劳动合同

《劳动合同法》第 13 条明确了固定期限劳动合同，是指用人单位与劳动者约定合同终止时间的劳动合同。经合同双方当事人即用人单位和劳动者平等协商、达成一致后，满足条件的，就可依照相关规定订立固定期限劳动合同。即双方当事人在合同中明确约定劳动合同的有效起止日期，当合同约定的期限截止，双方的权利义务终止，劳动法律关系归于消灭，劳动合同即告终止。对固定期限劳动合同的期限的约定可长可短，长期的如 5 年、10 年，短期的如 2 年、1 年甚至几个月。

固定期限劳动合同适用范围广、应变能力强，是目前最为普遍的劳动合同形式。劳动合同的有效期限，正是劳动合同双方当事人权利义务关系明确的时间期限，以及劳动法律关系从产生到消灭的时间期限。这种合同形式和用工形式，既有利于保持劳动关系的相对稳定性，又能促进劳动力的合理流动，同时保障了劳动者充分择业的权利，也将是今后劳动合同的主要形式。

2.无固定期限劳动合同

《劳动合同法》第 14 条明确了无固定期限劳动合同，是指用人单位与劳动者约定无确定终止时间的劳动合同。无固定期限并非指永远没有期限，而是指劳动关系可以在劳动者的法定工龄内和企业存续期间内无期限地存续，即无固定期限劳动合同自劳动合同订立起至法定离退休年龄时止为有效期间。当然，在遇到法定解除合同的事由时，无固定期限劳动合同提前终止。

签订无固定期限劳动合同的情形（《劳动合同法》第 14 条有明确规定）如下。

1）约定无固定期限劳动合同

用人单位和无论初次就业还是由固定工转制的劳动者，只要经平等协商、达成一致，都可以订立无固定期限劳动合同，即在劳动合同中只写明合同生效的日期，而不明确合同终止的日期，只要不出现法定解约事由，劳动关系就将一直存续下去。

2）达到签订无固定期限劳动合同的条件

（1）条件一：《劳动法》第 20 条、《劳动合同法》第 14 条规定劳动者在该用人单位连续工作满 10 年的，除劳动者提出订立固定期限劳动合同外，应当订立无固定期限劳动合同。

（2）条件二：《劳动合同法》第 14 条规定用人单位初次实行劳动合同制度或者国有企业改制重新订立劳动合同时，劳动者在该用人单位连续工作满 10 年且距法定退休年龄不足 10 年的，除劳动者提出订立固定期限劳动合同外，应当订立无固定期限劳动合同。

（3）条件三：《劳动合同法》第 14 条规定连续订立两次固定期限劳动合同，且劳动者没有本法第 39 条和第 40 条第 1 项、第 2 项规定的情形，续订劳动合同的，除劳动者提出订立固定期限劳动合同外，应当订立无固定期限劳动合同。

3）由用人单位过失造成的

《劳动合同法》第 14 条规定，用人单位自用工之日起满一年不与劳动者订立书面劳动合同的，视为用人单位与劳动者已订立无固定期限劳动合同。

无固定期限劳动合同不是"铁饭碗"

【案例介绍】

申请人：王某

被申请人：某私营彩电企业

王某是某私营彩电企业的老职工，根据劳动合同法的规定，该彩电企业与王某等员工签订了无固定期限劳动合同。至此事发生后，王某滋生自满情绪，多次严重违反企业规章制度，造成严重经济损失。该彩电企业人力资源部门派专人与王某进行沟通无果后，以王某严重违反企业规章制度为由通知王某解除无固定期限劳动合同。王某以自己的劳动合同是无固定期限劳动合同，自己违反企业规章制度尚未达到严重程度为由，向当地劳动仲裁委员会申请仲裁。

【案例评析】

《劳动合同法》第 4 条第 4 款明确规定："用人单位应当将直接涉及劳动者切身利益的规章制度和重大事项决定公示，或者告知劳动者。"同时《劳动合同法》第 39 条第 2 款规定，劳动者严重违反用人单位的规章制度的，用人单位可以解除劳动合同。王某多次严重违反规章制度，在企业多次告知和沟通无果的情况下，用人单位作出解除劳动合同的决定是符合法律规定的。

【处理结果】

仲裁委员会裁决不支持王某的要求，支持该私营彩电企业解除与王某的劳动合同。

3.以完成一定工作任务为期限的劳动合同

《劳动合同法》第 15 条规定，以完成一定工作任务为期限的劳动合同，是指用人单位与劳动者约定以某项工作的完成为合同期限的劳动合同。这实际上是一种特殊的固定期限劳动合同，因为该工作有完成之日，以完成一定工作任务为期限的劳动合同以某项工作开始至该工作的结束为劳动合同的期限，在合同约定的工作完成后，劳动合同期限届至，合同自然终止。

"工作时间"超过10年的劳动者有权要求用人单位签订无固定期限劳动合同吗？

【案例介绍】

申请人：王某

被申请人：某药业公司

王某2002年4月26日进入某药业公司从事会计工作，2008年1月公司与其签订了一份为期4年的劳动合同，约定劳动到期日为2011年12月31日。2011年9月14日开始，王某因患风湿性关节炎，行动不便，无法上班，便向公司要求请假治疗，公司同意了王某的要求。2011年12月1日，公司经理告知王某，劳动合同到期后不再与其续签劳动合同，王某表示其医疗期未到，公司不能终止劳动合同。公司经查阅相关规定，同意了王某的说法，从王某住院开始计算，给予王某9个月医疗期，即到2012年5月31日止。王某医疗期满前1个月，单位向王某发出了终止劳动合同告知书，告知其劳动合同续延至医疗期满后不再与其签订劳动合同。王某在告知书上留言，不同意终止劳动合同，要求与单位签订无固定期限劳动合同。王某的理由是在单位连续工作10年以上，有权要求与单位签订无固定期限劳动合同，并向当地劳动仲裁委员会申请仲裁。仲裁请求：裁决某药业公司撤销终止劳动合同的决定，与其签订无固定期限劳动合同。

【案例评析】

《劳动合同法》第40条、第42条、第45条规定，劳动合同期满，劳动者患病或者非因工负伤在规定的医疗期内，劳动合同应当续延至相应的情形消失时终止。因此，单位将劳动合同续延至王某医疗期满，终止劳动合同的做法是合法的。按照单位与劳动者在劳动合同中的约定，劳动合同期满时，王某在单位连续工作不足10年，是无权要求单位签订无固定期限劳动合同的。由于劳动者患病是非可预料的，其医疗期满时，连续工作时间超过10年也非用人单位当初与王某订立劳动合同约定起止的本意，违反了订立劳动合同所遵循的平等自愿、协商一致的原则。

【处理结果】

仲裁委员会没有支持王某的请求，裁决该医药公司终止与王某的劳动合同的决定有效。

五、签订劳动合同的原则

《劳动法》第17条和《劳动合同法》第3条均规定了订立劳动合同的原则。

1.平等自愿原则

用人单位与劳动者在法律地位上是完全平等的，订立合同完全出自当事人自己的意志，任何一方不能使用强迫或欺骗等手段与另一方订立劳动合同。

劳动合同中"霸王条款"无效

【案例介绍】

申请人：胡某

被申请人：武汉市某机械公司

2008年10月起，胡某在武汉市一家机械公司打工。1年后，由于胡某工作努力，公司对她较满意，即于2009年12月31日双方签订了一份劳动合同，期限为1年。合同中有这样的条款："公司从员工应得工资中每月提留200元，作年终分配；员工受聘期间辞职或辞退，从离职之日起脱离关系，所提留的基本工资与其他应得报酬全部作为自动放弃，不再享受一切福利待遇。"胡某当时对此心存疑虑，但考虑到找份工作不容易，便在合同上签了字。

2010年6月15日，胡某因感到身体不适，工作起来力不从心，便向公司书面提出辞职，并一直工作到7月中旬离开公司。但在工资结算时，公司克扣了当年1~5月的提留工资1 000元及6月、7月的工资。胡某觉得公司的做法没有道理，几次催讨，但公司都以合同为由拒绝支付。无奈之下，胡某向劳动争议仲裁委员会申请仲裁。

【案例评析】

辞职员工当初所签合同于法无据。劳动关系的建立有别于一般民事关系，用人单位与劳动者在订立劳动合同时，双方地位并不完全平等，用人单位往往处于相对的优势地位。因此，有关法律法规对用人单位提供的合同文本，作出了应当遵循公平原则，不得损害劳动者合法权益的相应规定。本案中，公司与胡某之间签订的上述合同条款，内容显然加重了劳动者的责任，违反公平合理的原则，据此应认定为无效条款。

【处理结果】

仲裁委员会裁决公司向胡某归还提留工资及支付拖欠工资。

2.协商一致原则

合同文本可以由用人单位拟定，也可以由双方共同拟定，但是劳动合同的内容必须经双方当事人进行充分的协商，以求达成共识。

3.合法原则

用人单位与劳动者须依法订立劳动合同，具体包括主体合法、内容合法、形式合法。

劳动合同中约定"生死合同"等条款是否有效?

【案例介绍】

申请人：孙某家人

被申请人：某建筑公司

孙某与某建筑公司签订了一份劳动合同，该建筑公司在合同中约定有"发生伤亡事故本公司概不负责"的条款。孙某自恃年轻力壮，在抱着侥幸心理的情况下在合同上签了字。3个月后，由于工地上缺乏必要的保护设备，孙某在一次施工中不慎从高处滑落坠地，当即身负重伤，经医院抢救后死亡。该建筑公司以劳动合同中规定"发生伤亡事故本公司概不负责"的条款为由，拒绝死者家属提出的应支付孙某在死亡后的一切费用的赔偿请求。死者家属遂向劳动仲裁机构提出申诉。

【案例评析】

订立劳动合同，应当遵循平等自愿、协商一致的原则，不得违反法律、行政法规的规定。本案中，该建筑公司与孙某签订的劳动合同从表面上看是双方自愿达成协议，孙某本人也在合同上签了字，该公司的做法似乎有理有据。其实不然，这份合同中有关"发生伤亡事故本公司概不负责"的条款明显违反了法律、法规，严重侵犯了劳动者的合法权益。其他相类似的如"合同期内不准结婚"条款的劳动合同，也都属于无效或部分无效劳动合同。

【处理结果】

仲裁委员会裁决该公司承担孙某工伤事故的责任，并支付有关费用。

六、签订劳动合同的程序

（一）劳动合同签订的流程图

劳动合同签订流程见图2-1。

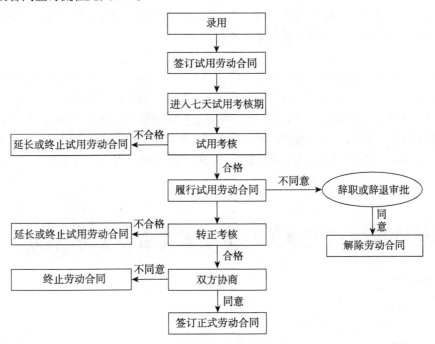

图2-1　劳动合同签订流程图

（二）订立劳动合同的重要环节

1.协商

双方通过要约和承诺进行协商，也就是相互协商合同的内容。

2.双方达成一致后需签字或盖章

用人单位盖法人的公章，必要时可书面委托所属的有关部门代为盖章，或有法定代表人签字或受委托人代为签字；劳动者应自己签字或盖章，遇到特殊的情况，如本人因故远出在外而合同又需及时订立的，也可书面委托他人代为签字。

3.审核与备案

为保证合同的有效性，可以送劳动保障行政部门进行审核、签证。劳动合同一般应一式两份，用人单位与劳动者各持一份。

七、劳动合同的生效与无效

1.劳动合同的生效

劳动合同的生效是法律按照一定的标准对劳动合同进行评价后得出的肯定性结论。劳动合同文本除了满足当事人资格和内容的合法条件外，还需经用人单位与劳动者协商一致，并在劳动合同文本上签章，才能成为生效的劳动合同。

《劳动合同法》第 16 条规定，劳动合同由用人单位与劳动者协商一致，并经用人单位与劳动者在劳动合同文本上签字或者盖章生效。

1）协商一致

协商一致的原则是指劳动者和用人单位在平等自愿的基础上，充分表达各自的意见，在双方意思表示达成统一的基础上订立劳动合同。虽然用人单位提供的劳动文本中已涉及双方的权利义务内容，但是最终签订劳动合同的毕竟是特定的某个劳动者，可能针对特定的条款和具体的规定有不同的要求，这都需要双方当事人协商确定。同时，不排除用人单位在劳动合同文本中附带不公平但并不违法之条款，这同样需要与劳动者协商后才可以确定，以使劳动合同生效后对双方当事人皆产生约束。

劳动合同应由用人单位与劳动者协商一致后签订

【案例介绍】

申请人：徐先生

被申请人：深圳某电器生产公司

徐先生于 2000 年 3 月 15 日入职深圳一家电器生产公司，先后任宿舍管理员、食堂仓管员，月工资为 2500 元，双方签订了劳动合同，最后一期劳动合同的期限截止到 2012 年 3 月 14 日。2010 年 10 月 12 日，公司向徐先生发出《解除劳动合同通知书》，内容为"由于公司仓管员岗位需要采取回避政策，鉴于目前你家人从事餐饮生意，所以公司无法继续安排你在公司食堂仓库继续服务，现公司决定与你协商解除劳动合同"。原来徐先生的妹妹于 2008 年在公司附近开了家餐馆，公司以此为由解除了与徐先生的劳动合同关系。公司在送达此通知后，与徐先生协商关于补偿的问题，公司提出支付徐先生 10 个月工资作为补偿，但徐先生要求支付 20 个月工资，双方对补偿标准未达成一致意见。徐先生申请仲裁。

【案例评析】

根据《劳动合同法》第 36 条规定，用人单位与劳动者协商一致，可以解除劳动合同。而协商一致解除劳动合同，又分为两种情形，一种是劳动者主动提出解除劳动合同，另一种是用人单位先提出解除劳动合同。在第一种情形之下，用人单位无须向劳动者支付经济补偿金；而在第二种情形之下，用人单位要向劳动者支付经济补偿金。依据《劳动合同法》第 47 条之规定，按劳动者在本单位工作的年限，每满一年支付一个月工资的标准向劳动者支付经济补偿金。本案中，徐先生不同意公司提出的解除劳动合同的补偿方案且公司提出的解除劳动合同的理由不合法，故公司系违法解除劳动合同，依据《劳动合同法》第 87 条规定给予补偿。

【处理结果】

仲裁委员会裁决公司依法向徐先生支付违法解除劳动合同的 20 个月工资，赔偿金 5 万元。

2）签字与盖章

劳动合同一经签订就具有法律效力，劳动合同的生效时间一般应从劳动关系双方在劳动合同上签字之日起计算。

劳动合同当事人签字或者盖章，是指用人单位和劳动者在劳动合同文本上签上自己的姓名、名称或者加盖公章。用人单位一般是由其法定代表人或者主要负责人签名或者盖上单位的公章，或者签名同时加盖公章；劳动者一般是签上自己的姓名或者盖上自己的姓名章。

由于劳动合同文本仅由用人单位一方制作提供，而合同的内容又是由合同双方当事人意思表示一致后确定的，因此，只有当事人双方都在劳动合同文本上签字或盖章，才能表明其都同意劳动合同文本上记载的内容，说明签字人或盖章人对合同所载内容的认可并对自己的承诺负责。也只有双方当事人在文本上签字或盖章的时间，才是当事人对合同内容确定的时间，才是劳动合同文本生效的时间。

2. 劳动合同无效或部分无效

1）劳动合同无效的含义

劳动合同无效是指所订立的劳动合同不符合法定条件而不能发生当事人预期的法律后果。劳动合同必须符合合同成立的一般条件，即必须是具有缔约资格的当事人按照平等自愿、协商一致的原则依法订立。除此之外，要使其生效还需具备法定条款和书面形式。具体而言，无效的劳动合同具有两个特征。

其一，缺少劳动合同的有效条件，即主体不合格，意思表示不自愿、不真实或内容不合法、不完整、形式欠缺。

其二，不发生当事人预期的法律拘束力。这并不是说在当事人之间不产生任何法律效果，相反，当事人要基于过错而对他方承担缔约过失等民事责任。例如，用人单位以欺诈、胁迫的手段订立的民事合同是可变更、可撤销的；而劳动合同却是确定的、自始的、永远的无效。

2）劳动合同无效的情形

其一，以欺诈、胁迫的手段或者乘人之危订立或变更劳动合同的。因欺诈订立的劳动合同是指一方故意向对方提供虚假情况或者在有说明义务时，故意隐瞒事实而违反说明义务，致使对方在不真实的基础上作出了错误的判断，并基于错误的判断而作出意思表示的合同。因胁迫订立的劳动合同通常是指用人单位非法加害或者不正当预告危害而使劳动者产生心理上的恐惧，并基于这种恐惧作出违背自己意志，迎合用人单位的意思而为的合同。与意思表达自由情形下基于自己的判断而为的欺诈不同，胁迫的意思表示不自由。乘人之危订立的劳动合同是指行为人利用对方当事人的急迫需要或危难处境，迫使其作出违背本意而接受其非常不利的条件而订立的合同。

以胁迫手段订立劳动合同无效

【案例介绍】

申请人：高某

被申请人：某机械民营单位

高某系某市职业技术学校毕业生，与一家机械民营单位签订了《就业协议书》，双方约定试用期为 3 个月，期满后再签订劳动合同。试用期满，单位如约通知高某签订劳动合同，但高某因在试用期内发现该单位管理混乱，经济效益差，经常扣发、拖欠工资，故拒绝与对方签订劳动合同。用人单位认为高某技术水平较高，试用期内表现也很好，想让他留下来充实有关技术岗位，于是多次对高某做思想工作，但高某坚持要离开该单位。后来企业主管找到高某，告知他如果拒绝签订劳动合同，用人单位将采取如下措施：①扣押高某的毕业证和技术等级证；②不转出高某的档案；③高某向用人方缴纳培养费 6 000 元（因为用人单位曾与高某所在的职业技术学校签订合同，每年向该学校提供 3 万元委托培训费，校方每年须安排 5 名毕业生到该企业工作）。高某听后只好同意与对方签订了劳动合同，合同期 8 年。不久，有一家机械制造公司招聘技术人员，高某经过考试后被聘用，于是便去该公司上班。为此上述原单位要求高某赔偿培训费和违约金，高某遂向劳动仲裁委员会提起申诉，要求确认劳动合同无效。

【案例评析】

依据我国《劳动法》第 18 条和《劳动合同法》第 26 条规定，采取欺诈、胁迫等手段订立的劳动合同无效，无效的劳动合同，从订立的时候起就没有法律约束力。在本案中，原用人单位以扣押毕业证、技术等级证书、档案和追索培训费方式迫使高某在违背自己真实意愿的情况下与其订立劳动合同，这显然属于采取胁迫手段订立劳动合同的情况，因此该合同无效，所以高某离开该单位也就不能算是违反劳动合同擅自离职。

【处理结果】

仲裁委员会裁决该机械民营单位与高某签订的劳动合同无效，高某可以重新自主选择就业。

其二，用人单位免除自己的法定责任、排除劳动者权利的。用人单位违反权利、义务对等原则，利用劳动者无经验或急于获得职位的弱势对其规定苛刻的义务性条款，排除劳动者权利的行为。

其三，劳动合同的内容不合法，即劳动合同内容违反国家强制性法律规范的。强制性法律规范与任意性法律规范相对，是指当事人在订立劳动合同的活动中必须遵守的行为规范。

应聘作假过关得到的劳动合同有效吗？

【案例介绍】

申请人：王某

被申请人：某报社

2013年4月，某报社因为业务量增加，需要增加人手，于是在报纸上刊发招聘广告，向社会公开招聘员工，其中包括办公室打字员1名，要求女性，其他条件主要包括视力（裸眼）1.0以上，文化程度高中或中专，能够熟练使用计算机。王某高中毕业后一直在家待业，急于寻找工作，看到该则广告后非常高兴，于是前往应聘。但王某视力不好，双眼裸视都不到1.0，为了顺利通过面试，王某通过在医院工作的亲戚开出一份虚假的视力证明。

由于其他条件比较优秀，王某压倒了其他应聘者顺利得到该份工作，并很快与报社订立了为期2年的劳动合同，试用期3个月。试用期内王某表现一般，偶有差错，单位认为她是不熟悉业务的缘故没有深究，王某顺利转正。此后的工作中王某经常出现差错，甚至影响了他人的工作，该报社认为王某不能胜任本职工作，但是王某辩解说工作中的差错是因为不熟悉公司业务引起的。此时有人举报说王某的视力证明有假，单位于是带王某到医院检查，检查结果证明王某裸眼视力只有0.8，于是决定解除与王某的劳动合同。王某不服，向当地劳动争议仲裁委员会申请仲裁，要求维持劳动关系，继续履行合同。

【案例评析】

案件中王某故意隐瞒事实真相，以欺诈手段订立劳动合同，致使用人单位在不真实的基础上作出了错误的判断而订立的合同无效。

【处理结果】

仲裁委员会经过案件调查裁决不支持王某的请求。

3）劳动合同无效的法律后果

劳动合同无效后并不发生当事人预期的法律效力，但可能产生民事的、行政的、刑事的法律后果。

（1）民事责任。由于用人单位的原因订立的无效劳动合同，对劳动者造成损害的，应当承担赔偿责任。

（2）行政责任。用人单位违反本法对女职工和未成年人的保护规定，侵害其合法权益的，由劳动部门责令改正，处以罚款；对女职工或者未成年工造成损害的，应当承担赔偿责任。

（3）刑事责任。以暴力、威胁或非法限制人身自由的手段强迫劳动，构成犯罪的，依法追究刑事责任。

4）劳动合同部分无效

劳动合同的部分无效是指劳动合同的非基础性或非主要部分条款虽然不符合法律规定，但不影响劳动合同其他条款效力的情形。例如，约定的劳动报酬低于法定最低工资标准，只能认定该条款无效，而其他条款的效力不受影响。部分无效，其他部分仍然有效，这是最大限度地尊重当事人的意思自治的体现。劳动合同部分无效时将产生两个效果：①无效部分确定永远无效的，将可能产生民事责任、行政责任、刑事责任等法律后果；②有效部分的效力健全不受无效部分的牵连。

第二节　劳动合同履行与变更

一、劳动合同的履行

劳动合同的履行是指劳动合同的双方当事人（劳动者和用人单位），按照劳动合同的规定，全面履行各自所应承担的义务的行为。劳动合同是一种双方法律行为，劳动合同依法订立即具有法律约束力，用人单位与劳动者必须履行劳动合同规定的义务，并且这种履行不能是有瑕疵的和残缺的。

1.劳动合同的履行要求

劳动合同的履行要求即双方当事人应全面履行劳动合同。用人单位与劳动者应当按照劳动合同的约定，全面履行各自的义务即体现了这一要求。它是指合同当事人双方既要按照合同约定的标准及其种类、数量和质量履行，又要按照合同约定的时间、地点和方式履行。全面履行是要求劳动合同的履行达到一定的度；但这也排斥了"过度"履行，即劳动者超越劳动合同约定的范围"越权"行使权力。常见的情形有公司高管人员的越权行为和利用其地位对公司利益的非法侵权。

2.劳动者亲自履行劳动合同的原则

这是由劳动本身的特点（即人身依附性）决定的，也是保证劳动关系严肃性和稳定性的需要。劳动合同存在于特定人之间，它必须由劳动合同明确规定的当事人来履行。双方当事人都有责任履行劳动合同规定的义务，除劳动合同另有约定外，不允许当事人以外的其他人代替履行。

3.用人单位合并或分立后劳动合同的履行

用人单位的合并是指用人单位与其他企业签订合并协议，依据相关法律的规定，不经过清算程序，直接合并为一个企业的法律行为。合并又可分为吸收合并和新设合并两种类型。前者又称兼并，是指用人单位吸收其他企业，被吸收的企业解散；后者是指用人单位与另一企业合并设立一个新的企业，包括用人单位在内的合并各方解散。而用人单位分立是指用人单位通过签订协议，不经过清算程序，分为两个或两个以上企业的法律行为。它又可分为派生分立与新设分立两种方式。前者又称存续分立，是指用人单位分离成两个企业，原用人单位继续存在并设立一个以上的新企业；后者又称解散分立，是指用人单位分解为两个以上企业，本企业解散并设立两个新企业。合并与分立的共同之处在于有新企业的产生与旧企业的消灭，合同履行的当事人和标的不再具有"同一性"。而合同履行的标的内容也可能在一个主体上发生量的增减。

申请人陈某诉某幼儿园解除劳动合同争议案

【案例介绍】

申请人：陈某

被申请人：武汉市江夏区某幼儿园

陈某于2001年6月到法定代表人秦某设立的武汉市江夏区某幼儿园从事幼儿保育员工作，双方未签订书面劳动合同，亦未参加社会保险。2007年12月，陈某因生育产生的医疗费由本人自行承担。2008年2月18日，双方当事人签订了1年期限的劳动协议书，并协议每年续签。2009年12月24日至2010年1月3日期间，陈某因病住院向该幼儿园请假一个月，幼儿园向其发放病假期间工资。2011年1月1日起，法定代表人康某以租赁形式取得该幼儿园的经营权。2011年8月16日至8月25日，陈某再次因病住院，该期间的医疗费由陈某自行承担。2012年1月2日，陈某因健康原因再次入院治疗至1月10日且自行承担了该次住院医疗费。同年3月16日，陈某以康某未签订书面劳动合同及未缴纳社会保险为由提出解除劳动关系，并主张相关赔偿。经双方协商未果，陈某于2012年4月9日向江夏区劳动人事争议仲裁委员会申请仲裁，请求裁决由康某为其缴纳双方劳动关系存续期间的社会保险；支付个人流动窗口已缴纳的社会保险费；支付申请人三次因病住院和生育而支付的医疗费；支付解除劳动合同经济补偿金。

【案例评析】

根据《劳动合同法》第33条的规定："用人单位变更名称、法定代表人、主要负责人或者投资人等事项，不影响劳动合同的履行。"因此本案被申请人武汉市江夏区某幼儿园作为用人单位，与劳动者的劳动关系在法定代表人变更后由新的法定代表人承继，应该对本案中劳动者的合法权益负有责任。用人单位未给陈某依法办理社会保险，对陈某提出的相应赔偿请求应予以支持。申请人提出由被申请人向其支付三次住院医疗费损失的请求。其中，2007年发生的生育医疗费和2009年12月24日发生的住院医疗费因超出了法律规定的仲裁时效，不予支持；申请人于2012年1月2日因病住院支付的医疗费因申请人自行参与了城镇居民医疗保险，经审核后由医疗保险经办机构合法报销费用。因政策原因无法具体核算申请人此次医疗费损失，故亦不支持。而2011年8月16日因病入院的医疗费是因被申请人未及时为申请人办理社会保险参保手续和缴费，给申请人造成的医疗损失应由被申请人承担，标准则以本地区同期医疗保险经办机构报销比例核算。对被申请人向申请人支付解除劳动关系经济补偿金的请求，因符合法律规定支付经济补偿金的情形，予以支持。

【处理结果】

依据法律规定，江夏区劳动人事争议仲裁委员会作出如下裁决：①由被申请人江夏区某幼儿园赔偿申请人陈某 2001 年 6 月至 2012 年 2 月社会保险损失；按本地医疗保险报销政策标准补偿申请人 2011 年 8 月 16 日因病住院期间产生的医疗保险损失。②向申请人支付解除劳动经济补偿金。③驳回申请人陈某其他仲裁请求。

二、劳动合同的变更

劳动合同的变更是指劳动合同双方当事人（用人单位与劳动者），通过协商一致就已订立且生效的劳动合同的部分条款进行修改、补充的法律行为。它通常发生在劳动合同生效后尚未履行或尚未完全履行期间，合同变更的对象仅限于合同的内容，而不包括合同的主体。

劳动合同变更应履行必要的程序，更应当具备一定的条件，主要包括以下四个方面。

1.存在着有效的劳动合同关系

劳动合同的变更，是指在原有劳动合同的基础上，改变已经存在的合同关系的内容。如果没有原劳动合同就没有变更的对象，也就不可能发生变更问题。因此，劳动合同的变更离不开原已存在着合同关系这一条件。此外，原有的劳动合同也必须是有效存在的劳动合同。如果劳动合同无效或者被撤销，则该合同自始没有法律约束力，如果劳动合同关系消灭，则合同双方当事人之间的权利义务关系也随之终止。在这些情况下，自然没有变更合同的余地。

2.合同的变更需要当事人协商一致或者依据法律的直接规定

用人单位与劳动者协商一致，可以变更劳动合同约定的内容。从原则上说，劳动合同的变更必须经过双方当事人协商一致，并在原合同的基础上达成新的协议。通常，劳动合同订立时所包含的内容都是经过双方协商达成的（尽管在实践中可能由于当事人双方力量的不对等而存在着一定数量的格式条款），因此对合同的内容进行变更也须经过双方协商同意。任意一方未经过同意擅自变更合同内容，不能对合同的另一方产生法律上的约束力，同时也将构成违约行为。

此外，特殊情况下可能存在劳动合同的一方当事人享有直接依据法律规定而单方变更合同的权利，或者劳动合同中某些条款由于含有保障公序良俗等目的而属于法律的强制性规定，合同的双方当事人不可以通过协议进行变更等情形。

变更劳动合同需经双方协商一致

【案例介绍】

申请人：李某

被申请人：武汉市某销售公司

李某应聘到武汉市某销售公司工作，并签订了 2 年的劳动合同。该劳动合同约定，李某担任销售主管，月工资为 6 000 元。合同履行过程中，因市场形势不好，公司与李某协商将其工资调整为 5 000 元，李某未提出异议。随着该公司产品在市场中占有份额的进一步减少，公司决定进行组织结构调整，李某被公司安排做销售代表，但李某提出不能降低工资待遇，公司不同意李某所提要求，遂解除了与李某的劳动合同。李某诉至劳动争议仲裁委员会，要求公司支付解除劳动合同的经济补偿金。

【案例评析】

《劳动合同法》第 17 条规定，工作岗位、工资等条款是劳动合同的必备条款；根据该法第 35 条规定，变更上述条款须经双方协商一致，并采取书面形式，用人单位不能无故单方变更劳动合同的必备条款，否则劳动者可要求继续履行原合同。

【处理结果】

劳动争议仲裁委员会裁决该销售公司解除与李某的劳动合同的行为违反法律规定，撤销公司的解除劳动合同决定，鉴于李某不同意继续履行合同，公司支付李某解除劳动合同的经济补偿金。

3.劳动合同的部分发生改变

劳动合同的变更必然使得合同的内容发生变化，但这种变化只是合同关系的局部变化，也就是说，只是对原有合同关系的内容进行修改和补充，而不是合同内容的全部变更。这种变更不会导致原合同关系的消灭和新合同关系的产生。

4.合同变更必须遵守法律规定的形式

在某些情况下，法律为了维护国家利益、社会公共利益和当事人利益，预防和减少不必要的纠纷，要求合同的成立、变更等必须具备一定的形式要件。同样，在劳动合同中也存在着这样的情况，变更劳动合同应当采用书面形式。因此，对于劳动合同的变更，当事人之间仅仅达成变更的合意尚不充分，还必须采用法律规定的形式，即采用书面形式。

第三节　劳动合同解除和终止

一、劳动合同解除的种类

依据解除方式的不同，劳动合同的解除可以分为两类：协议解除和单方解除。协议解除又称双方解除或协商解除，是指因主客观情况的变化，劳动合同双方当事人经协商一致解除劳动合同。单方解除是指劳动合同当事人一方依照法律、法规规定行使解除权而解除劳动合同。

解除劳动合同原则上必须有解除行为，其法律效果是使合同关系消灭。从表面上看，解除劳动合同是提前终止劳动合同的行为，不利于劳动合同关系的稳定；但从实质上看，法律规定合同当事人有权经过平等协商或者依法单方解除劳动合同，也是契约自由原则的一种体现，它有利于维护和保障用人单位的用人自主权和劳动者的择业自主权，督促合同双方全面、正确地履行合同义务等。

二、劳动合同协议解除的条件

协议解除劳动合同应经合同双方当事人协商一致，这种行为也等于说双方当事人之间又重新达成了一个协议,而该协议的内容是消灭原已存在的劳动合同当事人之间权利义务关系。根据意思自治和合同自由原则,劳动合同的双方当事人享有协商解除劳动合同的自由,与该原则相应的,劳动合同的协议解除也必须符合以下三个条件。

1.双方自愿

协议解除劳动合同必须是在合同当事人自愿的基础上进行,任何一方都不能强迫合同的另一方,或者是第三方强迫一方或者双方解除劳动合同。

2.平等协商

劳动合同的双方当事人是平等的法律主体,在协议解除劳动合同时,合同双方当事人应就与解除合同相关的所有问题平等协商而不允许任何一方把自己的意志强加给对方。

3.不得损害对方的利益

合同双方当事人所达成的解除劳动合同的协议,应当保持双方权利义务的均衡,不得损害另一方的利益。尤其应当注意劳动者合法利益的保护。

用人单位不得非法与劳动者约定由劳动者承担违约金

【案例介绍】

申请人:张某

被申请人:深圳某设备公司

2010年7月1日,张某进入深圳某设备公司担任文员一职。他与公司签订了三年期限的劳动合同,劳动合同约定因劳动者一方原因解除劳动合同的,劳动者应当向公司支付6 000元的违约金。2010年9月,因母亲生病,张某决定辞职回湖南老家照顾母亲。2010年9月10日,张某向公司负责人递交辞职申请书,决定于2010年10月11日解除与公司的劳动合同。公司同意,并以张某违约为由,要求张某按照劳动合同约定支付6 000元的违约金。张某拒绝支付。于是,公司将未支付给张某的工资冲抵违约金。张某无奈之下将公司诉至劳动争议仲裁委员会。

【案例评析】

《劳动合同法》规定劳动者具有提前解除劳动合同的决定权,限制用人单位与劳动者约定违约金,其目的都在于保护劳动者自由选择职业的权利。从宪法上讲,劳动者享有自由择业的权利,就是对劳动者人身自由权的一种保护。该公司对张某的行为不仅无法无据,而且违反了法律的规定,张某的损失应当得到法律的保护。

【处理结果】

仲裁委员会裁决劳动合同中约定的违约金无效,并责令公司支付张某9月及10月已完成工作日(10天)工资。

应当注意的是,依据《劳动合同法》的相关规定,由用人单位向劳动者提出解除劳动合同协议并与劳动者协商一致解除劳动合同的,用人单位应当向劳动者支付经济补偿。

三、劳动者单方通知解除劳动合同的规定

劳动者解除劳动合同是指在有效劳动合同存续期间，在满足一定条件的情况下，劳动者依据自己的单方意志而提前终止劳动合同效力的行为。

从通常意义而言，只有在具备一定条件的情形下，合同的一方当事人才可以单方随时解除劳动合同。

用人单位有下列情形之一的，劳动者可以解除劳动合同而不承担任何责任。

1.未按照劳动合同约定提供劳动保护或劳动条件

（1）保护劳动者在劳动过程中的生命健康安全等是用人单位的基本责任和义务。用人单位为劳动者提供相应的劳动保护是对劳动者基本利益的维护。

（2）劳动条件是劳动者从事生产劳动必不可少的条件，是劳动合同必备条款之一。没有适合的劳动条件可能导致劳动无法正常进行。此外，用人单位也必须按照合同约定提供相当的劳动合同条件，不得无故降低或者恶化劳动条件，损害劳动者的合法权益。反之，只要发生上述两种情形之一，劳动者即可随时通知用人单位解除劳动合同。

2.未及时足额支付劳动报酬

劳动报酬是劳动者从事劳动工作应获得的经济收入，也是劳动者得以维持生活需要的主要来源，用人单位必须依据劳动合同的规定按时支付合同约定的劳动报酬。因此，劳动者随时通知用人单位解除劳动合同的事实应该包括三个层次：①未及时支付劳动报酬；②未足额支付劳动报酬；③既未及时支付劳动报酬又未足额支付劳动报酬。只要满足三种情形之一，劳动者均可以解除劳动合同。

3.用人单位未依法为劳动者缴纳社会保险的，劳动者可以解除劳动合同

社会保险是指具有一定劳动关系的劳动者在暂时或永久丧失劳动能力或失业期间，为保障其基本生活需求，由国家和社会提供物质帮助的一种制度。社会保险具有国家强制性，保险项目、费用的缴纳标准等都有法律统一规定，用人单位和劳动者不得以任何借口拒绝缴纳。用人单位负有代扣代缴本单位劳动者社会保险费的义务，未依法为劳动者缴纳的，劳动者可以解除劳动合同。

用人单位未缴社会保险，职工可随时解除合同

【案例介绍】

申请人：任某

被申请人：济南市某贸易公司

任某于 2008 年年初进入济南市某贸易公司工作，双方签订无固定期限劳动合同。2008 年 12 月 30 日，该公司书面通知任某，不同意其提出的口头辞职申请，要求任某近期上岗。2009 年 1 月 8 日，任某书面向该公司提出解除劳动合同，理由是公司未为其缴纳社会保险费，违反了《劳动合同法》第 38 条第 3 项的规定。2009 年 1 月 21 日，公司再次表示不同意任某提出的

解除劳动合同要求。2009年2月2日，任某向济南市市中区劳动争议仲裁委员会提起申诉，要求解除双方之间的劳动合同，并要求该公司补缴社会保险费、支付经济补偿金等。

【案例评析】

依据《劳动合同法》第38条规定，用人单位未依法为劳动者缴纳社会保险费的，劳动者可以解除劳动合同。本案中，该贸易公司未向仲裁委员会提交已为任某缴纳社会保险费的证据，应认定公司存在欠缴社会保险费的行为。任某据此要求与公司解除劳动合同，于法有据。

【处理结果】

济南市市中区仲裁委员会经审理，裁决支持了任某的申诉请求，责令该贸易公司解除双方劳动合同，为任某补缴社会保险费，并支付经济补偿金。

4.用人单位的规章制度违反法律、法规的规定，损害劳动者权益

用人单位的规章制度是指用人单位制定的以书面形式表达并以一定方式公示的非针对个别事务的规范总称。该规章制度必须符合法律法规的规定，包括其内容的合法性和制度程序的合法性。当用人单位的规章制度违反法律、法规规定，损害劳动者权益时，劳动者可以通过职工大会等民主程序修改规章，亦可以单方解除劳动合同。

5.用人单位因《劳动合同法》第26条第1款规定的情形致使劳动合同无效的

用人单位以欺诈、胁迫的手段或者乘人之危，使对方在违背真实意思的情况下订立或者变更劳动合同的，劳动合同无效。

6.法律、行政法规规定劳动者可以解除劳动合同的其他情形

这是一条开放性规定，以避免遗漏现行法律、法规规定的其他情况，并采用此种方法以使该法和其他法律以及以后颁行的新法相衔接。

劳动者提前通知可解除劳动合同

【案例介绍】

申请人：上海某美资货运物流公司

被申请人：吴先生

2007年6月，吴先生就任上海某美资货运物流公司副总经理，负责该公司在华东地区的日常经营事务。同年12月吴先生决定前往香港发展，并于2008年2月向公司提出单方面解除劳动合同，希望尽快办理交接手续，并在30天后正式离开公司。公司觉得事发突然没有备选人员接替其工作，而且最近吴先生正全面负责上海市政某工程的配套项目，所以对其进行挽留。于是公司在其离职申请书上批注"不予同意"的字样。吴先生在多次书面申请公司安排相关人员与其进行交接未果后，便在30天以后离开了公司。由于吴先生的离职导致其负责项目陷于停顿，公司为此损失了300多万元。公司以此为由，向吴先生开出违纪解除劳动合同通知书，并要求吴先生赔偿所造成的损失。吴先生对公司遭受损失表示遗憾，但坚持自己并无过失。公司向辖区劳动争议仲裁委员会提出申请，要求吴先生赔偿损失。

【案例评析】

依据《劳动合同法》第37条的规定，"劳动者提前三十日以书面形式通知用人单位，可以解除劳动合同"。本案例中，吴先生多次向企业书面提出解除合同并提前办理工作交接的申请，并不存在过失，而公司不予理会和配合，才是本次损失的过失方。吴先生在此案例中已经尽到足够的注意和提醒义务，并不需要支付赔偿金。

【处理结果】

仲裁委员会裁决吴先生因履行了告知义务无须支付公司赔偿金。

四、用人单位单方即时解除劳动合同

用人单位单方即时解除劳动合同，是指用人单位无须征得他人的意见，也无需任何形式提前告知劳动者，即可随时通知劳动者解除劳动合同的行为。一般适用劳动者在劳动过程中存在某些重大过失的情形，因此也被称为过失性辞退。

依据规定，劳动者具有以下六种情形之一时，用人单位可以单方即时解除劳动合同。

（1）在试用期间被证明不符合录用条件的。理解该条文应注意以下三点：①是否在试用期间，原则上应当以劳动合同约定的试用期间为准。劳动合同约定的试用期间超过法定的最长时间，应以法定的最长时间为准；劳动合同约定的试用期届满后用人单位没有为劳动者办理转正手续的，不能认为还处于试用期间。②劳动者是否符合录用条件，应当以法律法规规定的基本录用条件为准。③对于劳动者在试用期间不符合录用条件的，用人单位必须提出有效的证明。

试用期表现不尽如人意遭用人单位解除劳动合同

【案例介绍】

申请人：王某

被申请人：上海某物流公司

王某于2010年3月10日到某物流公司应聘为仓库保管员，与公司签订了3年期限的劳动合同，约定试用期2个月。同年4月王某经常出现错发漏发事故，其中一次事故引起客户强烈不满并给公司带来严重经济损失，公司于4月底以不符合本单位录用条件为由，在试用期内解除了与王某的劳动关系。王某不服，提起仲裁。

【案例评析】

根据《劳动合同法》第39条的规定：在试用期期间，劳动者被证明不符合录用条件的，用人单位可以与劳动者解除劳动合同，而且用人单位并不需要支付经济补偿金。本案中，王某在试用期内出现多次事故证明其不能胜任工作，公司可以单方面解除劳动合同。

【处理结果】

仲裁对王某不予支持。

（2）严重违反用人单位规章制度的。用人单位的规章制度向劳动者公示后，原则上来说劳动者应当知道且有遵守的义务，无正当理由不得违反。对于劳动者违反用人单位规章制度的行为是否构成严重违反单位的规章制度，一般应当以劳动法规所规定的限度和用人单位内部规章制度依此限度所规定的具体界线为准。

（3）严重失职、营私舞弊，给用人单位造成重大损害的。严重失职是指劳动者在履行劳动合同期间，违反忠于职守的义务，有违反职责的严重过失行为。营私舞弊是指劳动者利用职务之便，采用欺骗等手段以谋取个人私利的故意行为。劳动者的上述行为对用人单位的有形财产、无形财产或人员造成重大损害但尚未达到刑罚处罚的程度，在行为和后果两者兼备的情况下用人单位有权解除劳动合同。

严重违反劳动纪律遭用人单位解除劳动合同

【案例介绍】

申请人：李某

被申请人：吉林市某化工厂

李某为某化工厂职工，受单位指派前往北京办理 8 份商标转让工作，临行前李某向单位借款 2.2 万元。考虑到事情重大，单位准备派李某和另一人同去，但李某提出二人开支大，一人就足够了，单位采纳了李某的意见，由李某一人前往北京。李某乘坐列车到达徐州后，并未直接去北京，在未向单位报告的情况下私自下车探亲，停留 36 个小时，而后乘坐另一趟列车进京，途中发现携带的 2.2 万元现金和 8 份商标丢失。报案后，徐州铁路公安处乘警队立案进行侦查，但一直未能破案。案发后，李某向单位书面报告了事情经过，并表示负有不可推卸的责任，愿意接受单位对其作出的处理。单位通过行政会议后作出决定，李某 5 个月内归还借支的 2.2 万元，赔偿补办商标费用 8 040 元，否则解除劳动合同。5 个月后李某分文未还，单位解除与其的劳动合同，李某不服，申请仲裁。

【案例评析】

根据《劳动合同法》第 39 条第 3 项规定，严重失职给用人单位造成重大损害的，用人单位可单方面解除劳动合同。本案中，李某携带 2.2 万元现金和 8 份商标在未经请假批准的情况下擅自行动造成上述后果。其行为违反劳动纪律显然已经达到严重程度。

【处理结果】

仲裁委员会维持了化工厂解除李某劳动合同的决定。

（4）劳动者同时与其他用人单位建立劳动关系，对完成本单位的工作任务造成严重影响，或者经用人单位提出，拒不改正的。根据该条文规定，符合下列情形之一的，用人单位均可单方面即时解除劳动合同：①劳动者同时与其他用人单位建立劳动关系，对完成本单位的工作任务造成严重影响；②劳动者同时与其他用人单位建立劳动关系，经用人单位提出，拒不改正。

（5）以欺诈、胁迫的手段或者乘人之危，使得用人单位在违背其真实意思的情况下订立或者变更劳动合同的。

（6）被依法追究刑事责任的。这是指劳动者在劳动合同存续期间，严重违反法律法规构成犯罪，被人民法院依法判处刑罚或者依据《中华人民共和国刑法》（简称《刑法》）第32条被人民法院免于刑事处分的。

此外应当注意的是，在上述情形下，用人单位解除劳动合同没有支付劳动者经济补偿金的法定义务。当然这并不排除用人单位自愿支付的情形。

五、用人单位预告解除劳动合同

用人单位预告解除劳动合同也称非过失性辞职，是指在劳动者无过错的情况下，由于主客观情况的变化而导致劳动合同无法履行时，用人单位可以提前通知劳动者后单方解除劳动合同的行为。

用人单位预告解除劳动合同，必须满足一定的条件。首先，应遵循一定的程序要件，即用人单位应当提前30日以书面形式通知劳动者本人或者额外支付劳动者1个月工资；其次，还必须具备法定情形。

根据规定，用人单位预告解除劳动合同的情形包括以下三种。

1.劳动者患病或非因工负伤，在规定的医疗期满后不能从事原工作，也不能从事由用人单位另行安排的工作

这里的医疗期是指劳动者根据其工龄等条件，依法可以享受的停工医疗并发给病假工资的期间，而不是劳动者病伤治愈实际需要的医疗期。对于劳动者患病或者非因工负伤，我国相关法律法规规定了一个相对合理的医疗期，在规定医疗期内用人单位不得解除劳动合同。规定的医疗期满后，如果劳动者身体康复，可以继续从事原工作或者由用人单位另行安排的工作的，劳动合同关系继续有效；反之，用人单位可以解除劳动合同。

2.劳动者不能胜任工作，经过培训或调整工作岗位，仍不能胜任工作的

所谓"不能胜任工作"，是指不能按要求完成劳动合同中约定的任务或者同工种、同岗位人员的工作量。用人单位不得故意提高定额标准，使劳动者无法完成其不能胜任的工作。劳动者在试用期满后不能胜任劳动合同所约定的工作，用人单位应对其进行培训，如果劳动者经过一定期间的培训仍不能胜任原约定的工作，或者对重新安排的工作也不胜任，就意味着劳动者缺乏履行劳动合同的劳动能力，用人单位可以预告辞退。

3.劳动合同订立时所依据的客观情况发生重大变化，致使劳动合同无法履行，经当事人协商未能就变更劳动合同内容达成协议的

这里的客观情况是指，发生不可抗力或出现致使劳动合同全部无效或部分条款无效无法履行的其他情况，如企业迁移、被兼并、企业资产转移等，并且排除用人单位濒临破产进行法定整顿期间和生产经营状况发生严重困难的客观情况。发生上述情况时，用人单位应当就劳动合同变更问题与劳动者协商；如果劳动者不同意变更劳动合同，原劳动合同所确立的劳动关系已丧失其存在的基础，这时允许用人单位预告解除劳动合同。

当满足上述条件时用人单位可以解除劳动合同。此外，用人单位还应当给予劳动者相应

的经济补偿。

六、劳动合同的终止

劳动合同的终止是指劳动合同依法生效后,因出现法定情形或者当事人约定的情形而致使劳动合同所确定的法律关系依法归于消灭的情势。劳动合同关系是当事人双方在平等自愿的基础上依法自行设定的权利义务关系。劳动合同当事人之间可以依据一定的法律事实创设劳动关系,同时也可以基于一定的法律事实而消灭此种关系。

符合下列情形之一的,劳动合同终止。

1.劳动合同期满

劳动合同是用人单位和劳动者在协商一致的基础上订立的,劳动合同的存在期间通常属于双方当事人约定的范畴。劳动合同期满导致劳动合同终止,这是合同当事人意思自治和合同自由的体现,对此法律应当予以尊重。

2.劳动者开始依法享受基本养老保险待遇

基本养老保险也称国家基本养老保险,它是按国家统一政策规定强制实施的,为保障广大离退休人员基本生活需要的一种养老保险制度。依据相关规定,劳动者享受基本养老保险待遇,通常应具备以下两个条件(各省市等根据自身的情况可能有其他相关具体规定):①达到国家法定的企业职工离休、退休、离职年龄(参加劳动和社会保障部颁布的《关于制止和纠正违反国家规定办理企业职工提前退休有关问题的通知》)。②劳动者按规定缴纳了基本养老保险费并累计达到一定年限。根据上述相关条件,劳动者开始依法享受基本养老保险待遇的,说明劳动者已基本符合法定退休年龄。此时,劳动者的劳动能力已逐步甚至基本丧失,对于其生活保障问题交由社会保险部分承受,法律应允许用人单位终止劳动合同以减少企业的负担,提高企业竞争力。

3.劳动者死亡或者被人民法院宣告死亡或宣告失踪

出现该项规定的情形时,劳动关系的一方主体即劳动者在事实上或者法律上消灭或者出现未定状态。如果一方主体不存在,法律理当允许另一方终止相应的法律关系以消除法律关系的不确定性及其可能带来的风险。

4.用人单位被依法宣告破产

通常情况下,用人单位被依法宣告破产后随即进入清算阶段,清算完成后破产程序终结,用人单位依法被注销,主体资格消灭。劳动合同的一方当事人法律主体地位不复存在,合同本身也理应终止。

5.用人单位被吊销营业执照、责令关闭、撤销或者用人单位决定提前解散

该项所述事实均为用人单位终止的法定事由。用人单位在出现上述情形之一时,依据法律规定,用人单位即应当停止经营活动,依法进行清算,并于清算结束后办理注销登记,消灭其主体地位。此时,劳动关系存在的基础丧失,劳动合同自应终止。

6.有法律、行政法规规定的其他情形

这是一项开放性规定,以与其他法律相衔接。同时,它也可以涵盖由于列举规定所可能

造成的遗漏。

七、劳动合同的续延终止

1.劳动合同续延的条件

1）劳动合同期满

劳动合同终止的情形包括六种，只要符合其中之一，劳动合同即可终止。在劳动合同的一方主体消灭，或者劳动者已享受基本养老保险，这些情形使得劳动合同继续履行成为"不能"或者无须规定劳动合同的续延。但是当劳动合同期满时，用人单位和劳动者之间劳动关系的存续是可能的，而且对于劳动者而言在一定意义上是必要的。

2）出现法定情形

劳动合同期满时，只有在具备规定情形之一的条件下，劳动合同才续延至相应的情形消失时终止。规定的情形包括：从事接触职业病危害作业的劳动者未进行离岗前职业健康检查，或者疑似职业病病人在诊断或者医学观察期间的；在本单位患职业病或者因工负伤并被确认丧失或者部分丧失劳动能力的；患病或者非因工负伤，在规定的医疗期的；女职工在孕期、产期、哺乳期的；在本单位连续工作满15年，且距法定退休年龄不足5年的；法律、行政法规规定的其他情形。但是根据规定，在本单位患职业病或者因工负伤并被确认丧失或者部分丧失劳动能力的劳动者的劳动合同的终止，按照国家有关于工伤保险的规定执行。

2.劳动合同续延的期限

劳动合同应当续延至相应的情形消失时终止，即劳动合同续延截止的界点是相应的情形消失时。

角色扮演

本实训项目由任课教师提前准备关于劳动合同的案例，并将学员分成若干组，每组中的成员分别担任案例中涉及的纠纷双方利益成员、争议裁决机构成员，由各自负责扮演的角色阐述各方观点，任课教师最后对各方观点进行点评总结，通过此项目的训练提高学员对劳动合同法的理解和记忆，并提升实践及运用能力。

案例讨论

补签了劳动合同还需支付以前的双倍工资吗?

张小姐于2007年8月1日进入某外资企业管理咨询（上海）有限公司工作，担任咨询顾问，月薪为8 500元，但公司并没有与其签订书面劳动合同。张小姐对自己的职位与薪水还比较满意，因此对于公司不与自己签订书面劳动合同也就没在意。但是到了2009年1月初，公司突然降低了张小姐的工资。对于公司单方面降薪的举措，张小姐没有同意。最终公司与张小姐协商解除了劳动关系，由公司支付张小姐两个月的工资作为经济补偿。但在办理工资结算时，公司要求张小姐补签一份劳动合同，劳动合同的期限为2007年8月1日至2009年1月31日。为了能顺利地办清退工手续并拿到经济补偿金，张小姐只好答应公司的要求补签了合同，不过张小姐还是留了个心眼，她特别注明了劳动合同补签的时间为 2009 年 1 月 31 日。张小姐觉得公司虽然事后与自己补签了劳动合同，但是公司还是应该支付自己的双倍工资。于是张小姐又向公司提出了双倍工资的要求，但公司认为张小姐的要求不合理，因而没有多加理会。在协商未果后，张小姐委托律师向单位所在地的劳动仲裁委员会申请了劳动仲裁，要求公司支付自 2008 年 2 月 1 日至 2009 年 1 月 30 日期间未签订劳动合同的双倍工资。

庭审中，公司认为自己与张小姐已经补签了劳动合同，也就不存在再支付双倍工资的问题，更何况张小姐是 2007 年 8 月 1 日进入公司工作的，自 2007 年 8 月 1 日开始公司就与其形成了事实的劳动关系，当时法律并没有规定没有签订劳动合同就得支付双倍工资。劳动仲裁委员会经过审理后依法作出了支持张小姐的申诉请求的裁决。公司不服，又向法院提起了诉讼，后又上诉至中级人民法院。

思考题

1.如果你是法院法官，该如何对该案例进行裁决？

2.补签了劳动合同是否还需支付以前的双倍工资？

➤本章思考题

1.劳动合同与集体合同的区别表现在哪些方面？

2.劳动合同法与劳动法是什么关系？劳动合同法的立法宗旨是什么？与劳动法存在哪些不同？

参 考 文 献

冯涛.2008.劳动合同法研究.北京：中国检察出版社.

姜颖.2006.劳动合同法论.北京：法律出版社.

黎建飞.2007.劳动合同法案例判解.北京：中国法制出版社.

喻术红.2009.劳动合同法专论.武汉：武汉大学出版社.

邹杨，丁玉海.2009.劳动合同法最新理论与实务.大连：东北财经大学出版社.

第三章

养 老 保 险

　　社会保险是为暂时或永久丧失劳动能力、暂时失去劳动岗位或因健康原因造成损失的劳动力提供收入或补偿的一种社会和经济制度。社会保险由政府强制某一群体将其收入的一部分作为社会保险费形成社会保险基金。在满足一定条件的情况下，被保险人可从基金获得固定的收入或损失的补偿。社会保险是一种再分配制度，其目的是保证劳动力的再生产和社会的稳定。建立社会保险制度是现代文明的标志。完善的社会保险制度是市场经济体制的重要制度，是治国安邦的根本大计。《社会保险法》的制定对于规范社会保险关系，促进社会保险事业发展，保障公民共享发展成果，维护社会主义和谐稳定具有重要意义。社会保险的主要项目包括养老保险、医疗保险、失业保险、工伤保险、生育保险等。本章主要介绍养老保险。

　　养老保险是世界各国较普遍实行的一种社会保障制度，是社会保障制度的重要组成部分。养老保险是指劳动者从事某种劳动达到法定年限或达到法定退休年龄后，由国家和社会依法给予一定物质帮助，以维持其老年生活的一种社会保险法律制度。养老保险是在法定范围内的老年人完全或基本退出社会劳动生活后才自动发生作用的。法定的年龄界限（各国有不同的标准）是切实可行的衡量标准。养老保险的目的是为保障老年人的基本生活需求，为其提供稳定可靠的生活来源。养老保险是整个社会保障制度的重要组成部分，是社会保险五大险种中最重要的险种之一，也是实施最广泛的一种社会保险项目。

　　本章回答以下问题。

　　我国养老保险的适用范围是什么？

　　我国养老保险有哪几种形式？各种形式养老保险的缴费比例如何？缴费基数如何确定？

　　怎样才能受益于养老保险？养老保险金如何发放？

　　劳动者工作变动怎样进行养老保险的转移接续？

引导案例

养老保险的个人缴费工资基数如何计算？

黎某是某著名大学毕业的硕士研究生，2003 年 7 月毕业后应聘到北京市某软件开发公司做程序设计工作。由于毕业于名牌大学且工作认真负责，因此黎某很受老板器重，与他在一个组内工作的同事对他也评价颇高。3 年之后，也就是 2006 年的 8 月，黎某的工资就由原来的 6 000 元涨到 9 000 元。

黎某拿到自己 8 月的工资条时发现，虽然自己的工资已经涨到 9 000 元，但是扣缴的养老保险还是按照原来 6 000 元的基数扣除的。黎某担心是否财务的工作出错了，自己的工资基数已经提高了，怎么养老保险费用没有变化呢？

黎某就这个问题咨询了公司的人事管理部门，这才得知，原来扣缴养老保险不是以本月的工资作为基数的，而是以上一年度的月平均工资为计算基准的。因此，黎某 8 月的养老保险仍然是按照 2005 年北京的社会平均工资的基数来进行扣除的。

讨论：什么是养老保险的个人缴费工资基数？该基数是如何确定的？

第一节　基本养老保险

基本养老保险是按国家统一政策规定强制实施的为保障广大离退休人员基本生活需要的一种养老保险制度。

一、基本养老保险的适用范围

根据国务院 1997 年《关于建立统一的企业职工基本养老保险制度的决定》（简称 1997 年《决定》）规定，"基本养老保险制度要逐步扩大到城镇所有企业及其职工。城镇个体劳动者也要逐步实行基本养老保险制度"，"实行企业化管理的事业单位，原则上按照企业养老保险制度执行"。

2005 年 12 月 3 日颁布的《关于完善企业职工基本养老保险制度的决定》（简称 2005 年《决定》）进一步明确指出："城镇各类企业职工、个体工商户和灵活就业人员都要参加企业职工基本养老保险。当前及今后一个时期，要以非公有制企业、城镇个体工商户和灵活就业人员参保工作为重点，扩大基本养老保险覆盖范围。"

2011 年 7 月 1 日实施的《社会保险法》第 10 条规定：职工应当参加基本养老保险，由用人单位和职工共同缴纳基本养老保险费。无雇工的个体工商户、未在用人单位参加基本养老保险的非全日制从业人员以及其他灵活就业人员可以参加基本养老保险，由个人缴纳基本养老保险费。公务员和参照公务员法管理的工作人员养老保险的办法由国务院规定。

根据上述的相关法律的规定，我国城镇企业职工基本养老保险制度覆盖所有城镇企业及其在职与退休职工、城镇个体劳动者及其雇工、城镇自由职业人员；实行企业化管理的事业单位及其工作人员与退休人员；国家机关和比照实行公务员制度的事业单位、社会团体及与之形成劳动合同关系的人员，即工勤人员，包括退休工勤人员；民办非企业单位及其职工。

企业必须为职工办理养老保险

【案例介绍】

申请人：王某

被申请人：某市某私营企业

王某被某市某私营企业聘用为部门经理，双方于2009年2月15日签订了一年期的劳动合同。合同约定，王某的年薪为3.6万元。合同中约定：王某自行办理商业养老保险，工资中包含养老保险费，企业不再承担为职工办理养老保险。王某对此未表示异议。7月15日，王某提前一个月向该私营企业提出解除劳动合同。8月15日，双方协商一致解除了劳动合同。8月20日，王某应聘到某电脑公司工作，在办理有关手续时，王某得知还应办理养老保险基金转移手续，遂向某私营企业人事部询问。人事部经理称，双方在签订劳动合同时已明确约定，由王某自己负责办理商业养老保险，企业不再负担养老保险费用，故王某的要求不合理。王某经向律师咨询得知，企业和职工参加基本养老保险是法定义务，企业必须为职工按时缴纳基本养老保险费，在职工调动时，应办理养老保险转移手续。王某遂向当地劳动争议仲裁委员会申诉，要求某私营企业按规定补缴6个月的养老保险费。

【案例评析】

由《社会保险法》规定可知，基本养老保险是由国家立法统一制定和强制执行的，不同于自由投保的商业保险。基本养老保险是法定保险，企业和职工参加基本养老保险是法定义务，凡在规定范围内的单位和个人都必须无条件参加，按法律法规规定的方式和标准向指定的社会保险经办机构缴纳养老保险费，不得拒缴、少缴。

【处理结果】

当地劳动争议仲裁委员会经调查得知，该私营企业未为王某等企业职工缴纳基本养老保险费。据此，仲裁庭裁决如下：某私营企业为王某及所有职工补办社会保险登记，其中包括为王某补缴6个月的养老保险费。

二、基本养老保险的缴费比例

根据《社会保险法》第10条第1款的规定，职工应当参加基本养老保险，由用人单位和职工共同缴纳基本养老保险费。因此，用人单位和职工都应按照一定的比例来缴纳基本养老保险费。

1.用人单位基本养老保险费的缴费比例

用人单位应当按照国家规定的本单位职工工资总额的比例缴纳基本养老保险费，记入基本养老保险统筹基金。我国现阶段，用人单位缴纳的基本养老保险费是养老保险基金的最主要来源。其缴纳方式，一般按照单位职工工资总额和当地政府规定的比例在税前提取，由单位开户银行按月代为扣缴。1997年《决定》规定：企业缴纳基本养老保险费的比例，一般不得超过企业工资总额的20%（包括划入个人账户的部分），具体比例由省、自治区、直辖市人民政府确定。少数省、自治区、直辖市因离退休人数较多、养老保险负担过重，确需超过企业工资总额20%的，应报劳动部、财政部审批。

2000年12月25日发布的《关于印发完善城镇社会保障体系试点方案的通知》中规定："企业依法缴纳基本养老保险费，缴费比例一般为企业工资总额20%左右，目前高于20%的地区，可暂维持不变。企业缴费部分不再划入个人账户，全部纳入社会统筹基金，并以省（自治区、直辖市）为单位进行调剂。"

2011年7月1日发布的《社会保险法》规定：用人单位缴纳基本养老保险费的比例，一般不超过企业工资总额的20%，具体比例由省、自治区、直辖市人民政府确定。用人单位缴纳的社会保险费记入基本养老保险统筹基金，用于当前的基本养老保险待遇支付。

2.职工基本养老保险费的缴费比例

职工应当按照国家规定的本人工资的比例缴纳基本养老保险费，记入个人账户。实行劳动者个人缴费制度，是每一个劳动者享受养老保险权利应尽的义务。对于职工个人缴纳基本养老保险费的比例和方式，1991年颁布的《国务院关于企业职工养老保险制度改革的决定》第4条第3款作了原则性规定：职工个人缴纳基本养老保险费，在调整工资的基础上逐步实行，缴费标准开始时可不超本人标准工资的3%，以后随着经济的发展和职工工资的调整再逐步提高。职工个人缴纳的基本养老保险费，由企业在发放工资时代为收缴。

1995年发布的《国务院关于深化企业职工养老保险制度改革的通知》规定：职工按不低于个人缴费工资基数3%的比例缴费，以后一般每两年提高1百分点，最终达到个人账户养老保险费的50%。个体工商户本人、私营企业主等非工薪收入者，可以按当地上一年度职工月平均工资作为缴费的基数，并由个人按20%左右的费率缴费，其中4%左右进入社会统筹基金，16%左右进入个人账户。

1997年《决定》规定：个人缴纳基本养老保险费的比例，1997年不得低于本人缴费工资的4%，1998年起每两年提高1百分点，最终达到本人缴费工资的8%。有条件的地区和工资增长较快的年份，个人缴费比例提高的速度应适当加快。按本人缴费工资11%的数额为职工建立基本养老保险个人账户，个人缴费全部记入个人账户，其余部分从企业缴费中划入。随着个人缴费比例的提高，企业划入的部分要逐步降至3%。

2005年《决定》规定，扩大基本养老保险覆盖范围。城镇各类企业职工、个体工商户和灵活就业人员都要参加企业职工基本养老保险。为与做实个人账户相衔接，从2006年1月1日起，个人账户的规模统一由本人缴费工资的11%调整为8%，全部由个人缴费形成，单位缴费不再划入个人账户。

2011年7月1日发布的《社会保险法》第12条规定，按照现行政策，用人单位缴纳基本养老保险的比例，一般不超过工资总额的20%，企业职工按本人缴费工资的8%缴费，计入个人账户。灵活就业人员参加基本养老保险的缴费基数为当地上年度职工月平均工资，缴费比例为 20%，其中 8% 记入个人账户。

三、基本养老保险的缴费基数

基本养老保险费由用人单位和职工个人缴费及政府补贴等组成。用人单位缴费的基数按规定为企业发放的职工工资总额，一般不超过企业工资总额的 20%。而职工个人缴纳基本养老保险费以上一年度月平均工资作为缴费基数。月平均工资应按国家统计局规定列入工资总额统计的项目计算，其中包括工资、奖金、津贴、补贴等收入。本人月平均工资低于当地职工平均工资 60% 的，按当地职工月平均工资的 60% 缴费；超过当地职工月平均工资 300% 的，按当地职工月平均工资 300% 缴费，超过部分不记入缴费工资基数，也不记入计发养老金的基数。已离休人员不缴纳养老保险费。

资料导读

南宁市劳动和社会保障部门《关于做好 2010 年度南宁市社会保险费缴费基数申报稽核工作的通知》中有如下规定。

（1）各类企业单位、企业化管理的事业单位、民办非企业单位、有雇工的个体工商户在职人员社会保险缴费基数，由本人 2009 年度月平均工资收入（按国家统计局工资统计口径包括计时工资、计件工资、津贴和补助、奖金、加班加点工资及特殊情况下支付的工资等）构成；退休人员的医疗保险基数以 2009 年本人月平均养老金为基数。

（2）在职参保人员本人月缴费基数高于 2009 年全区城镇单位在职（岗）职工月平均工资 300% 的，按全区城镇单位在职（岗）职工月平均工资 300% 缴费；低于全区城镇单位在职（岗）职工月平均工资 60% 的，按 60% 缴费。

四、基本养老保险的个人账户

1.基本养老保险个人账户的建立

基本养老保险的个人账户是社会保险经办机构依法为每位参加基本养老保险的职工建立的一个终身不变的资金个人账户。它详细记录参加基本养老保险社会统筹的职工缴纳的基本养老保险费和从企业缴费中划转记入的基本养老保险费，以及上述两部分的利息金额。个人账户是职工在符合国家规定的退休条件并办理了退休手续后，领取基本养老金的主要依据。

2011 年实施的《社会保险法》实行的是社会统筹和个人账户相结合的模式，个人缴纳的基本养老保险费计入个人账户，个人账户资金属于强制性个人储蓄，为体现国家对社会保险事业的支持，免征利息税。《社会保险法》明确了企业缴费部分记入基本养老保险统筹基金，和个人账户不再有关系。

2.基本养老保险个人账户的管理

参加基本养老保险的单位应该按照各级社会保险经办机构的要求建立、健全职工基础资料，到当地社会保险经办机构办理基本养老保险参保手续，并按要求填报《参加基本养老保险单位登记表》等资料。

3.基本养老保险个人账户的继承

根据《社会保险法》第12条的规定，参保个人依法缴纳的基本养老保险费按照国家规定的比例划入个人账户。养老保险个人账户的所有人，对个人账户的资产依法具有请求权和被继承权。个人死亡时，个人账户资金属于养老保险人的财产，在其去世后就变成了遗产。按照《中华人民共和国继承法》（简称《继承法》）的规定，该去世人的继承人是可以依法继承取得个人账户养老金余额的。

离世职工的基本养老保险个人账户如何处理？

【案例介绍】

申请人：张某

被申请人：某企业

张某是某企业职工，某企业和张某均按规定缴纳养老保险费。2012年4月张某病故，其家属要求按照张某本人和单位缴纳的综合养老保险费退还其养老金。张某家属认为应将张某个人缴纳的部分一次性全部退还给其家属，而单位缴纳的部分也一并退还给其家属。你认为应如何处理？

【案例评析】

《社会保险法》第14条规定："个人死亡的，个人账户余额可以继承。"而用人单位缴纳的养老保险费记入社会统筹基金。

【处理结果】

案例中张某家属要求企业将张某和企业缴纳的养老保险费全部退还的要求是不合理的，企业应按照规定将张某个人缴纳的养老保险费的本息一起退还给张某家属，企业缴费部分并入社会统筹，并封存其个人账户。

资料导读

江苏养老保险个人账户的余额可全部继承

2011年7月1日《社会保险法》正式实施，其中对于老百姓关注的养老保险个人账户能否继承问题，该法规定"个人死亡的，个人账户余额可以继承"。2012年4月22日，江苏省人力资源和社会保障厅出台了相关通知，对江苏省参保人员死亡后基本养老保险个人账户余额的继承办法进行了统一规定。

个人账户余额为个人账户全部储存额的累计本息（包括2006年6月30日前按规定从单位

缴费中划转记入个人账户部分的本息）。

参保人员死亡时没有供养直系亲属的，如个人账户有余额，个人账户储存额结息至其死亡当月，其个人账户余额依法继承。

参保人员死亡时有供养直系亲属并按月领取定期救济费的，如个人账户有余额，其个人账户储存额在其供养直系亲属失去供养条件前暂不予以继承并继续按规定计息；在一个结息年度内各月的账户余额，为上月账户余额减当月支付的供养直系亲属定期救济费的差。个人账户储存额不敷支付供养直系亲属定期救济费的，改由基本养老保险统筹基金继续支付。

参保人员死亡时有供养直系亲属并领取一次性救济费的，其个人账户储存额累计本息减去供养直系亲属领取的一次性救济费后的余额依法继承。

江苏养老保险个人账户的余额可全部继承的政策出台有利于更好地维护投保人的权益，调动江苏人民的投保积极性。

五、基本养老保险的缴费年限

基本养老保险缴费年限，是指依据有关规定实行个人缴费至职工退休时，单位和个人实际缴纳养老保险费的年限。我国《社会保险法》规定参加基本养老保险的个人，达到法定退休年龄时累计缴费满 15 年的，按月领取基本养老金。

国家规定养老保险缴费年限的目的在于：避免一些人在即将临近退休年龄才缴纳保险费并获得退休金；避免一些新移民为了获取养老保障而迁入；体现社会保险的公平原则，体现劳动者权利义务一致的原则。

社会保险法公布之前的政策是，缴费不足 15 年的，个人账户储存的养老金一次性支付本人，终止基本养老保险关系。这个制度不尽合理，在实际执行中，许多地方允许退休时缴费不足 15 年的一次性补缴或连续补缴至 15 年，按月享受基本养老待遇。

补缴基本养老保险费从何时算起？

【案例介绍】

申请人：刘某

被申请人：某汽修厂

刘某是湖南某汽修厂的固定职工，1960 年参加工作。2000 年，刘某达到法定退休年龄，办理退休手续的时候，劳动保障局要求刘某补缴 2000 年前应缴的社会保险费。刘某一听，吓蒙了，这么多年的养老保险费该有多少。劳动保障局的同志给刘某解释了有关政策，刘某才知道，其实他应该补缴的是从 1995 年开始的保险费，1995 年以前的连续工作年限为"视同缴费年限"。

【案例评析】

用人单位和劳动者必须按照国家有关规定，依法缴纳养老保险费。至于从什么时候开始缴纳，则是根据各地开展养老保险统筹的时间而定。

1991年，国务院下发了国发〔1991〕33号文件，要求企业所有职工实行个人缴费制度。这个时候开始才有了"缴费年限"。但是为了不影响老职工的养老保险待遇，1995年《国务院关于深化企业职工养老保险制度改革的通知》（国发〔1995〕6号）规定，企业和职工个人共同缴纳养老保险费的年限，被称为"缴费年限"。实行个人缴费制度前，职工的连续工龄可视同缴费年限。

【处理结果】

本案中，由于湖南省养老保险地方统筹是从1995年开始，刘某以前没有缴纳养老保险费，故需从1995年开始补缴。1995年以前的连续工龄视同缴费年限。

本案主要涉及的是补缴养老保险从什么时候开始的问题。如果职工一直没有缴纳社会保险费，那么补缴就要从当地实行养老保险的社会统筹开始。

六、基本养老保险的转移

基本养老保险的转移支付问题在《社会保险法》第19条中得到了明确的规定：个人跨统筹地区就业的，其基本养老保险关系随之转移，缴费年限累计计算。个人达到法定退休年龄时，基本养老金分段计算、统一支付。具体办法由国务院规定。

《社会保险法》对于基本养老保险关系转移续接的规定，有利于进一步扩大养老保险的覆盖面，促进劳动力根据市场因素实行区域流动。通过改进计发办法，分段计算养老保险权益，解决了养老保险转移和接续无法可依、无法操作的问题。分段计算养老保险权益的方法，有利于在地方间建立具有激励性和约束性的机制，实现区域间基本养老保险关系互通互认，使劳动者在各个不同时期形成的养老保险权益得到承认，并在养老保险待遇中予以体现，调动人们特别是灵活就业人员等流动劳动力参保的积极性，也为流动人口养老保险权益的实现提供了法律保障。

资料导读

更换工作地点后基本养老保险账户如何处理？

孙某原来在山东省龙口市的一家企业上班，去年她辞去了工作，回到家乡烟台市区照顾自己的亲人。她到当地社会保险机构咨询："在原来单位工作的时候已经交了两年养老保险，辞工回家后养老保险就一直停在那儿，应该怎么办？"

社会保险法实施后个人跨统筹地区就业的，基本养老保险关系将随着本人转移，缴费年限累计计算。烟台市社会劳动保险事业处副主任宋少勇介绍说："烟台市范围内的职工之间的流动社会保险不需要办理转移，职工在离开原参保地到新参保地就业的，直接将个人编号提供给新的参保地，缴纳社会保险即可。跨区域、跨省转移的，职工要到原参保地申请一张参保缴费凭证，然后到新的参保地提出申请转移，剩下的关于账户的转移、资金的划拨、账户的记录由新的参保地的社会保险机构与原参保地进行沟通，职工不需要自己去跑。"

七、企业退休年龄规定

《国务院关于安置老弱病残干部的暂行办法》《国务院关于工人退休、退职的暂行办法》《国务院办公厅关于进一步做好国有企业下岗职工基本生活保障和企业离退休人员养老金发放工作有关问题的通知》《关于制止和纠正违反国家规定办理企业职工提前退休有关问题的通知》等相关的法律法规对不同性质企业职工的退休年龄作了规定。

1.党政机关、群众团体、企业、事业单位的干部符合下列条件之一的，都可以退休

（1）男年满 60 周岁，女年满 55 周岁，参加革命工作年限满 10 年的。

（2）男年满 50 周岁，女年满 45 周岁，参加革命工作年限满 10 年，经过医院证明完全丧失工作能力的。

（3）因工致残，经过医院证明完全丧失工作能力的。

2.全民所有制企事业单位、机关群众团体工人符合下列条件之一的，应该退休

（1）男年满 60 周岁，女年满 50 周岁，连续工龄满 10 年的。

（2）从事井下、高空、高温、特别繁重体力劳动或者其他有害身体健康的工作，男年满 55 周岁，女年满 45 周岁，连续工龄满 10 年的。本项规定也适用于工作条件与工人相同的基层干部。

（3）男年满 50 周岁，女年满 45 周岁，连续工龄满 10 年的，由医院证明，并经过劳动鉴定委员会确认，完全丧失劳动能力的。

（4）因工致残，由医院证明，并经劳动鉴定委员会确认，完全丧失劳动能力的。

3.破产国有企业职工的退休年龄

根据《国务院关于在若干城市试行国有企业破产有关问题的通知》（国发〔1994〕59 号）的精神和有关规定：破产企业中因工致残或者患严重职业病、全部或者大部分丧失劳动能力的职工，作为离退休职工安置。距离退休年龄不足 5 年的职工，经本人申请，可以提前离退休。

4.几种特殊情况的退休年龄

劳动人事部于 1985 年 3 月 4 日颁布的《关于改由各主管部门审批提前退休工种的通知》（劳人护〔1985〕6 号）对提前退休的工种作了如下规定。

（1）从事井下、高空、高温、特别繁重体力劳动或者其他有害身体健康工作的工人，无论现在或过去从事这类工作，凡符合下列条件之一者，均可以按照《国务院关于工人退休、退职的暂行办法》（国发〔1978〕104 号）第 1 条第 2 款的规定办理退休：从事高空和特繁重体力劳动工作累计满 10 年的；从事井下高温工作累计满 9 年的；从事其他有害身体健康工作累计满 8 年的。

（2）常年在海拔 3 500 米以上的高山、高原地区和常年在摄氏零度以下的冷库、生产车

间等低温区域工作的工人退休时，可以参照从事井下、高温作业工人的有关规定办理；常年在海拔 4500 米以上的高山、高原地区工作的工人退休时，可以参照从事其他有害身体健康工作工人的有关规定办理。

一定要加强对企业从事特殊工种职工提前退休工作的管理，规范企业及职工办理退休行为，保持退休政策的连续性，维护社会稳定，促进经济发展，减少养老保险金收支矛盾。严格按照国家对于特殊工种提前退休的规定，做好相关职工的退休工作。

5.高级专家的退休年龄

高级专家是指正副教授、正副研究员、高级工程师、高级农艺师、正副主任医师、正副编审、正副译审、正副研究馆员、高级经济师、高级统计师、高级会计师、特级记者、高级记者、高级工艺美术师以及文艺六级以上的专家。要充分发挥高级专家的作用，为社会主义建设事业多作贡献，促进新生力量的成长和队伍的更新。

我国于 1983 年颁布的《国务院关于高级专家离休退休若干问题的暂行规定》指出：高级专家离休退休年龄，一般应按国家统一规定执行。对其中少数高级专家，确因工作需要，身体能够坚持正常工作，征得本人同意，经下述机关批准，其离休退休年龄可以适当延长。副教授、副研究员以及相当这一级职称的高级专家，经所在单位报请上一级主管机关批准，可以适当延长离休退休年龄但最长不超过 65 周岁。

教授、研究员以及相当这一级职称的高级专家，经所在单位报请省、自治区、直辖市人民政府或中央、国家机关的部委批准，可以延长离休退休年龄，但最长不超过 70 周岁；学术上造诣高深、在国内有重大影响的杰出高级专家，经国务院批准，可以暂缓离休退休，继续从事研究或著述工作。

延长离休退休年龄的高级专家中，担任行政领导职务或管理职务的，在达到国家统一规定的离休退休年龄时，应当免去其行政领导职务或管理职务，使他们集中精力继续从事科学技术或文化艺术等工作。特殊情况经过任免机关批准的除外。

值得关注的是，鉴于我国经济发展、人口结构变化等多种因素，我国将逐渐实施延迟退休政策。

八、基本养老金的发放

基本养老金也称退休金、退休费，是劳动者最主要的一种养老保险待遇。基本养老金是根据国家法律及相关政策规定，在劳动者年老或丧失劳动能力后，按月或一次性以货币形式支付的养老保险待遇，主要用于保障职工退休后的基本生活需要。基本养老金由统筹养老金和个人账户养老金组成。基本养老金根据个人累计缴费年限、缴费工资、当地职工平均工资、个人账户金额、城镇人口平均预期寿命等因素确定。

1.基本养老金的发放条件

基本养老金的发放条件，又称劳动者享受基本养老金的条件，主要包括年龄、工龄和缴费年限三个条件，其他还包括一些与就业或缴费无关的条件，如规定被保险人必须是永久居民、本国居民或在国内居住满一定期限等。

1）年龄条件

法定退休年龄，是一个国家根据社会经济发展的需要、人口的平均寿命及劳动力供求状况对退出劳动岗位的年龄所做的规定。对法定退休年龄的规定，一般采用老年起点的方式规定。法定退休年龄的高低直接影响养老保险基金的筹集和发放。降低法定退休年龄，支付的养老保险金相对增多，同时对国家人力资源供给产生重大影响。

我国现行法律规定：男性年满 60 周岁、女性年满 50 周岁达到老年，有权享受养老保险待遇。法律、法规对劳动者的法定退休年龄有特殊规定者，从其规定。

2）工龄条件

工龄也是发放基本养老金的重要依据之一。工龄是劳动者以工资收入为其全部或主要生活来源的劳动年限。各国关于工龄的规定不尽一致，在实行劳动者个人缴纳养老保险费制度的国家，退休工龄即为缴费年限，多数国家规定为 15~20 年。

1978 年《国务院关于工人退休、退职的暂行办法》规定：职工连续工龄满 10 年，国家公务员提前退休一般须连续工龄满 20 年，连续工龄满 30 年提前退休可不受年龄限制；因工伤致残而完全丧失劳动能力的职工，退休不以连续工龄为条件。符合工龄条件，才有权享受养老保险待遇。

3）缴费年限

缴费年限是指个人缴纳养老保险费的年限。各国一般都规定一个最低缴费年限，即最低保龄。最低保龄是参照人的正常寿命和可能的工作年限并结合保险金指出的状况估算而确定的。关于最低保龄的长短，国际劳动组织建议为 15 年，我国缴费年限为 15 年。最低缴费年限的计算有连续计算和累计计算两种方法。采用累计计算的方法比较适宜。若采用连续计算的方法，应该对中断工作和中断缴费的不同情况作出界定，对那些因非自愿原因造成的工作或缴费中断，应视为连续工龄。

2.基本养老金的发放标准

1）养老保险待遇发放项目

我国职工养老保险待遇，从其达到退休年龄的次月起停止发放工资，每月按规定标准发给退休金，直到其死亡为止。医疗待遇和死亡待遇与在职期间相同。其他待遇，如住房补贴、冬季取暖补贴等均按规定的标准执行。

劳动者未达到退休年龄，经医院证明完全丧失劳动能力，经批准后退出工作岗位的待遇水平低于退休待遇，其项目包括：①按月发给相当于本人退职前基本工资一定比例的退职生活费，其数额不得低于国家规定的最低标准；②医疗待遇与死亡待遇与在职职工相同。

2）基本养老金的发放标准

由于我国基本养老保险制度尚处于改革和完善阶段，情况较为复杂。实行个人账户以后，对不同年龄段的职工因缴费年限不同所引起的情况采取区别对待的办法计发养老金。

（1）1997 年《决定》实施后参加工作、个人缴费年限（含视同缴费年限，下同）累计满 15 年的人员，退休后按月发给基本养老金。基本养老金由基础养老金和个人账户养老金组成。退休时的基础养老金月标准以当地上年度在岗职工月平均工资和本人指数化月平均缴费工资的平均值为基数，缴费每满一年发给 1%。个人账户养老金月标准为个人账户储存额除以计发月数，计发月数根据职工退休时城镇人口平均预期寿命、本人退休年龄、利息等因素确定。

（2）1997年《决定》实施前参加工作，2005年《决定》实施后退休且缴费年限累计满15年的人员，在发给基础养老金和个人账户养老金的基础上，再发给过渡性养老金。过渡性养老金从社会统筹基金中解决，具体发放水平由当地政府按照待遇水平合理衔接、新老政策平稳过渡的原则进行测算、制定，并报劳动保障部、财政部备案。

（3）2005年《决定》实施后到达退休年龄但缴费年限累计不满15年的人员，不发给基础养老金；个人账户储存额一次性支付给本人，终止基本养老保险关系。一些地区允许补缴。

（4）2005年《决定》实施前已经离退休的人员，仍按国家原来的规定发给基本养老金，同时执行基本养老金调整办法。

（5）2011年颁布的《社会保险法》规定："参加基本养老保险的个人，达到法定退休年龄时累计缴费满十五年的，按月领取基本养老金。"参加基本养老保险的个人，达到法定退休年龄时累计缴费不足15年的，可以缴费至满15年，按月领取基本养老金；也可以转入新型农村社会养老保险或者城镇居民社会养老保险，按照国务院规定享受相应的养老保险待遇。

参加了基本养老保险的城镇个体工商户和灵活就业人员，退休后基本养老金的发放办法同上述企业职工的基本养老金发放办法。

九、基本养老金的停发

离退休人员发生下列情形的，社会保险经办机构停发或暂时停发其基本养老金：①无正当理由不按规定提供本人居住证明或其他相关证明材料的；②下落不明超过6个月，其亲属或利害关系人申报失踪或户口登记机关暂时注销其户口的；③被判刑收监执行或被劳动教养期间的；④弄虚作假违规办理离退休手续的；⑤法律、法规规定的其他情形。

对上述第①、②、⑤项情形的离退休人员，经社会保险经办机构确认仍具有领取基本养老金资格的，应从停发之月起补发并恢复发放基本养老金；对第③项情形的离退休人员，服刑或劳动教养期满后可按服刑或劳动教养前最后一次领取的标准继续发给基本养老金；对第④项情形的离退休人员，应当立即停止发放基本养老金，并限期收回或从其以后应领取的基本养老金中逐步扣回已经冒领的金额。

资料导读

冒领养老金应负法律责任

举报人李某反映，退休职工张某于2006年12月10日死亡，但申报死亡用的是其兄长的名字，家人继续领养老金。社会保险稽查大队经调查核实，张某的家属冒领了2007年1月至2008年6月的养老金共计29 982.24元。社会保险稽查大队督促其家属退回了冒领的金额，并给予举报人李某900元奖励。

我国《刑法》规定，以非法占有为目的，使用虚构事实或者隐瞒真相的方法，骗取数额较大的公私财物的构成诈骗罪。原劳动和社会保障部《关于进一步规范基本养老金社会化发放工作的通知》（劳社厅发〔2001〕8 号）规定："离退休人员死亡后，其亲属或他人冒领养老金的，社会保险经办机构应责令冒领者退还冒领金额，劳动保障行政部门依法给予处罚；对拒不退还冒领金额者，社会保险经办机构可向人民法院申请强制执行。"

第二节　企业补充养老保险

一、企业补充养老保险——企业年金的概念

企业补充养老保险又称企业年金[①]，是指企业及其职工在依法参加基本养老保险的基础上，自愿建立的补充养老保险制度。它是多层次养老保险体系的组成部分，由国家宏观指导、企业内部决策执行。

企业年金与基本养老保险既有区别又有联系。其区别主要体现为两种养老保险制度在层次和功能上的不同，其联系主要体现在两种养老保险制度的政策和水平相互联系、密不可分。企业年金由劳动保障部门管理，单位实行补充养老保险，应选择劳动保障行政部门认定的机构经办。企业年金的资金筹集方式有现收现付制、部分积累制和完全积累制三种。企业年金费可由企业完全承担，或由企业和员工双方共同承担，承担比例由劳资双方协议确定。

资料导读

企业年金——增加劳动者保障层次

一家已经成立 6 年的高科技设备制造公司，现有员工 110 人。公司自成立以来一直保持快速增长，公司员工平均年龄 35 岁。公司为全部员工办理了社会养老保险，还希望通过建立企业年金计划提高员工的退休收入，并要求企业年金计划能体现岗位差别，提高重要岗位员工队伍的稳定性。

该公司年金方案为企业单方缴费的确定缴费型计划类型，公司在职的参加计划的员工及合法继承人为计划参加人和受益人。

缴费及收益测算：为员工的缴费比例将按照年龄分为四个等级，每个等级分别为员工工资总额的一定比例：50~59 岁为 25%，40~49 岁为 20%，30~39 岁为 15%，20~29 岁为 10%。

A：男，29 岁，月工资 4 000 元。按工资额 10%缴费，月缴 400 元，缴费期 31 年，退休后

① 一般实践中，企业补充养老保险均被表述为企业年金。

每月可从企业年金账户中支取 6 864.93 元，替代率为 38.34%。

B：男，39 岁，月工资 6 000 元。按工资额 15%缴费，月缴 900 元，缴费期 21 年，退休后每月可从企业年金账户中支取 6 527.38 元，替代率为 38.96%。

C：男，49 岁，月工资 10 000 元。按工资额 20%缴费，月缴 2 000 元，缴费期 11 年，退休后每月可从企业年金账户中支取 4 636 元，替代率为 27.21%。

D：男，55 岁，月工资 10 000 元，按工资 25%缴费，月缴 2 500 元，缴费期 5 年，退休后每月可从企业年金账户中支取 1 935.59 元，替代率为 15.46%。

归属和支付：方案规定，员工自退休之日起，分 10 年从企业年金账户中按月领取。员工在职期间不得领取企业年金。

该年金方案推出后，对稳定员工队伍起到了良好的效果。

二、企业年金的性质

企业年金居于多层次的养老保险体系中的第二层次，有利于完善企业员工福利保障体系，增强企业凝聚力和竞争力，增进企业员工的忠诚行为，降低企业管理成本。

企业年金由国家宏观指导、企业内部决策执行。企业年金是基本养老保险的补充，虽然属于社会保险范畴，但是补充养老保险既不能由企业完全自愿，又不能由国家强制实施，而是由国家规定实施政策和实施条件，企业达到规定条件的可以实行。

企业由于多种非正常因素的影响，短期化行为会被强化，以致在收入分配上，经营者更注重满足职工现期收入增长的要求，以调动职工实现当前经济目标的积极性。而企业年金的效应是面向未来的，有利于保持员工队伍的长期稳定性。

三、建立企业年金制度的原则

建立企业年金制度时应遵循以下几项基本原则。

1.普遍性原则

所有参加基本养老保险社会统筹的城镇各类企业都可以建立企业年金。其中，外商投资企业应仅限于中方员工。必须注意的是，普遍性原则的实质只是一种资格或可能，并不意味着企业必须为员工建立，能否建立还要看企业的具体情况。

2.效益原则

企业的经济效益直接影响企业的年金总额，同时职工为企业作出贡献的大小直接影响该职工享受年金的多少。企业年金的缴费费率档次由企业根据自身经济承受能力和企业效益确定。企业经济条件好时可以多补充，经济条件差时可以少补充或暂不补充。

3.动态调整原则

根据国家企业年金政策调整和公司的经济效益及承受能力，适时调整企业年金水平的高低。

四、建立企业年金的基本条件

根据我国劳动和社会保障部于 2004 年 1 月 6 日颁布的《企业年金试行办法》的相关规定，符合下列条件的企业可以建立企业年金。

1.依法参加基本养老保险并履行缴费义务

依法参加基本养老保险是企业建立企业年金的前提条件。基本养老保险在多层次养老保险体系中起着主导作用，确保基本养老保险基金的形成是实施企业年金的先决条件。按时足额缴纳基本养老保险费就是满足这一先决条件的具体化。此外，基本养老保险对企业年金有制约作用，只有在基本养老保险的水平确定之后，才能确定企业年金的最高水平。

2.具有相应的经济负担能力

建立企业年金最根本的条件是具备一定的经济负担能力。经济负担能力包括两层含义：一是在企业年金的资金不允许记入成本的情况下，企业有能力以自有资金为本企业职工支付企业年金所需资金。二是在企业年金的资金允许有条件地记入成本的情况下，记入成本的企业年金资金能够被企业消化，不至于影响企业的竞争力和各项指标的完成情况，不会成为企业发展的累赘。微利企业是不具备建立企业年金的条件的。总而言之，企业的经济负担能力和经济效益状况决定企业是否具备建立企业年金的条件以及补充水平的高低。

3.已建立集体协商机制

《企业年金试行办法》规定，建立企业年金，应当由企业与工会或职工代表通过集体协商确定，并制订企业年金方案。国有及国有控股企业的企业年金方案草案应当提交职工大会或职工代表大会讨论通过。

4.企业必须履行了依法纳税的义务

企业依法纳税体现着国家与企业之间的利益分配关系。国家征税、企业纳税所形成的税收关系是以国家为主体的分配关系，代表着国家的整体利益。企业年金主要体现企业与职工之间的分配关系，代表着局部利益。整体利益制约着局部利益，是获得局部利益的前提条件。企业只有在依法履行了纳税义务，确保国家整体利益实现的前提下，才能进行内部分配，为职工提供补充保险；否则就是侵犯了国家整体利益。因此，实施企业年金必须以履行纳税义务为前提。

五、企业年金方案的主要内容

企业年金方案一般适用于企业试用期满的职工，一般应包含以下几方面内容。

（1）参保人员范围。规定企业参加人员的条件、范围。

（2）资金筹集方式。企业年金基金由企业缴费、职工个人缴费、企业年金基金投资运营收益组成。企业年金基金缴费由企业和职工个人共同承担。方案中应明确企业缴费和个人缴费的缴费比例。

（3）个人账户管理方式。由具备企业年金管理资格的管理机构为每位参加职工分别开立个人账户，职工企业年金个人账户管理方式一般包括个人账户的开立、个人账户的维护与变更、个人账户的转移、个人账户的注销和个人账户的继承。

（4）基金管理方式。企业年金基金实行完全积累，采用个人账户方式进行管理。企业年金基金可以按照国家规定投资运营，其投资运营收益并入企业年金基金。

（5）计发办法和支付方式。职工在达到国家规定的退休年龄时，可以从本人企业年金个人账户中一次性或定期领取企业年金。职工未达到国家规定的退休年龄的，不得从个人账户中提前提取资金。

出境定居人员的企业年金个人账户资金，可根据本人要求一次性支付给本人。

职工或退休人员死亡后，其企业年金个人账户余额由其指定的受益人或法定继承人一次性领取。

符合企业年金待遇条件的职工可一次性领取或分期领取企业年金。

（6）支付企业年金待遇的条件。其包括：①达到国家规定的退休年龄或因病（残）丧失劳动能力办理病退或提前退休，已办理退休手续。②在退休前死亡。③出国定居。凡职工未达到以上规定条件的，不得从个人账户中提前领取企业年金。

（7）组织管理和监督方式。建立企业年金的企业，应当确定企业年金受托人（简称受托人），受托管理企业年金。受托人可以是企业成立的企业年金理事会，也可以是符合国家规定的法人受托机构。

企业年金理事会由企业和职工代表组成，也可以聘请企业以外的专业人员参加，其中职工代表应不少于三分之一。企业年金理事会除管理本企业的企业年金事务之外，不得从事其他任何形式的营业性活动。

确定受托人应当签订书面合同。合同一方为企业，另一方为受托人。受托人可以委托具有资格的企业年金账户管理机构作为账户管理人，负责管理企业年金账户；可以委托具有资格的投资运营机构作为投资管理人，负责企业年金基金的投资运营。受托人应当选择具有资格的商业银行或专业托管机构作为托管人，负责托管企业年金基金。受托人与账户管理人、投资管理人和托管人确定委托关系，应当签订书面合同。

企业年金基金必须与受托人、账户管理人、投资管理人和托管人的自有资产或其他资产分开管理，不得挪作其他用途。企业年金基金管理应当执行国家有关规定。

（8）中止和终止缴费的条件。企业在实施过程中，出现以下情形之一，可以中止年金的缴费：①企业在经营过程中出现亏损、兼并、解散、关闭破产等情况；②本企业半数以上员工反对继续实施本方案；③本方案被劳动保障行政部门或司法机关认定为无效。上述情形出现时，企业可以申请暂停缴费或暂缓缴费，等消除以上情况后再恢复缴费或补缴费；如果无法消除以上情况，企业可以申请最后终止缴费。企业决定终止本方案，须报劳动行政保障部门备案，并以书面形式通知参加职工和企业年金管理机构。出现以下情形之一，企业可以终止该员工企业年金的缴费：①员工提出调动、辞职申请的；②员工在劳动合同期内擅自离职或因违法违纪等个人原因被解除劳动合同的；③员工因劳动合同到期离开公司的；④员工因公司原因被辞退或劝退的；⑤员工出境定居的；⑥员工正常退休的；⑦员工在退休前去世的。

（9）双方约定的其他事项。

六、企业年金的转移

职工劳动合同期满后，转入新工作岗位或经批准调动工作的，可以凭企业开具的证明申请办理企业年金的转移，其原工作单位和新工作单位的企业年金基金可以累计计算。

因参军、升学、待业等原因暂时离开工作岗位的职工，可暂时保留社会保险关系，其原有企业年金基金由原保险经办机构管理，待其重新参加养老保险时，再予以转移并连续登记。

资料导读

联想集团有限公司年金方案

联想通过收购 TBM PCD 部门一跃成为全球性 PC（personal computer，即个人电脑）领导企业之后，国内外员工退休保障的巨大差异，让联想的管理层意识到了中国员工养老问题的重要性和紧迫性。在欧美、日本、中国香港等地，员工都有配套的补充养老机制，如香港的强积金计划，而国内员工的补充养老却是一片空白。现有的社会保障无法满足联想退休员工的生活水平需求。在建立企业年金之前，联想已经为员工建立了优厚的福利保障制度，但是一直以来联想员工退休前后的收入差距问题没有解决——员工在职期间收入越高，退休后的生活落差将越大。

2005 年 6 月，联想企业年金计划内部正式立项，经过确立方案、甄选供应商、员工沟通等高效有序的推进。2006 年 4 月，该计划通过劳动和社会保障部年金方案备案，6 月又通过了基金合同报备，至此，联想企业年金计划成为继《企业年金试行办法》颁布之后，劳动和社会保障部全国第 0001 号备案的企业年金计划。联想企业年金计划的实施是联想国际化人力资源战略的一个重要组成部分，不仅对保留、激励现有员工起到巨大的作用，而且对吸引外界的优秀人才加盟，尤其是国际化人才加盟联想都起到重要的作用。

一、计划的主要内容

（一）运作机制

联想依据企业年金管理的相关政策法规，本着公平、公正、公开的原则，对获得企业年金资格的专业服务机构进行了公开招标。最终，平安养老保险公司成为联想企业年金计划的受托人；招商银行成为联想企业年金的账户管理人和基金托管人；嘉实基金成为联想企业年金的投资管理人。

（二）缴费方式

联想企业年金属于缴费确定型计划（defined contribution，DC），公司与员工共同缴费。企业缴费部分按国家规定从公司福利费中列支，员工以个人定级工资为缴费基数，税后缴纳；企业缴费每年不超过本企业上年度职工工资总额的十二分之一，企业和职工个人缴费合计不超过本企业上年度职工工资总额的六分之一。公司缴费比例与公司上年度的经营业绩挂钩。联想集团所有符合加入资格的正式员工均可自愿加入。对工龄超过三年的员工，联想还在计划启动当期为其启动了一次性特别缴费，以奖励他们对联想的历史贡献。

（三）投资策略

联想年金的投资策略主要是以员工自愿为原则，具有安全性、稳定性和收益性的特点，即要在保证年金基金安全的前提下，保证年金基金运作的稳定性和收益性。因此，在投资品种上，根据我国政府对年金投资的严格限量监管模式，进行差异化的投资比例限制，并为不同风险偏好和收益追求的员工设计了两类不同风险与收益的组合供选择：保本组合和稳定增长组合。由公司来设计具体投资组合，员工可以根据自己的风险偏好自由选择，最大化满足不同员工的需求和风险承受能力。

（四）收益测算

在实行企业年金计划之后，联想员工退休后收入将达到退休前三年平均工资的60%～70%，即替代率60%～70%。例如，一个员工在退休之前他的平均工资为6 000元/月，如果未加入联想年金计划，他每个月能得到的养老金可能只有1 320元（22%的替代率）。但是如果加入联想年金计划，他退休之后预计每个月可以拿到3 960元（66%的替代率），这个替代率水平已经达到了国际上公认的比较令人满意的水平。一般来说，替代率达到60%以上才能保证退休前的生活水平不下降。

第三节　个人储蓄养老保险

一、个人储蓄养老保险的含义

个人储蓄养老保险是我国多层次养老保险体系的一个组成部分，是由职工自愿参加、自愿选择经办机构的一种补充保险形式。

由社会保险经办机构经办的职工个人储蓄养老保险，由劳动行政部门制定具体办法，职工个人根据自己的工资收入情况，按劳动部门的规定缴纳个人储蓄养老保险费，记入当地社会保险经办机构在有关银行开设的养老保险个人账户，并按不低于同期城乡居民的储蓄存款利率计息，以提倡和鼓励职工个人参加储蓄养老保险，所得利息记入个人账户，本息一并归职工个人所有。职工达到法定退休年龄经批准退休后，将储蓄养老社会保险基金一次总付或分次支付给本人。职工跨地区流动时，个人账户的储蓄养老社会保险基金应随之转移。职工未到退休年龄而死亡，记入个人账户的储蓄养老社会保险基金应由其法定继承人继承。

二、个人储蓄养老保险的作用

实行职工个人储蓄养老保险的目的，在于扩大养老保险经费来源，多渠道筹集养老保险基金，减轻国家和企业的负担。实行个人储蓄养老保险有利于消除长期形成的保险费用完全由国家"包下来"的观念，增强职工的自我保障意识和参与社会保险的主动性，同时也有利于对社会保险工作实行广泛的群众监督。

三、个人储蓄养老保险的特点

从筹资方式上看，个人储蓄养老保险属于完全积累制。一代人需要的养老金，靠本代人在职时储蓄积累，积累的本金加利息供退休后养老使用。这种方式是根据远期纵向收支平衡原则筹资，它需要达到长期收支总平均平衡。个人储蓄养老保险在采取这种方式筹资时，要对社会经济发展状况、有关人口的健康水平、就业率、退休率、工资增长率、利息率、死亡率、平均预期寿命等进行宏观的预测，在此基础上预测未来时期养老保险待遇所需保险基金总量，确定一个可以保证在相当长的时期内收支平衡的总平均收费率。在实施初期的若干年份，养老保险金收大于支，其差额就作为以后年份的储备基金；而在支大于收的年份，就以储备基金及其利息来弥补收支差额。这种个人储蓄养老保险的筹资方式，可以在较长的时间内分散风险，而且提取费率稳定，在支付保险费用后，每年仍余存相当数额的储备积累基金，使这种养老保险有比较稳定的经济来源。但是，这种筹资方式也存在着不足，由于没有代际间转移，在漫长的储备积累过程中，储备基金容易遭遇通货膨胀的风险。

个人储蓄养老保险从个人和家庭的长远利益出发，为个人将来的养老储备了资金，同时作为基本养老保险的补充，使个人晚年有较高的生活水平。参加个人储蓄养老保险是劳动者"自立、自筹、自养"意识的体现，是从经济角度进行"自我保护"的重要措施。

四、个人储蓄养老保险与基本养老保险、企业年金的区别

基本养老保险是由国家强制力保证实施的劳动者遇到风险时获得物质帮助的制度。基本养老保险是最主要的保险方式，它有三个重要特征：覆盖全社会，它规定所有的用人单位和劳动者必须依法参加；待遇标准统一，在实行统筹的范围内，实行统一的缴费比例，统一的保险待遇发放标准，统一的管理体制和监督体制；保险程度高，国家对基本养老金建立了正常调整机制，并确保养老金按时足额发放。

企业年金是指除了国家基本养老保险以外，用人单位根据自己的实际情况为劳动者建立的一种保险。企业年金是第二层次的保险，它可以满足劳动者高于基本养老保险需求的愿望。企业年金的建立依用人单位经济承受能力而定，由用人单位自愿实行，国家不作强制的统一规定，只要求用人单位内部统一。用人单位必须在参加基本养老保险并按时足额缴纳基本保险费的前提下，才能实行企业年金。

个人储蓄养老保险是基于劳动者个人的经济能力和为了满足更高的生活需求而设立的一种保险方法，属于第三层次。个人储蓄养老保险是劳动者个人的自愿行为，投保多少由劳动者根据自己的经济能力确定，劳动者可以自己确定保险水平。

角色扮演

本实训项目由任课教师提前准备关于养老保险的案例，并将学员分成若干组，每组中的成员分别担任案例中涉及的纠纷双方利益成员、争议裁决机构成员，由各自负责扮演的角色阐述各方观点，任课教师最后对各方观点进行点评总结。通过此项目的训练，可以加深学员对养老保险法律规定的理解和记忆，并提升实践及运用能力。

案例讨论

李某诉企业未为其缴纳养老保险费案

原告：李某

被告：某物业管理公司

1998年5月，44岁的李某受聘于被告某物业管理有限公司，从事该物业公司管理所属某小区的门卫和相应范围内的卫生和绿化工作。二者未签订书面劳动合同。

2007年7月25日，被告与李某补签劳动合同。约定合同期限从1998年5月8日算起，一直到2007年12月31日。合同约定了李某的工作范围和职责、劳动报酬等，但是没有约定为李某缴纳养老保险费等。2007年9月21日，被告向李某下发了《解除劳动合同通知书》。李某不服，向劳动争议仲裁委员会申请仲裁，要求被告支付加班费和补缴劳动关系存续期间的养老等保险费，赔偿因未缴纳保险而造成的不能享受保险待遇的损失。

后劳动争议仲裁委员会认定，原告在该公司工作时，已经超过了法定缴纳社会保险的年龄，未支持李某的请求。李某不服，起诉到人民法院。

原告诉称：其自1998年起即在被告处工作，10年来一直未为其缴纳养老等社会保险，因此要求被告为其补缴养老等保险，办理退休手续，使其享受养老待遇。

被告辩称：按照李某自己的理解，1998年他到该公司工作之初，就应该知道自己的权益遭到了侵害，但10年间一直未就此提出异议和质疑，更未申请过劳动仲裁，而劳动仲裁的期限是必须在争议形成后60天内就提出《中华人民共和国企业劳动争议处理条例》（简称《企业劳动争议处理条例》）第23条规定当事人应当从知道或者应当知道其权利被侵害之日起6个月内，以书面形式向劳动仲裁委员会申请仲裁，因此其仲裁申请早已超出法定时效。

思考题

1.你认为法院该如何审理？其依据是什么？

2.如果案件发生在2008年5月1日以后，关于仲裁时效的规定是什么？

➤本章思考题

1.你认为我国法定退休年龄的规定是否合理？并给出理由。

2.我国养老金账户"空账运行"的原因是什么？应从哪些方面入手加以缓解？

参 考 文 献

《常见法律纠纷》编写组.2012.社会保险纠纷实用法律手册.北京：中国法制出版社.

陈良.2004.积极发展企业年金，完善多层次养老保险体系.中国劳动保障，（5）:20–26.

陈维政，余凯成，程文文.2006.人力资源管理.第2版.北京：高等教育出版社.

郭帅，李明.2011.基本养老保险关系转移持续探讨.科技之友，（10）:6–7.

焦瑞.2011.浅析基本养老保险跨地区转移问题.东方企业文化，（4）:90.

黎建飞.2010a.劳动与社会保障法教程.北京：中国人民大学出版社.

黎建飞.2010b.中华人民共和国社会保险法释义.北京：中国法制出版社.

林嘉.2002.社会保障法的理念、实践与创新.北京：中国人民大学出版社.

马红霞.2011.我国养老保险制度改革建议.合作经济与科技，（2）:71–73.

任瑜.2011.浅析我国养老保险制度.甘肃科技，（6）:111–112.

谭颖.2011.浅谈如何完善我国多层次养老保险体系.劳动保障世界（理论版），（4）:22–24.

香伶.2008.养老社会保险与收入再分配.北京：社会科学文献出版社.

邢建萍.2011.我国养老保险制度改革措施分析.中国科技博览，（19）:249.

杨宜勇，辛小柏，谭永生，等.2009.全国统一的社会保险关系转续办法研究.中国劳动，（2）:17–20.

张洪涛，孔泾源.2008.社会保险案例分析、制度改革.北京：中国人民大学出版社.

张琳.2011.浅议基本养老保险全国统筹.中小企业管理与科技，（10）:170.

张树军.2011.养老保险基金问题分析.经济技术协作信息，（15）:57.

郑功成.2009.社会保障学——理念、制度、实践与思辨.北京：商务印书馆.

朱珊.2011.浅谈企业职工养老保险制度.经济管理者，（14）:284.

第四章

医 疗 保 险

医疗保险是指劳动者因患病或非因工负伤治疗期间，可以获得必要的医疗费用资助和疾病津贴的一种社会保险制度。依法参保人员因病、伤（非因公）需要治疗时，可以从医疗保险中获得减费甚至免费治疗、医疗药品供应和医疗护理的服务。其主要目的是促使劳动者尽快恢复健康，减轻其因患病增加的开支。

本章回答以下问题。

我国医疗保险针对城镇职工的两种主要形式是什么？

医疗保险缴费基数及缴费比例是多少？

劳动者在医疗保险体系下因病（职业病除外）应得到的医疗待遇有哪些？如劳动者因病可获得多长的医疗期？在医疗期内可以得到哪些免费或部分免费的治疗、护理、康复等？在医疗期内合同到期应如何处理？

以高工资代替缴纳基本医疗保险费的约定有效么？

在某市，黄某于 2008 年 3 月 15 日受聘于某外资公司担任销售部经理，并与公司签订了劳动合同。但就劳动合同中工资待遇的问题，外资公司的总经理对黄某解释说："公司决定每月给你 1.5 万元的工资。不过，丑话要说在前头，我们是一家外资公司，之所以工资定得这么高，是因为除了工资以外，公司就不给员工缴纳包括基本医疗保险费在内的社会保险费用了，一旦出现伤病等的医疗费用问题都由员工自己解决，公司概不负责。"黄某当时觉得每月工资 1.5 万元的确比较高，而且也很满意自己的工作，并且认为自己身强力壮又年轻应该不会得什么大病，也就没有对此提出异议，同意了公司的要求。2010 年 4 月 9 日，黄某因与外资公司在经营管理上发生分歧被公司解除了劳动合同。黄某提出外资公司应该为其补交基本医疗保险费等社会保险费用。而外资公司亦提出"不为你缴纳社会保险，是事先跟你讲好的。你要是不同意，当时可以不答应嘛。既然你同意了，就说明咱们的协议已经达成，你现在无权反悔"。因此外资公司拒绝为黄某补交基本医疗保险等社会保险费用。

　　讨论：外资公司该不该为黄某补缴基本医疗保险费等社会保险费用呢？

　　医疗保险是当人们患病或负伤时，由国家或社会提供医疗服务或经济补偿的一种社会保障制度。

　　新中国成立以后，我国的医疗保险制度主要表现为：在国家机关、事业单位实行公费医疗制度，在企业中实行劳保医疗制度，基本上是国家和用人单位出钱，据实报销，单位管理。但是随着社会主义市场经济体制的确立和国有企业改革的不断深化，这种制度越来越难以解决职工的基本医疗保障问题。医疗费用增长过快，财政和用人单位不堪重负以及部分职工基本医疗没有保障的问题逐渐显露出来。

　　1994 年国务院开始了社会统筹和个人账户相结合的社会医疗保险制度的试点。1998 年年底《国务院关于建立城镇职工基本医疗保险制度的决定》公布，从而正式拉开了在全国范围内实施医疗保险制度改革的帷幕。

　　2003 年，国务院决定进一步扩大城镇职工基本医疗保险的覆盖范围，城镇灵活就业人员、混合所有制企业和非公有制经济组织的从业人员、农民工在部分地区开始参与基本医疗保险制度。

　　2011 年 7 月 1 日，颁布实施《社会保险法》。到目前为止，我国的医疗保险制度改革经过多年的探索和实践，基本医疗保险制度已基本建立，并初步构建了一个多层次、多元化的医疗保障体系，主要包括基本医疗保险、企业补充医疗保险、公务员医疗补助、大额医疗补助、职工互助医疗保险等。本章中主要介绍基本医疗保险和补充医疗保险。

第一节　基本医疗保险

一、基本医疗保险的含义

　　基本医疗保险是为补偿劳动者因疾病风险造成的经济损失而建立的一种社会保险制度。它通过单位和个人缴纳医疗保险费，建立医疗保险基金，参保人员就诊发生医疗费用后，由医疗保险经办机构给予一定的经济补偿，以避免或减轻劳动者因患病、治疗等带来的经济风险。

　　设立基本医疗保险制度，是为了通过一定区域范围内社会群体间的互助共济来分担疾病风险，解决职工患大病时的医疗费用，以体现社会公平的原则，有利于减轻企业和员工的社会经济负担。

二、基本医疗保险的适用范围

1998 年《国务院关于建立城镇职工基本医疗保险制度的决定》明确规定了基本医疗保险制度的适用范围：城镇所有用人单位，包括企业（国有企业、集体企业、外资企业、私营企业等）、机关、事业单位、社会团体、民办非企业单位及其职工。而乡镇企业及其职工、城镇个体经济组织业主及其从业人员是否参加基本医疗保险，由各省、自治区、直辖市人民政府决定。

2011 年 7 月 1 日起施行的《社会保险法》第 23 条规定：职工应当参加职工基本医疗保险，由用人单位和职工按照国家规定共同缴纳基本医疗保险费。无雇工的个体工商户、未在用人单位参加职工基本医疗保险的非全日制从业人员以及其他灵活就业人员可以参加职工基本医疗保险，由个人按照国家规定缴纳基本医疗保险费。

农民工有权和城镇职工一样办理基本医疗保险么？

【案例介绍】

申请人：李明、李华

被申请人：浙江某企业

李明和李华从一个相对封闭落后的山区来到浙江一个安装空调并从事售后服务的企业工作。企业向李明、李华二人提出，企业的规模不大，也不必签订书面的劳动合同，他们可以在本企业从事安装空调的工作，可以得到工资和奖金，但是企业不为他们办理社会医疗保险。如果生病则自行处理。李明和李华觉得自己年轻壮实不会得什么大病，加之初到城市，也基本上没有社会医疗保险的任何知识，就一口答应了公司的要求，开始上班。两年后，由于李明、李华表现很好，该企业与他们两人分别签订了为期两年的劳动合同。合同中明确约定，由于客观原因，企业不为李明、李华二人办理缴纳社会医疗保险费的手续，由劳动者自行解决各项社会保险关系建立的手续，李明、李华表示没有异议。

2004 年以后，农民工的社会保障问题引起了社会的广泛关注，也唤醒了李明和李华的社会保障意识。经过与其他企业的工友、老乡的交流，李明和李华明白了社会保险的作用和功能，也知道了企业为职工缴纳各项社会保险费是企业的法定义务，因此李明、李华明确要求公司为他们建立社会医疗保险等各项社会保险的手续并缴纳社会保险费。而企业以劳动合同有约定为由，拒绝了李明、李华的请求。李明、李华在当地法律专业人士的帮助下，向当地的劳动监察机构进行了书面的投诉，受到了劳动监察机构的重视。

【案例评析】

基本医疗保险是一种强制性质的法定社会保险，是国家赋予劳动者的一种基本医疗保障，符合社会的公共利益，更能实现劳动者权益的保护。因为是强制性的法定保险，所以任何人和任何单位无权通过任何方式进行改变，不管这种改变是出于自愿还是出于强迫。当然，基本医疗保险实行的是政府、企业、个人共同负担的原则。对于用人单位而言，办理基本医疗保险以及其他社会保险所产生的费用，确实是一笔相当数量的支出，但这些支出是必要的，用人单位应当通过合理的工资预算，以及企业经营管理的成本预算等手段合理安排这些费用的支出，而不是通过规避法律来达到少缴纳甚至不缴纳社会保险费用的目的。

在现实中已经发现，有些用人单位会在与劳动者订立的劳动合同中约定，不为劳动者办理医疗保险，由劳动者自理的条款，而且该合同还会得到劳动者的同意。其原因在于，用人单位掌握了是否录用劳动者的权力，而中国现在的劳动就业市场确实存在供大于求的现象，工作又十分难找，部分劳动者虽心存不甘但还是会签订这类含有不合法条款的劳动合同。合同一旦签订并生效、履行，用人单位就可以不承担给劳动者办理社会医疗保险的责任了吗?答案是否定的。

按照民事合同的一般原理，当事人确实可以通过意思自治自行确定合同内容来排除一些任意性法律规定的适用。但劳动合同的性质并不是一般的民事合同，除了适用一般的合同原理之外，劳动合同更要注意适用劳动法的相关规定，在合同的效力方面也具有一定的特殊性。根据《劳动法》第17条的规定，订立和变更劳动合同不得违反法律、行政法规的规定；而《劳动法》第18条所列的不能产生法律效力的无效劳动合同的具体情况之一就是"违反法律、行政法规的劳动合同"。我国《劳动法》在第72条中明确规定，用人单位和劳动者必须依法参加社会保险，缴纳社会保险费。我国《社会保险费征缴暂行条例》第3条对基本养老保险费、基本医疗保险费、失业保险费等各项社会保险费的征缴范围作出了明确的规定。根据这一规定，所有国有企业、城镇集体企业、外商投资企业、城镇的私营企业、其他城镇企业、企业职工都应当参加包括社会医疗保险在内的各项强制性的社会保险，并依法缴纳社会保险费。因此，用人单位和劳动者共同商定可以不为员工办理社会医疗保险的条款，是违反我国《劳动法》和国务院的有关行政法规的，应当属于无效的条款，当然也就不能发生法律效力了。也就是说，尽管劳动合同约定了用人单位可以不为员工办理社会医疗保险，但员工仍然可以提出要求单位办理社会医疗保险的请求，而且该请求一定会得到支持。各地的政府监察机构也应当在发现企业的这种行为后及时进行监察和干预，纠正企业的违法行为，督促企业尽快办理社会医疗保险的手续，并建立相关的档案关系。

【处理结果】

经过劳动监察机构的调查，证明李明、李华反映的情况属实，企业的行为应当予以纠正。于是劳动监察机构向该企业发出书面通知，要求该企业立即纠正违规行为，为李明、李华以及与他们二人情况相同的聘用员工立即办理包括基本医疗保险在内的各项社会保险的登记，并缴纳相关的保险费。

三、基本医疗保险的待遇

《社会保险法》第26条规定：职工基本医疗保险、新型农村合作医疗和城镇居民基本医疗保险的待遇标准按照国家规定执行。就职工基本医疗保险的待遇来说，主要分为以下几种情形。

1.退休和失业时的相应待遇

参加职工基本医疗保险的个人，达到法定退休年龄累计缴费达到国家规定年限的，退休后不再缴纳基本医疗保险费，按照国家规定享受基本医疗保险待遇；未达到国家规定年限的，可以缴费至国家规定年限。

失业人员在领取失业保险金期间，参加职工基本医疗保险，享受基本医疗保险待遇。失业人员应当缴纳的基本医疗保险费从失业保险基金中支付，个人不缴纳基本医疗保险费。

2.医疗期间的待遇

医疗期是指职工因患病或非因工负伤停止工作治病休息不得解除劳动合同或解聘的期限。职工（完全丧失劳动能力的除外）在医疗期内享有职工基本医疗保险待遇。同时，根据职工本人实际参加工作年限和在本单位工作年限，给予 3~24 个月的医疗期。在医疗期内，职工享受基本医疗保险待遇和病假工资的待遇。1994 年 12 月 1 日发布的《企业职工患病或非因工负伤医疗期规定》对医疗期的规定具体如下。

（1）实际工作年限 10 年以下的，在本单位工作年限 5 年以下的为 3 个月，5 年以上的为 6 个月。

（2）实际工作年限 10 年以上的，在本单位工作年限 5 年以下的为 6 个月，5 年以上 10 年以下的为 9 个月，10 年以上 15 年以下的为 12 个月，15 年以上 20 年以下的为 18 个月，20 年以上的为 24 个月。

医疗期计算应从病休第一天开始，累计计算。

根据《关于贯彻〈企业职工患病或非因工负伤医疗期规定〉的通知》（劳动部发〔1995〕236 号）规定，对某些患特殊疾病（如癌症、精神病、瘫痪等）的职工，在 24 个月内尚不能痊愈的，经企业和劳动主管部门批准，可以适当延长医疗期。

值得注意的是，患病职工在医疗期内有保留工作的权利。根据《劳动合同法》第 42 条第 3 项规定，劳动者患病或者非因工负伤，在规定的医疗期内的，用人单位不得依照本法第 40 条、第 41 条的规定解除劳动合同。

职工在医疗期内如何发放工资？

【案例介绍】

申请人：李某

被申请人：某服装厂

李某是河北某市当地一家服装厂的员工。2006 年 6 月，李某因为身患疾病入院治疗。李某的妻子将李某患病的情况告诉了单位，并替他请了病假，服装厂的领导也表示关心，并让李某的妻子转告李某，让其好好养病。到了发工资那天，李某的妻子来厂里为李某代领工资，财务人员问厂长："该给李某发多少工资？"厂长说："他生病住院后就没有工作过，不应该发给工资，你按生活费标准发好了。"财务人员给李某的妻子发了 150 元生活费。李某出院后找到厂里，向财务人员质问："我又不是下岗，为什么只给我生活费？"财务人员将厂长的原话告诉他："你没有工作，就不该领工资。"而李某则认为："我这种情况，应该领病假工资。"李某所在的河北某市的最低工资是 400 元，所以李某认为自己最低也应该领取 400 元。

【案例评析】

在这个案例中，尽管李某和厂长都声称自己的意见是符合劳动法规的，但双方的说法其实都是对法规的断章取义，都有不正确的地方。事实上，本案例涉及两个问题：一是病假工资能否等同于最低工资标准；二是病假工资是否就是生活补助费。

首先，病假工资并不等同于最低工资标准，单位可以按低于最低工资标准支付。根据原劳动部《关于贯彻执行〈中华人民共和国劳动法〉若干问题的意见》中相关规定的解释，最低工资是指劳动者在法定工作时间内履行了正常劳动义务的前提下，由其所在单位支付的最低劳动报酬。可见，获得最低工资保障的条件，一是劳动者在法定工作时间内正常工作，二是劳动者履行了劳动义务。本案例中的李某患病住院，显然不可能在法定工作时间内履行正常的劳动义务，因而企业可以不按最低工资标准的规定而按照低于最低工资的标准发放病假工资。其次，病假工资虽然可以低于当地的最低工资，但是为了保障患病职工在医疗期的生活水平不受太大的影响，所以对于病假工资发放的最低标准国家又作出了限制，用人单位应按不低于最低工资标准的80%向患病治疗的职工支付。从国家规定看，对于患病需要治疗而处于医疗期的员工，因其未能在法定工作时间内履行正常劳动义务，当然就可以不受最低工资标准的保护，但单位仍然应以最低工资标准为依据发放医疗期内的工资报酬。

【处理结果】

在本案例中，由于李某工作的城市的最低工资标准为每月400元，所以李某在因病休假的医疗期内可以领取的病假工资最低也不能低于320元。李某工作的服装厂在咨询了劳动管理部门后，意识到在向李某发放病假工资上的错误，在第二个月工资的发放中及时进行了纠正，从而解决了这起因发放病假工资数额而引起的争议。

3.医疗保障的待遇

1）治疗待遇

根据《社会保险法》第28条的规定，职工在定点医疗机构就医所花费的项目，符合基本医疗保险药品目录、诊疗项目、医疗服务设施标准以及急诊、抢救的医疗费用，按照国家规定从基本医疗保险基金中支付。即职工在定点医院就医的按照时间顺序花费的急诊、抢救的医疗费用，检查和诊疗费用，住院费用，药品费用等，在实际中除由个人负担一部分外，其余按照国家的规定由基本医疗保险基金支付。

职工患病或非因工负伤不需要停止工作治病休息的，即所谓的"小病"问题，此种情形一般仅涉及购买药品的问题，往往是从个人账户中划取相应的费用。同时，原则上规定参保人员住院使用药品时由基本医疗保险统筹基金支付；门诊使用时限个人账户支付。

2）相应的报酬待遇

原则上在职工患病或非因工负伤停止工作满一个月以上的，单位停发其工资，而按照劳动者工作时间长短改发相当于其本人工资一定比例的病假工资（或疾病津贴）。但是在现实中，各地区规定的工作时间和工资比例可能不尽相同。

职工患病或非因工负伤治疗期间，在规定的医疗期内由企业按有关规定支付其病假工资或疾病救济费，病假工资或疾病救济费可以低于当地最低工资标准支付，但不能低于最低工资标准的80%。

基本医疗保险为员工减负

程女士为某企业员工，企业为其办理了基本医疗等多项保险。2010年3月，程女士因病在某三级医院住院，一共花了10 000元的治疗费，其中有800元的药品目录外用药，她通过医保基金能报销5 760元（10 000元住院费，先扣除2 000元起付标准，再减去800元超范围用药，剩余的7 200元报销80%，即5 760元）。

此外，在程女士生病住院期间，她还享受一次病假的待遇。医保基金报销了一大半的医疗费用，减轻了劳动者的经济负担。

4.致残待遇

依据《企业职工患病或非因工负伤医疗期规定》，职工患病或非因工负伤导致残疾的，在医疗期内医疗终结或医疗期满后，应当由劳动鉴定委员会参照工伤与职业病致残程度鉴定标准进行劳动能力鉴定。

经鉴定为一至四级的，应当退出劳动岗位，终止劳动关系，办理退休、退职手续，享受退休、退职待遇。由社会保险经办机构从养老保险基金中支付相当于本人工资一定比例的病残津贴，当其符合享受养老金条件时，改发养老金。

经鉴定为五至十级的，在医疗期内不得解除劳动关系，同时需要发给病残津贴。在医疗期结束后，则可以按照《劳动合同法》规定解除劳动合同。

5.死亡待遇

职工因病或非因工负伤死亡时、退职养老后死亡时或非因工残废完全丧失劳动能力退职后死亡时，根据《中华人民共和国劳动保险条例》（简称《劳动保险条例》）等规定，付给丧葬补助费，其数额为两个月的该企业全部工人与职员的平均工资，并一次性付给供养直系亲属救济费：其供养直系亲属一人者，为6个月的死者本人工资；供养直系亲属二人者，为9个月的死者本人工资；供养直系亲属三人或三人以上者，为12个月的死者本人工资。

医疗期内用人单位不得单方面解除劳动合同

【案例介绍】

申请人：邢某

被申请人：郯城某通信有限公司

邢某于2009年6月被郯城某通信有限公司录用，双方签订了为期5年的劳动合同，合同约定试用期为6个月。2009年10月16日，邢某因病住院，治疗1个月后仍未痊愈。邢某住院期间，该公司停发了邢某全部工资，并以不能适应工作、不符合录用条件为由，解除了与邢某的劳动合同。邢某不服，向当地劳动争议仲裁委员会提出申诉，要求该公司收回解除劳动合同的决定，继续履行合同，享受病假待遇。

【案例评析】

仲裁委经审理认为，根据原劳动部《企业职工患病或非因工负伤医疗期规定》第 2 条，医疗期是指企业职工因患病或非因工负伤停止工作治病休息不得解除劳动合同的时限。《劳动法》第 29 条规定，劳动者患病或负伤，在规定的医疗期内的，用人单位不得解除劳动合同。《劳动合同法》第 42 条第 3 款规定，劳动者患病或非因工负伤，在规定的医疗期内的，用人单位不得解除劳动合同。

【处理结果】

邢某应享受 3 个月的医疗期，因邢某医疗期未满，该公司不能解除劳动合同，对邢某停发工资及认定其不符合录用条件的做法也是错误的。仲裁委员会裁决该通信有限公司解除与邢某的劳动合同的决定无效，公司补发邢某住院期间的病假工资。

四、基本医疗保险基金的缴费办法

1.基金来源

我国城镇职工基本医疗保险基金的来源主要包括：用人单位缴纳的基本医疗保险费；职工个人缴纳的基本医疗保险费；基本医疗保险基金的利息；基本医疗保险费的滞纳金；政府财政补贴；依法纳入基本医疗保险基金的其他资金。基本医疗保险基金由统筹基金和个人账户构成。用人单位缴纳的基本医疗保险费，在扣除划入个人账户部分后剩余的资金及其利息收入后即为基本医疗保险统筹基金。其数额一般为用人单位缴纳基本医疗保险费的 70%左右，其余 30%则划入个人账户，具体比例由统筹地区根据个人账户的支付范围和职工年龄等因素确定。

2.缴费基数及比例

凡被纳入基本医疗保险覆盖范围的单位和个人，均需按规定缴纳基本医疗保险费，并由用人单位和职工共同缴纳。用人单位缴费率一般为职工工资总额的 6%，职工缴费率一般为本人工资收入的 2%。随着经济的发展，用人单位和职工的缴费率可作相应调整。

如何确定基本医疗保险的缴费基数？

【案例介绍】

申请人：某民办高校

被申请人：劳动保障部门

某民办高校从《国务院关于建立城镇职工基本医疗保险制度的决定》（国发〔1998〕44 号）颁布实施以来一直没有参加社会基本医疗保险。2002 年 5 月，劳动保障部门对其下达了催缴通知书。该校人事负责人张某发现通知书中核定的缴费基数高出该统筹地区上年度职工年平均工资的 200%，这样单位的缴费基数就高了很多，张某对此不服，提出申辩。劳动保障部门并没有采纳张某的申辩意见而下达了行政处理决定书。对此，该高校向所在地法院提出了行政诉讼申请，请求撤销劳动保障部门的行政处理决定书，重新核定其缴费基数。那么，劳动保障部门的做法到底对不对呢？

【案例评析】

本案例涉及的是基本医疗保险的缴费基数核定问题。从表面上看，缴费基数越高单位的缴费数额越多，好像不合算，不如把多余的钱直接发到职工的口袋里；实际上，工资总额既是缴费基数，又是个人账户的配置基数，降低工资总额，单位缴费固然减少了，职工个人账户却也随之减少。基本医疗保险费工资基数的核定应以职工上年度实际应发工资为准。该校的实际应发工资比较高，当然缴费基数就比较高。为了避免单位与单位之间缴费水平差距太大，各地方又为其规定了一定的上下限。一般以当地职工上年度平均工资（社会平均工资）为参数，上限不高于社会平均工资的300%，下限不低于社会平均工资的60%，即当职工工资总额高于社会平均工资的300%时按300%核定，低于60%时按60%核定。当职工工资总额在社会平均工资的60%~300%时，以实际应发工资为基数核定。该校的缴费基数之所以高出该统筹地区社会平均工资的200%，是因为其年平均工资总额较高，但又在规定限额的60%~300%，所以以实际应发工资为基数。

关于基本医疗保险缴费基数如何核定，《国务院关于建立城镇职工基本医疗保险制度的决定》（国发〔1998〕44号）已经作出了明确规定，并不是哪个机关或个人随意决定的。同时，劳动者也不能只看到眼前利益，而应该遵守国家的相关规定。

【处理结果】

劳动保障部门对该校下达的催缴通知书和行政处理决定书并没有错，符合地方规章。该校应该在指定的时间范围到社会保险经办机构办理缴费手续，否则劳动保障部门可以申请法院强制执行。

五、基本医疗保险基金的账户管理

1.账户的构成

基本医疗保险基金由统筹基金和个人账户构成。统筹基金和个人账户要划定各自的支付范围，分别核算，不得相互挤占。要确定统筹基金的起付标准和最高支付限额，起付标准原则上控制在当地职工年平均工资的10%左右，最高支付限额原则上控制在年平均工资的400%左右。起付标准以下的医疗费用，从个人账户支付；起付标准以上、最高支付限额以下的医疗费用主要从统筹基金中支付，个人也要负担一定比例。

统筹基金主要用于支付特殊病种门诊、住院医疗费用中属于基本医疗保险支付范围的费用，不能支付普通门诊费用和全自费项目的费用，不能支付因违法犯罪、酗酒、自杀、自残、工伤、生育、交通事故、医疗事故及其他责任事故发生的医疗费用。

2.基金管理与监督

基本医疗保险基金纳入财政专户管理、专款专用，不得挤占挪用。社会保险经办机构负责基本医疗保险基金的筹集、管理和支付，并要建立健全预决算制度、财务会计制度和内部审计制度。

3.基本医疗保险的个人账户

1）基本医疗保险个人账户的来源

社会保险经办机构为职工个人建立个人账户，及时记录参保人员个人账户的收入、医疗费用支出和账户结余额等相关信息。职工个人缴纳的基本医疗保险费全部计入个人账户，用人单位缴纳的基本医疗保险费一部分计入个人账户，计入个人账户的比例一般为用人单位缴费的30%左右。由于退休人员不缴纳基本医疗保险费，通常为照顾退休人员，按年龄段由高到低的顺序划入，形成退休人员个人账户划入资金最多，职工按不同年龄段由高到低递减。

2）基本医疗保险个人账户的支付

个人账户中的资金归个人所有，但只能用于支付在定点医疗机构或定点零售药店发生的，符合基本医疗保险药品目录、诊疗项目范围、医疗服务设施标准所规定项目范围内的医疗费用。个人账户原则上要实行钱账分管，个人当期的医疗消费支出可采取划账的形式，最后由经办机构定期与定点医疗机构和定点药店统一进行结算。个人账户原则上不得提取现金，禁止用于医疗保障以外的其他消费支出。个人账户中的资金可以跨年度结转使用和依法继承。同时职工可以依法查询本人个人账户中资金的计入和支出情况。

3）基本医疗保险个人账户的转移接续

城镇职工基本医疗保险参保人员跨统筹地区流动就业，新就业地有接收单位的，由单位按照《社会保险登记管理暂行办法》（劳动和社会保障部令第1号）的规定办理登记手续，参加新就业地城镇职工基本医疗保险；无接收单位的，个人应在中止原基本医疗保险关系后的3个月内到新就业地社会（医疗）保险经办机构办理登记手续，按当地规定参加城镇职工基本医疗保险或城镇居民基本医疗保险。

城镇职工基本医疗保险参保人员跨统筹地区流动就业并参加新就业地城镇基本医疗保险的，由新就业地社会（医疗）保险经办机构通知原就业地社会（医疗）保险经办机构办理转移手续，不再享受原就业地城镇基本医疗保险待遇。建立个人账户的，个人账户原则上随其医疗保险关系转移划转，个人账户余额（包括个人缴费部分和单位缴费划入部分）通过社会（医疗）保险经办机构转移。

资料导读

小何是某家电品牌代理人，原来根据公司的安排担任西北地区的代理。由于小何工作扎实，又善于推销经营，两年下来给公司拿下了很多业务。总公司决定，把小何调到业务量更大、市场前景更好的东南地区。这对于小何的职业发展来说是一件好事，可是对于医疗保险的个人账户问题，小何却犯愁了，到底个人账户能不能随之转移呢？

1.本案例涉及的是个人账户是否能跨统筹地区转移的问题

职工在职期间跨统筹地区转换工作单位时，医疗保险关系随之转迁，个人账户资金也可以随同转移，可由医疗保险经办机构开出个人账户资金转移通知书并划转到新的统筹地区。本案例中，小何只要带齐相关证明和证件到医疗保险经办机构办理有关手续，医疗保险经办机构会根据上述情况为其办理个人账户转移事宜。

2.对类似问题的处理意见

职工在跨统筹地区转移时，不仅医疗保险，养老保险和失业保险的个人账户也能随之转迁。

六、基本医疗保险的用药范围

就基本医疗保险的用药范围而言，人力资源和社会保障部于 2009 年 11 月 27 日发布了《关于印发国家基本医疗保险、工伤保险和生育保险药品目录的通知》。该通知对于基本医疗保险的用药范围作了比较详细的规定。药品目录中将用药分为"西药、中成药和中药饮片"三部分。其中，西药部分和中成药部分用准入法，规定基金准予支付费用的药品，基本医疗保险支付时区分甲、乙类，工伤保险和生育保险支付时不分甲、乙类；中药饮片部分用排除法，规定基金不予支付费用的药品。参保人员就诊时使用目录内西药、中成药和目录外中药饮片所发生的费用，具体给付标准按基本医疗保险、工伤保险和生育保险的有关规定执行。同时，该通知中还规定"统筹地区对于甲类药品，要按照基本医疗保险的规定全额给付，不得再另行设定个人自付比例。对于乙类药品可根据基金承受能力，先设定一定的个人自付比例，再按基本医疗保险的规定给付"。为了更好地执行适用《国家基本医疗保险、工伤保险和生育保险药品目录（2009 年版）》，人力资源和社会保障部于 2015 年 3 月 27 日发布了《关于国家基本医疗保险、工伤保险和生育保险药品目录中部分药品进行调整规范的通知》，对2009 年版的药品目录部分药品名称剂型进行调整。

七、基本医疗保险的诊疗项目

我国对城镇职工基本医疗保险诊疗项目的相关内容作出详细规定的文件是我国劳动和社会保障部、财政部、国家经济贸易委员会、卫生部、国家中医药管理局于 1999 年 6 月 30 日发布的《关于印发加强城镇职工基本医疗保险诊疗项目管理、医疗服务设施范围和支付标准意见的通知》。该通知中的《关于城镇职工基本医疗保险诊疗项目管理的意见》以及《国家基本医疗保险诊疗项目范围》即是对基本医疗保险诊疗项目作的规定。

根据以上两个文件，基本医疗保险诊疗项目是指符合以下条件的各种医疗技术劳务项目和采用医疗仪器、设备与医用材料进行的诊断、治疗项目：①临床诊疗必需、安全有效、费用适宜的诊疗项目；②由物价部门制定了收费标准的诊疗项目；③由定点医疗机构为参保人员提供的定点医疗服务范围内的诊疗项目。

以上两个文件制定了国家基本医疗保险诊疗项目的范围，采用排除法分别规定基本医疗保险不予支付费用的诊疗项目范围和基本医疗保险支付部分费用的诊疗项目范围。

基本医疗保险不予支付费用的诊疗项目，主要是一些非临床诊疗必需、效果不确定的诊疗项目以及属于特需医疗服务的诊疗项目，其范围包括服务项目类、非疾病治疗项目类、诊疗设备及医用材料类、治疗项目类、其他五大类。对于这些诊疗项目，各省可适当增补，但不得删减。

　　基本医疗保险支付部分费用的诊疗项目，主要是一些临床诊疗必需、效果确定但容易滥用或费用高昂的诊疗项目，主要分为诊疗设备及医用材料类、治疗项目类、各省劳动保障部门规定的价格高昂的医疗仪器与设备的检查、治疗项目和医用材料三大类。对于这些诊疗项目，各省可根据实际适当调整，但必须严格控制调整的范围和幅度。

　　《关于城镇职工基本医疗保险诊疗项目管理的意见》明确指出，参保人员发生的诊疗项目费用，属于基本医疗保险不予支付费用诊疗项目目录以内的，基本医疗保险基金不予支付。属于基本医疗保险支付部分费用诊疗项目目录以内的，先由参保人员按规定比例自付后，再按基本医疗保险的规定支付。属于按排除法制定的基本医疗保险不予支付费用和支付部分费用诊疗项目目录以外的，或属于按准入法制定的基本医疗保险准予支付费用诊疗项目目录以内的，按基本医疗保险的规定支付。这样就清晰地对基本医疗保险诊疗项目范围进行了管理。

资料导读

基本医疗保险的诊疗项目包括体检吗？

　　老李是某企业退休职工，退休后不久，老李为预防疾病到医院作了一个全面体检。之后老李到医疗保险经办机构报销体检费用，但医疗保险经办机构工作人员告诉他，体检费用不属于基本医疗保险报销范围，不能报销。

　　上述事实所涉及的是基本医疗保险诊疗项目支付范围问题，即健康体检费用是否应该由统筹医疗保险基金负担？

　　首先，基本医疗保险基金可以支付的诊疗项目为基本医疗保险诊疗项目，主要包括：①临床诊疗必需、安全有效、费用适宜的诊疗项目；②由物价部门制定了收费标准的诊疗项目；③由定点医疗机构为参保人员提供的医疗服务范围内的诊疗项目。社区卫生服务中的基本医疗服务项目纳入基本医疗保险支付范围。

　　其次，《国家基本医疗保险诊疗项目范围》（劳社部发〔1999〕22号）规定，非疾病治疗项目类属于不予支付费用的诊疗项目，其具体包括：①各种美容、健美项目以及非功能性整容、矫形手术等；②各种减肥、增肥、增高项目；③各种健康体检；④各种预防、保健性的诊疗项目；⑤各种医疗咨询、医疗鉴定。

　　在确定基本医疗保险诊疗项目时，各种健康体检不列入基本医疗保险诊疗项目的范围，这也是过去公费、劳保医疗政策的延续。健康体检分为一般健康查体和特殊目的的健康体检。一般健康查体是为了早期发现、早期治疗疾病，由各用人单位组织的预防性疾病普查措施，体检费用由各用人单位负担，不在公费、劳保医疗经费中支出。特殊目的的健康体检，是指职工根据一些特定的要求所进行的体检，如职工在求职、办理出国手续、购买商业医疗保险等活动中按要求进行的体检，这些体检的费用一般由个人负担。因此，医疗保险制度改革后，各种健康体检不列入基本医疗保险诊疗项目，由单位组织的健康查体费用由各用人单位负担，原由个人自付的特殊目的健康体检的费用仍由个人自付。

　　老李花费的体检费用是在未感到身体不适的时候进行的预防性身体检查，属于健康体检费用，不属于基本医疗保险基金的支付范围。

八、基本医疗保险的医疗服务及医疗设施范围

基本医疗保险医疗服务设施是指由定点医疗机构提供的，参保人员在接受诊断、治疗和护理过程中必需的生活服务设施。《关于确定城镇职工基本医疗保险医疗服务设施范围和支付标准的意见》对基本医疗保险的医疗服务及医疗设施范围作了相关规定，主要包括以下几项内容。

（1）基本医疗保险医疗服务设施费用主要包括住院床位费及门（急）诊留观床位费。对已包含在住院床位费或门（急）诊留观床位费中的日常生活用品、院内运输用品和水、电等费用，基本医疗保险基金不另行支付，定点医疗机构也不得再向参保人员单独收费。

（2）基本医疗保险基金不予支付的生活服务项目和服务设施费用。其主要包括：①就（转）诊交通费、急救车费；②空调费、电视费、电话费、婴儿保温箱费、食品保温箱费、电炉费、电冰箱费及损坏公物赔偿费；③陪护费、护工费、洗理费、门诊煎药费；④膳食费；⑤文娱活动费以及其他特需生活服务费用。其他医疗服务设施项目是否纳入基本医疗保险基金支付范围，由各省（自治区、直辖市）劳动保障行政部门规定。

（3）基本医疗保险住院床位费及门（急）诊留观床位费支付标准。基本医疗保险住院床位费支付标准由各统筹地区劳动保障行政部门按照本省物价部门规定的普通住院病房床位费标准确定。需隔离以及危重病人的住院床位费支付标准，由各统筹地区根据实际情况确定。基本医疗保险门（急）诊留观床位费支付标准按本省物价部门规定的收费标准确定，但不得超过基本医疗保险住院床位费支付标准。

（4）收费标准公开制度。定点医疗机构要公开床位收费标准和基本医疗保险床位费支付标准，在安排病房或门（急）诊留观床位时，应将所安排的床位收费标准告知参保人员或家属。参保人员可以根据定点医疗机构的建议，自主选择不同档次的病房或门（急）诊留观床位。由于床位紧张或其他原因，定点医疗机构必须把参保人员安排在超标准病房时，应首先征得参保人员或家属的同意。

（5）特殊情况。参保人员的实际床位费低于基本医疗保险住院床位费支付标准的，以实际床位费按基本医疗保险的规定支付；高于基本医疗保险住院床位费支付标准的，在支付标准以内的费用，按基本医疗保险的规定支付，超出部分由参保人员自付。

（6）各行政区域的统筹。各省劳动保障行政部门要按照本意见的要求，组织制定基本医疗保险医疗服务设施项目范围。各统筹地区劳动保障行政部门要根据本省规定的基本医疗保险医疗服务设施项目，确定基本医疗保险基金的支付标准。统筹地区社会保险经办机构要加强对医疗服务设施费用的审核工作，严格按照基本医疗保险医疗服务设施项目范围和支付标准支付费用。

（7）劳动保障部门在组织制定基本医疗保险医疗服务设施范围和支付标准时，要充分征求财政、卫生、物价、中医药管理部门和有关专家的意见。物价部门在组织制定有关基本医疗

保险的医疗服务设施项目收费标准时，要充分征求劳动保障、财政、卫生部门的意见。各有关部门要加强联系，密切协作，共同做好基本医疗保险医疗服务设施项目的管理工作。

九、基本医疗保险的定点医疗机构

基本医疗保险的定点医疗机构是指经统筹地区劳动保障行政部门审查获得定点医疗机构资格，并经社会保险经办机构确定且与之签订了有关协议的，为统筹地区城镇职工基本医疗保险参保人员提供医疗服务并承担相应责任的医疗机构。定点医疗机构要方便参保人员就医并便于管理；兼顾专科与综合、中医与西医，注重发挥社区卫生服务机构的作用；促进医疗卫生资源的优化配置，提高医疗卫生资源的利用效率，合理控制医疗服务成本，提高医疗服务质量。我国劳动和社会保障部、卫生部与国家中医药管理局于 1999 年颁布的《城镇职工基本医疗保险定点医疗机构管理暂行办法》对基本医疗保险的定点医疗机构的管理作了规定，主要包括以下几方面内容。

（1）以下类别的经卫生行政部门批准并取得《医疗机构执业许可证》的医疗机构，以及经军队主管部门批准有资格开展对外服务的军队医疗机构，可以申请定点资格：①综合医院、中医医院、中西医结合医院、民族医医院、专科医院；②中心卫生院、乡（镇）卫生院、街道卫生院、妇幼保健院（所）；③综合门诊部、专科门诊部、中医门诊部、中西医结合门诊部、民族医门诊部；④诊所、中医诊所、民族医诊所、卫生所、医务室；⑤专科疾病防治院（所、站）；⑥经地级以上卫生行政部门批准设置的社区卫生服务机构。

（2）定点医疗机构应具备以下条件：①符合区域医疗机构设置规划；②符合医疗机构评审标准；③遵守国家有关医疗服务管理的法律、法规和标准，有健全和完善的医疗服务管理制度；④严格执行国家、省（自治区、直辖市）物价部门规定的医疗服务和药品的价格政策，经物价部门监督检查合格；⑤严格执行城镇职工基本医疗保险制度的有关政策规定，建立了与基本医疗保险管理相适应的内部管理制度，配备了必要的管理人员和设备。

（3）愿意承担城镇职工基本医疗保险定点服务的医疗机构，应向统筹地区劳动保障行政部门提出书面申请，并提供以下各项材料：①执业许可证副本；②大型医疗仪器设备清单；③上一年度业务收支情况和门诊、住院诊疗服务量（包括门诊诊疗人次、平均每一诊疗人次医疗费、住院人数、出院者平均住院日、平均每一出院者住院医疗费、出院者平均每天住院医疗费等），以及可承担医疗保险服务的能力；④符合医疗机构评审标准的证明材料；⑤药品监督管理和物价部门监督检查合格的证明材料；⑥由劳动保障行政部门规定的其他材料。

（4）劳动保障行政部门根据医疗机构的申请及提供的各项材料对医疗机构进行审查。审查合格的发给定点医疗机构资格证书，并向社会公布，供参保人员选择。

（5）参保人员在获得定点资格的医疗机构范围内，提出个人就医的定点医疗机构选择意向，由所在单位汇总后，统一报送统筹地区社会保险经办机构。社会保险经办机构根据参保人的选择意向统筹确定定点医疗机构。

（6）获得定点资格的专科医疗机构和中医医疗机构（含中西医结合医疗机构和民族医医疗机构），可作为统筹地区全体参保人员的定点医疗机构。

除获得定点资格的专科医疗机构和中医医疗机构外,参保人员一般可再选择 3~5 家不同层次的医疗机构,其中至少应包括 1~2 家基层医疗机构(包括一级医院以及各类卫生院、门诊部、诊所、卫生所、医务室和社区卫生服务机构)。有管理能力的地区可扩大参保人员选择定点医疗机构的数量。

(7)参保人员对选定的定点医疗机构,可在 1 年后提出更改要求,由统筹地区社会保险经办机构办理变更手续。

(8)社会保险经办机构要与定点医疗机构签订包括服务人群、服务范围、服务内容、服务质量、医疗费用结算办法、医疗费用支付标准以及医疗费用审核与控制等内容的协议,明确双方的责任、权利和义务。协议有效期一般为 1 年。任何一方违反协议,对方均有权解除协议,但须提前 3 个月通知对方和有关参保人,并报统筹地区劳动保障行政部门备案。

(9)参保人员应在选定的定点医疗机构就医,并可自主决定在定点医疗机构购药或持处方到定点零售药店购药。除急诊和急救外,参保人员在非选定的定点医疗机构就医发生的费用,不得由基本医疗保险基金支付。

(10)参保人员在不同等级的定点医疗机构就医,个人负担医疗费用的比例可有所差别,以鼓励参保人员到基层定点医疗机构就医。参保人员在不同等级定点医疗机构就医时个人负担医疗费用的具体比例和参保人员转诊、转院管理办法,由统筹地区劳动保障行政部门制定。

(11)定点医疗机构应配备专(兼)职管理人员,与社会保险经办机构共同做好定点医疗服务管理工作。对基本医疗保险参保人员的医疗费用要单独建账,并按要求及时、准确地向社会保险经办机构提供参保人员医疗费用的发生情况等有关信息。

(12)社会保险经办机构要加强对定点医疗机构参保人员医疗费用的检查和审核。定点医疗机构有义务提供审核医疗费用所需的全部诊治资料及账目清单。

(13)社会保险经办机构要按照基本医疗保险的有关政策规定和与定点医疗机构签订的协议,按时足额与定点医疗机构结算医疗费用。对不符合规定的医疗费用,社会保险经办机构不予支付。

(14)劳动保障行政部门要组织卫生、物价等有关部门加强对定点医疗机构服务和管理情况的监督检查。对违反规定的定点医疗机构,劳动保障行政部门可视不同情况,责令其限期改正,或通报卫生行政部门给予批评,或取消定点资格。

(15)定点医疗机构申请书和定点医疗机构资格证书样式由劳动保障部制定。

十、基本医疗保险的定点药店

基本医疗保险的定点药店是指通过劳动保障行政部门资格审定,并经医疗保险经办机构确定,为参保人员提供处方外配和非处方药零售服务的药店。处方外配是指参保人员持定点医疗机构处方,在定点零售药店购药的行为。定点药店要保证基本医疗保险用药的品种和质量;引入竞争机制,合理控制药品服务成本;方便参保人员就医后购药和便于管理。我国劳动和社会保障部与国家药品监督管理局于 1999 年颁布的《城镇职工基本医疗保险定点零售药店管理暂行办法》对基本医疗保险的定点药店的管理作了规定,主要包括以下几方面内容。

（1）定点零售药店应具备以下资格与条件：①持有《药品经营企业许可证》、《药品经营企业合格证》和《营业执照》，经药品监督管理部门年检合格；②遵守《中华人民共和国药品管理法》及有关法规，有健全和完善的药品质量保证制度，能确保供药安全、有效和服务质量；③严格执行国家、省（自治区、直辖市）规定的药品价格政策，经物价部门监督检查合格；④具备及时供应基本医疗保险用药、24小时提供服务的能力；⑤能保证营业时间内至少有1名药师在岗，营业人员需经地级以上药品监督管理部门培训合格；⑥严格执行城镇职工基本医疗保险制度有关政策规定，有规范的内部管理制度，配备必要的管理人员和设备。

（2）愿意承担城镇职工基本医疗保险定点服务的零售药店，应向统筹地区劳动保障行政部门提出书面申请，并提供以下材料：①药品经营企业许可证、合格证和营业执照的副本；②药师以上药学技术人员的职称证明材料；③药品经营品种清单及上一年度业务收支情况；④药品监督管理、物价部门监督检查合格的证明材料；⑤劳动保障行政部门规定的其他材料。

（3）劳动保障行政部门根据零售药店的申请及提供的各项材料，对零售药店的定点资格进行审查。

（4）统筹地区社会保险经办机构在获得定点资格的零售药店范围内确定定点零售药店，统发定点零售药店标牌，并向社会公布，供参保人员选择购药。

（5）社会保险经办机构要与定点零售药店签订包括服务范围、服务内容、服务质量、药费结算办法以及药费审核与控制等内容的协议，明确双方的责任、权利和义务。协议有效期一般为1年。任何一方违反协议，对方均有权解除协议，但须提前通知对方和参保人，并报劳动保障行政部门备案。

（6）外配处方必须由定点医疗机构医师开具，有医师签名和定点医疗机构盖章。处方要有药师审核签字，并保存2年以上以备核查。

（7）定点零售药店应配备专（兼）职管理人员，与社会保险经办机构共同做好各项管理工作。对外配处方要分别管理、单独建账。定点零售药店要定期向统筹地区社会保险经办机构报告处方外配服务及费用发生情况。

（8）社会保险经办机构要加强对定点零售药店处方外配服务情况的检查和费用的审核。定点零售药店有义务提供与费用审核相关的资料及账目清单。

（9）社会保险经办机构要按照基本医疗保险有关政策规定和与定点零售药店签订的协议，按时足额结算费用。对违反规定的费用，社会保险经办机构不予支付。

（10）劳动保障行政部门要组织药品监督管理、物价、医药行业主管部门等有关部门，加强对定点零售药店处方外配服务和管理的监督检查。要对定点零售药店的资格进行年度审核。对违反规定的定点零售药店，劳动保障行政部门可视不同情况，责令其限期改正，或取消其定点资格。

（11）定点零售药店申请书样式由劳动保障行政部门制定。

十一、基本医疗保险统筹基金起付标准与最高支付限额

统筹基金的起付标准是指参保人员在住院或规定病种门诊治疗时发生的符合基本医疗

保险规定的医疗费用，必须先由个人或单位承担一部分，然后再列入统筹支付的起点标准，也就是通常所说的进入统筹基金支付的"门槛"。统筹基金的最高支付限额是指参保人员在住院或规定病种门诊时的一个自然年度内发生的列入统筹基金支付的医疗费用的上限。制定统筹基金的起付标准和最高支付限额，目的就是限定统筹基金的支付范围，明确统筹基金的支付责任。统筹基金的支付范围明确以后，个人账户的支付范围也就相应明确，不在统筹基金支付范围的医疗费用，都可以由个人账户支付。

1.基本医疗保险统筹基金的起付标准

国务院规定的统筹基金起付标准原则上控制在当地职工年平均工资的10%左右。

各地设定统筹基金起付标准要综合考虑三方面的因素：一要考虑统筹基金的支付能力，保证收支平衡。二要考虑个人的负担能力，起付标准定得过高，享受人群很少，个人账户支付范围过大，个人负担过重，而统筹基金结余过多，就失去了社会共济的意义。三要区别不同统账结合方式，一般按费用或病种划分统账支付范围的，可以年度累计发生费用设定统筹基金起付标准，职工在一个年度内，累计达到一定费用，就可以进行统筹基金支付。

2.基本医疗保险统筹基金的最高支付限额

统筹基金的最高支付限额一般是根据大额医疗费用人群分布情况测算确定的。根据全国多个城市的抽样调查，绝大多数患病职工的年医疗费用在当地职工平均工资的4倍左右。随着社会经济发展水平的不断提高，职工医疗保障水平也应当相应提高。

资料导读

职工患病医疗保险基金的支付标准如何确定？

老章是一个国有企业的职工。2011年老章患病去定点机构治疗三次，其中看门诊一次，发生医疗费用200元；两次住院发生医疗费用分别为20 000元和10 000元，两次住院分别发生超出基本医疗保险药品目录和诊疗项目等费用2 000元和1 000元。当地统筹医疗基金支付的范围按门诊和住院划分，住院起付标准第一次为800元，第二次为500元，统筹基金支付范围费用的支付比例为90%，最高支付限额为20 000元。那么，老章看病住院发生的共计30 200元医疗费用，医疗保险统筹基金是怎样支付的呢？

（1）老章花费的门诊医疗费200元由老章直接从个人账户中支付。

（2）老章的第一次住院费用为20 000元，需要先扣除超基本医疗保险支付范围所发生的医疗费用2 000元，再扣除起付标准800元，剩余部分的医疗费用17 200元由统筹基金按照90%的比例支付15 480元，老章个人支付4 520元。

（3）老章的第二次住院费用为10 000元，应当先扣除超基本医疗保险支付范围所发生的医疗费用1 000元，再扣除起付标准500元，剩余部分的医疗费用8 500元由统筹基金按照90%的比例支付7 650元。但由于老章在当年度的第一次住院时已经由社会医疗统筹基金支付了15 480元，而老章所在地的社会保障机构规定的医疗费最高支付限额为20 000元，所以在老章第二次的住院费用中，医疗保险经办机构只能在医疗统筹基金中向老章支付4 520元，其余部分应当由老章个人自行承担，即老章要承担第二次住院费用中的5 480元。

老章在 2011 年度发生的医疗费用共计 30 200 元，社会医疗统筹基金支付了最高支付额度 20 000 元，个人账户支付了 200 元门诊费，个人需要负担 10 000 元住院费。总的来说，社会医疗保险基金承担了老章的大部分医疗费用，参保人员得到了一定保障。

第二节　补充医疗保险

一、补充医疗保险的定义

补充医疗保险是企业在参加城镇职工基本医疗保险的基础上，国家给予政策鼓励，由企业自主举办或参加的一种补充性医疗保险形式。

补充医疗保险是存在于基本医疗保险范围之外的医疗保险制度，它对基本医疗保险起补充作用，是我国整个医疗保险体系的一个重要组成部分。与基本医疗保险由国家立法强制实施、政府承办、普遍保障、待遇公平以及政府承担最终责任的特点不同的是，补充医疗保险通常是在政府的鼓励政策下自愿推行，依法独立承办，根据权益或效率原则享受相应的待遇水平，参加者自负经营风险的医疗保险制度。

补充医疗保险与商业医疗保险既相互联系，又相互区别。补充医疗保险具有商业医疗保险的一般性质，它的具体经营管理方式与商业保险有一定的相似之处，实际上大多数的补充医疗保险是按照商业医疗保险的模式经营或交由商业医疗保险机构经营的。但是二者也有着本质的区别，即补充医疗保险被纳入了整个社会医疗保险体系，属于社会保障的范畴，因此补充医疗保险可以享受财政、税收上的优惠政策；而商业医疗保险则没有享受政府优惠条件的权利，必须向国家依法足额纳税。

二、补充医疗保险的作用

补充医疗保险作为整个社会医疗保险体系的重要组成部分，它的作用主要表现在以下几个方面。

1.形成多层次广覆盖的医疗保险体系

我国原有医疗保险制度的主要特征之一就是保险层次单一，即仅有国家公费医疗和企业劳保医疗一个层次。单一层次的医疗保障制度存在着保障主体单一、医疗费用负担过重及保障程度与保障能力不相适应等弊端，需要进行改革。医疗保险制度的改革应实行多层次，既注重个人自我保障，又注重社会医疗保险，并发展多种形式的补充医疗保险，形成多层次的社会医疗保险体系。因此，建立和发展补充医疗保险制度是形成与完善新型的、适应社会主义市场经济发展要求的医疗保险体系的重要环节，有利于形成多层次、广覆盖的医疗保险体系。建立补充医疗保险制度，可以培育和形成多元化的医疗保障行为主体，调动职工个人、企事业单位、工会与社区组织等社会团体的积极性，共同提高城镇职工的医疗保障水平。

2.有利于增强企业凝聚力

企业为职工办理补充医疗保险，提供全部或部分保险费资助作为职工的企业福利之一，能减轻职工医疗负担，调动职工积极性。

3.有利于增强企业职工自我健康保障的意识

虽然企业对职工参加补充医疗保险给予资助和补贴，但通常情况下，个人也要出资投保。通过举办补充医疗保险，既可以克服单纯依靠国家或企业来保障个人疾病经济风险的倾向，也有利于树立个人健康保障意识和健康投资理念。

三、补充医疗保险的种类

国家鼓励用人单位根据本单位实际情况为劳动者建立补充医疗保险，超过基本医疗保险最高支付限额的医疗保险费用，可以通过补充医疗保险解决。

补充医疗保险按主办机构和经办机构可以分为四种形式：由政府主办和经办的国家公务员补充医疗保险；由用人单位主办、社会保险经办机构负责经办的职工补充医疗保险；由社会保险机构主办、商业保险公司经办的职工补充医疗保险；由工会主办和经办的职工医疗互助补充保险。

1.由政府主办和经办的国家公务员补充医疗保险

我国国家公务员的补充医疗保险制度是完全由国家主办和经办的。《国务院关于建立城镇职工基本医疗保险制度的决定》中提出："国家公务员在参加基本医疗保险的基础上，享受医疗补助政策。"在此基础上，劳动和社会保障部于2000年5月出台了《关于实行国家公务员医疗补助的意见》，对国家公务员补充医疗补助政策的原则、范围、经费来源、经费的使用、经办机构（由社会保险经办机构负责经办）等问题作出了相应的规定。建立国家公务员医疗补助制度的目的是解决国家公务员基本医疗保险不予支付的大额医疗费用和个人账户金额用完后个人自付部分的医疗费用，补充性医疗保险的经费将全部由财政拨付。

2.由用人单位主办、社会保险经办机构负责经办的职工补充医疗保险

用人单位在依法办理基本医疗保险的前提下，可以为职工缴纳部分或全部补充性医疗保险费。所需费用按照国家规定的资金渠道列支。

各类企业的职工、个体工商户及其帮工以及离退休人员，均可参加补充医疗保险。职工有了基本医疗保险和补充医疗保险这种"双保险"，生大病的医疗风险大大降低。

3.由社会保险机构主办、商业保险公司经办的职工补充医疗保险

这种形式的补充医疗保险由社会保险机构主办，向商业保险公司投保，参保职工是被保险人，被保险人发生的超过社会统筹医疗保险基金支付最高限额以上的医疗费用由保险公司负责赔偿。医疗保险机构每年一次性从参保职工个人医疗账户中提取保险费，按标准向商业保险公司缴纳保险费。当参保职工发生超过社会统筹医疗基金支付最高限额以上的医疗费用时，由保险公司按规定赔付。

4.由工会主办和经办的职工医疗互助补充保险

由中华全国总工会主办的"中国职工保险（保障）互助会"是以职工互助的形式从事保险业务的组织。该组织主办和经营管理的"职工互助补充保险"是由工会组织主办，职工群众自愿参加，资金以职工个人筹集为主，行政资助为辅，形成职工内部互助互济性质的一种保险。它在国家法定的社会保险之外，开展与职工生、老、病、死、伤、残或发生意外灾害、伤害等特殊困难有关的保险活动。与商业保险公司不同的是，中国职工保险互助会不是一个金融机构，不以盈利为目的。职工互助保险有其特有的优势，它依靠各级工会组织的力量办理业务，可以最大限度地降低管理成本。职工医疗互助保险是职工互助保险的一个部分，是在国家法定基本医疗保险待遇之外，对职工发生疾病、非因工负伤等特殊困难时，主要依靠职工群众的力量，给予职工经济帮助的保险。

四、补充医疗保险的办理流程

按规定参加各项社会保险并按时足额缴纳社会保险费的企业，可自主决定是否建立补充医疗保险。企业补充医疗保险办法应与当地基本医疗保险制度相衔接。企业补充医疗保险资金由企业或行业集中使用和管理，单独建账，单独管理，用于本企业个人负担较重的职工和退休人员的医疗费补助，不得划入基本医疗保险个人账户，也不得另行建立个人账户或变相用于职工其他方面的开支。财政部门和劳动保障部门要加强对企业补充医疗保险资金管理的监督和财务监管，防止挪用资金等违规行为。

补充医疗保险可以个人办理，也可以由用人单位统一办理。它的办理流程各地区不尽相同，下面以某地区为例介绍补充医疗保险的办理流程。

1.个人办理

办理人需携带个人有效身份证原件（或户口簿）、社会保险卡原件到社会保险经办凭缴费单缴费，购买补充医疗保险，再凭缴费单、缴费发票领取保单。另外，参保人员还需提供区社保局开具的受保人已参加基本医疗保险的证明。

2.单位办理

单位统一办理补充医疗保险的程序和个人办理的程序大致上是一致的，只是所需提供的材料有所不同。单位办理时需携带参保职工的有效身份证原件及复印件、社会保险卡原件、加盖单位公章的《补充医疗保险申请表》及申请表电子版。单位还需提供区社保局开具的受保人已参加基本医疗保险的证明。

五、补充医疗保险的报销范围

补充医疗保险资金主要用于支付基本医疗保险统筹基金和大额医疗互助资金支付范围内个人负担的医疗费用。职工及退休人员发生的医疗费用，通过基本医疗保险按照规定比例报销后，补充医疗保险对剩余比例部分按照一定的比例报销。补充医疗保险报销范围，应根据基本医疗保险定点医疗管理的规定，以及基本医疗保险药品名录、诊疗项目、服务设施范围和支付标准等确定。

下面以北京市为例，介绍其补充医疗保险的报销范围。

1.门（急）诊医疗费用报销

（1）职工起付线以下部分，不予报销。

（2）职工起付线以上部分，基本医疗保险按照规定的比例报销后，补充医疗保险按照80%的比例报销。

2.住院医疗费用以及三种特殊病（恶性肿瘤放射治疗和化学治疗、肾透析、肾移植后服抗排异药）的门诊医疗费用报销

（1）职工住院起付标准以下部分，不予报销（注：起付标准依次递减）。

（2）职工住院起付标准以上部分，基本医疗保险按照规定的比例报销后，补充医疗保险按照80%的比例报销。

3.超额部分的报销

职工基本医疗保险、大额医疗互助资金最高报销额之上的部分，补充医疗保险按照80%的比例报销。

本实训项目由任课教师提前准备关于基本医疗保险的案例，并将学员分成若干组，每组中的成员分别担任案例中涉及的纠纷双方利益成员、争议裁决机构成员，由各自负责扮演的角色阐述各方观点，任课教师最后对各方观点进行点评总结。通过此项目的训练提高学员对医疗保险法律规定的理解和记忆。

案例讨论

职工患病或非因工负伤而停止工作期间的病假工资如何发放？

小刘自2007年7月1日烹饪技校毕业后，于2007年7月15日进入一家饭店（饭店性质为有限责任公司）担任厨师。饭店在当地小有名气，饭店老板给其员工都缴纳了基本医疗保险费。2010年3月3日，小刘突患重病被送往当地的定点医院进行治疗。2010年3月17日，住院15天的小刘病情稳定后被家人接回家中，休养了两个月至2010年5月16日。其间花费的15天住院的医疗费用已经由当地基本医疗保险基金和小刘就医的定点医院结算完毕。当小刘5月17日回饭店上班向老板索要病假工资时，老板却以小刘没上班没有进行劳动不需要给付工资为由拒绝了小刘的要求。于是双方发生了争议。

思考题

1.案例中饭店老板拒绝小刘的请求有无法律依据？为什么？

2.我国对于职工患病或非因工负伤而停止工作期间的病假工资问题是如何规定的？有哪些相关的法律条文？

3.针对有关规定，案例中饭店老板与小刘应如何解决争议？

▶**本章思考题**

1.你认为我国医疗保险制度的公平性如何？

2.我国医疗保险基金是否充足？应如何扩大筹措路径并实现保值增值？

参 考 文 献

陈朝先.1994.西方国家的健康保险制度.经济学动态，（4）：66–72.

仇雨临，孙树菡.2006.医疗保险.北京：中国人民大学出版社.

郭士征.2006.社会保险基金管理.上海：上海财经大学出版社.

李志芳.2011.基本医疗保险缴费情况现状分析.科技与生活，（3）：220.

林枫,范国富.2002.构建覆盖全民的社会医疗保障体系的实践与探索.中国卫生经济，（2）：49–50.

刘智.2011.浅议基本医疗保险经办机构与定点医疗机构的法律关系.市场周刊：理论研究，（7）：96–97.

罗楚亮.2007.健康风险、医疗保障与农村家庭内部资源配置.中国人口科学，（2）：34–42，95–96.

皮广州,齐东斌.2007.医疗保险权益维护.北京：中国劳动社会保障出版社.

钱胡风.2011.中国医疗保险及其改革探析.西昌学院学报，（3）：68–71.

田嘉莉,许玲丽.2011.关于医疗保险社会统筹基金有效性的研究.商业时代，（22）：79–80.

王正斌,刘慧侠.2003.多层次城镇医疗保险体系发展研究.中国软科学，（2）：25–30.

杨德华.2000.混合型医疗保险制度及其实施的探讨.医学与社会，（3）：4–6.

詹长春,周绿林.2002.对弱势群体医疗保障问题的初步探讨.中国卫生经济，（7）：34–35.

中国法制出版社.2012.社会保险纠纷实用法律手册.北京：中国法制出版社.

朱铭来,丁继红.2006.我国医疗保障制度再构建的经济学分析.南开经济研究，（4）：58–70.

第五章

失 业 保 险

失业保险是指国家通过建立失业保险基金，为因被动失业而暂时中断生活来源的劳动者在法定期间内获得失业保险金，以维持其基本生活水平的一项社会保险制度。失业保险制度的目的是保证劳动者失业后的基本生活及进一步促进劳动者重新就业。

本章回答以下问题。

失业保险的适用范围是什么？如大学毕业生毕业后选择宅在家里啃老算失业吗？

失业保险缴费基数及缴费比例如何？

失业保险如何办理？

依法参加失业保险后被动失业可以享受怎样的待遇？领取失业保险金有期限吗？多次失业领取失业保险金的时间如何计算？

爱折腾的职场新手张某能享受失业保险待遇吗？

张某大学毕业后应聘于甲公司，签订了3年的劳动合同，公司为员工办理了"失业保险"。但工作至第10个月时，张某以公司工资太低为由提出辞职，后到乙公司就职，并签订了2年的劳动合同。试用期1个月后，乙公司为其办理了"失业保险"，但张某在第4个月时因上班期间发生打架斗殴事件，被公司开除。张某到当地失业保险经办机构查询得知：甲公司为他参保缴费10个月，乙公司为他参保缴费3个月。

讨论：张某能否享受失业保险待遇？

失业保险制度是社会保障系统的组成部分，属于社会保险的范畴，通过国家立法，集中建立保险基金，对中断收入的劳动者提供经济保障的制度。其与养老保险和医疗保险的主要差别在于保险对象不同。养老保险的对象是已经到了退休年龄的劳动者；医疗保险是因病或非因工负伤的劳动者；而失业保险的对象则是因失业暂时中断收入的劳动者。由于对失业者提供经济保障的工作与帮助失业者尽快就业的工作是紧密相连的，因此有人认为，失业保险应当是指通过建立基金，能保障职工在失业期间获得经济救助，并通过转业培训和职业介绍使职工重新就业的一种社会保障制度。

第一节 失业和失业保险概述

一、失业的含义与类型

1.失业的含义及其本质

在介绍失业的含义之前，先了解一个与其相对应的概念：就业。

就业是指在劳动者的劳动能力成为商品，劳动者可以自由地按市场价格出卖自己的劳动力的社会经济条件下产生的社会现象。在这样的社会经济条件之下，就业就是劳动者得到应有报酬的从事生产经营活动或其他非生产经营性工作的机会。

就业的本质是指在一定的社会经济条件下，个人得到了以特定的方式参与社会劳动，从而使自己的物质需求和精神需求获得满足的社会机会。

与之相对应，失业指的是在市场经济条件下，在劳动年龄之内，有劳动能力并有就业愿望的劳动者失去了或者没能得到有报酬的从事生产经营活动或其他非生产经营性工作的机会。在社会高度组织化、劳动社会化的社会经济环境之中，失业同时还意味着失去了参与社会经济生活、获得社会归属感的机会。

2.失业程度的测量指标

1）失业率

失业率是衡量一定范围内劳动力失业程度的重要指标。从理论上说，失业率指的是一定范围内的失业人数与劳动力总数的比率。依据不同国家对劳动力、就业者和失业者的不同规定，对失业率的计算也不同。在美国，失业率指的是失业者占民用劳动力的百分比；民用劳动力指的是全体劳动力中减去军人后的剩余部分。他们之所以如此计算失业率，是因为考虑到在军队中服役的劳动力具有某种强制性因素，而不是完全由劳动力市场调节的结果，如果将这部分人也计算为就业者，就降低了失业率。在我国，目前主要计算的是城镇失业率，指的是城镇失业人数同城镇在业人数加城镇失业人数之比。

失业率用来衡量一个国家一定时期内的失业程度，也可以用来衡量不同性别、不同年龄、不同种族（民族）、不同行业及不同婚姻状况的劳动力的失业程度。

2）失业持续时间

失业持续时间是衡量失业严重程度的另一个重要指标。它指的是新生劳动力或失去工作的人找到工作或重新找到工作所用的时间，也可以指一定范围内或某一类别的劳动力找到工作或重新找到工作所用的平均时间。时间的计量单位可以是天、周、月或年。

失业程度的测量，需要从失业率和失业持续时间两个方面考虑。如果一个国家的失业率比较高，但失业者平均持续的失业时间并不长，那就说明这个国家的失业问题并不严重；相反，如果一个国家的失业率比较高，而且失业者平均持续的失业时间也比较长，就说明这个国家的失业问题比较严重。以失业率和失业持续时间来衡量失业的严重程度时，还需要注意一个问题，即当经济衰退开始时，总的失业人数也开始增加，这时首先表现为失业率增高，但平均失业持续时间却下降了。这是因为新增加的失业人员把平均失业时间拉低了。另外，当经济形势好转时，失业率开始下降，但平均失业持续时间可能继续延长一段时间。这是因为，在一般情况下，首先被召回原来的工作岗位或重新找到工作的人往往是失业时间最短的人。

3.失业的类型

（1）摩擦性失业。摩擦性失业是指在市场经济中，由于劳动力市场运转不完善而出现的失业。因为工人在寻找工作或改变工作时，不能得到完全的就业信息，也不能对得到的信息作出完全正确的判断；而雇主在寻找雇员时，缺乏完整的信息，也不能对得到的信息作出完全正确的判断。当劳动者从一个职业、行业或地区转到另一个职业、行业或地区时，总要花费一定的时间，有一个或长或短的失业期；结束学业加入劳动力队伍的青年人要找到工作，也会有一个或长或短的时间滞差；不仅寻找工作需要时间，从一个地区流动到另一个地区也需要一定的时间。这些都属于摩擦性失业。摩擦性失业反映的是市场经济中劳动力资源配置的动态性，劳动力不断地从衰落的企业、行业或地区转移到发展的企业、行业或地区，从对个人或社会较少有益之处流动到对个人或社会更有益的地方，这是市场经济效率的副产品。但是在经济不景气时期，个人就业和重新就业就需要经过较长时间。

（2）周期性失业。周期性失业是指由于经济的周期性波动而导致的失业。在市场经济条件下，经济的运行往往呈现出周期性的波动，有人把这种波动周期划分为扩张和收缩两个阶段，也有人把这种波动周期划分为繁荣、衰退、萧条、复苏四个阶段。在这种周期性波动中，收缩或衰退和萧条阶段，失业会明显增加，这时增加的失业即是周期性失业。如果经济波动剧烈，发生了严重的经济危机，则会导致大量的劳动者失业。这种失业往往是无法预料的，持续期也很难确定。

（3）技术性失业。技术性失业是指因为引进了节省劳动力的技术而导致的失业。从工业革命开始，人们就不断地发明和创造出各种更加节省劳动力的新材料、新工艺、新设备，新的自动化程度更高的机器不断地被引进生产领域。对于各种节省劳动力的技术究竟是创造了新的工作岗位还是造成了失业，人们有许多争论。一般来说，从短期效果看，引进节省劳动力的技术，工人会被解雇，会增加失业。但是从长期看，如果引进的新技术降低了一种产品的生产成本和销售价格，而这种产品的需求弹性又很大，那么由于需求的增加，被解雇的工人就会被重新召回，甚至有更多的人得到雇佣；如果这种产品的需求弹性很小，虽然该产品的价格下降，也不能引发更多的需求，在消费函数不变的条件下，消费者多余的购买力将花在其他商品上，这也会创造出新的工作岗位，被解雇的工人会逐渐地在那些增加产品需求的行业中找到就业机会。

（4）结构性失业。结构性失业是指由于产业结构的变化而引起的失业。这种失业的特点是职位空缺和失业者并存，在一些行业中劳动力稀缺，而在另一些行业中却存在着一定量的失业者。结构性失业与技术性失业有一定的重叠，失业者主要是因为受到新技术的排挤。与技术性失业不同的是，被新技术排挤的工人原有的技能已经失去了需求，不经过专门的训练很难适应需要高知识、高技能劳动力的新的工作岗位。结构性失业是第二次世界大战以后，新的技术革命引发的一种社会经济现象。

（5）季节性失业。季节性失业是指由于某些行业的生产条件或产品受气候条件的影响，或受风俗习惯及购买习惯的影响，使生产对劳动力的需求出现季节性的波动而形成的失业。例如，建筑业、农产品加工业、内陆航运业等，都可能因气候条件的影响、季节的变化而对劳动力的需求产生较大的波动。另外，由于人们对某些商品的购买受风俗习惯或购买习惯的影响，如西方国家生产圣诞节专用产品的行业，中国生产与中秋节、春节有关的产品的行业，对劳动力的需求都会有季节性的变化。与其他类型的失业相比，季节性失业的工人一般不会转移到其他行业。

对于上述几种类型的失业，有些学者从劳动力市场的运行状态角度，将其概括为机制正常性失业、机制失调性失业和外部冲击性失业。

（1）机制正常性失业。机制正常性失业是指经济处于正常的发展状态，没有发生大的波动，没有出现周期性危机，经济结构也没有发生显著的变化，劳动力市场的竞争程度、价格机制也处于基本正常的状态，而且劳动力的转移和流动也没有受到非经济因素的限制，在这种情况下出现的失业即是机制正常性失业。

（2）机制失调性失业。机制失调性失业是指由于各种制度、经济和技术因素的限制，特别是非经济因素的限制而出现的具有下列特点的失业：①劳动力需求方式变化超过了劳动力供给方的适应性，出现了持续较长时间的失业，并且出现了结构性失业的情况，如失业集中于某些劳动力群体中（不熟练劳动力群体或青年劳动力群体中等），失业在老工业区的表现比在新工业区更突出等。②由于劳动力市场的许多附属市场之间的流动存在着有形和无形的壁垒，劳动力市场的竞争机制不能充分发挥作用。例如，处在最底层的劳动力在各方面无法与其他层次的劳动力竞争等。③劳动力价格机制在配置劳动力方面的作用减小。

（3）外部冲击性失业。外部冲击性失业是指劳动力市场以外的因素，即经济危机对劳动力市场冲击的结果。当商品市场上的商品过剩造成生产削减、经济活动下降时，对劳动力的需求就会减少，失业量就会猛增。外部冲击性失业的特点是突发性、难以预测、失业持续期不定、失业随危机结束而消失、分布不均匀，不同部门、产业、工种所受的冲击不同。

以上三种失业中，机制正常性失业大体上包括摩擦性失业和季节性失业，是市场机制作用下的正常失业，这种现象随着劳动力市场的运行自生自灭，不会引起劳动力市场的失衡。机制失调性失业基本上相当于技术性失业和结构性失业，会造成劳动力市场的短时间失衡或局部失衡，这种失衡可以通过劳动力市场的运行自行解决，但所需的时间比较长，如果有政府政策的相应疏导，失调的持续时间可能会缩短。外部冲击性失业即周期性失业，是劳动力选择机制所无法应付的普遍性失业，只有通过政府对劳动力市场的干预，才有可能扭转劳动力市场的失衡。

二、失业保险概述

1.失业保险的含义

失业保险是指国家通过立法强制实行的，由社会集中建立基金，对因失业而暂时中断生活来源的劳动者提供物质帮助进而保障失业人员失业期间的基本生活，促进其再就业的制度。

失业保险是社会保障体系的重要组成部分，是社会保险的主要项目之一。它的核心内容是通过集中建立失业保险资金，分散失业风险，使暂时处于失业状态的劳动者得到最基本的生活保障，通过就业培训，使失业者尽快就业。

我国失业保险方面的主要法规是国务院于 1999 年颁布的《失业保险条例》。2010 年 10 月 28 日经全国人大常委会审议通过并于 2011 年 7 月 1 日起施行的《社会保险法》第 5 章专设为失业保险，该法的实施对于预防失业风险，保障失业人员的生存以及促进就业发挥了积极的作用。

2.失业保险的主要特点

1）普遍性

失业保险主要是为了保障劳动者失业后的基本生活而建立的，其保险对象为失业劳动者。参保单位不分部门和行业，不分所有制性质，其职工应不分用工形式，不分家居城镇、农村，解除或终止劳动关系后，在符合条件时都有享受失业保险待遇的权利。按照社会保险"广覆盖、保基本、多层次、可持续"的方针，我国失业保险适用范围呈逐步扩大的趋势，从国营企业的四类职工（宣告破产企业的职工；濒临破产企业法定整顿期间被精简的职工；企业终止、解除劳动合同的职工；企业辞退职工）到国有企业的待业职工（《国有企业职工待业保险规定》第 1 章第 2 条规定，国有企业失业人员包括：依法宣告破产的企业的职工；濒临破产的企业在法定整顿期间被精简的职工；按照国家有关规定被撤销、解散企业的职工；按照国家有关规定停产整顿企业被精简的职工；终止或者解除劳动合同的职工；企业辞退、除名或者开除的职工；依照法律、法规规定或者按照省、自治区、直辖市人民政府规定，享受待业保险的其他职工）和企业化管理的事业单位职工，再到《失业保险条例》规定的城镇所有企业事业单位及其职工，充分体现了普遍性原则。

事业单位应参加失业保险吗？

【案例介绍】

申请人：某高校人事处

被申请人：劳动保障部门

2009 年 3 月 10 日，某高校人事处收到了劳动保障部门的失业保险费催缴通知单。通知单中核定了该高校 1999 年以来的失业保险费和滞纳金总额。人事处任处长马上打电话到劳动保障部门称其学校为事业单位，不存在失业人员，怎么还要缴纳失业保险费？劳动保障部门的工作人员认真解释：学校虽然是事业单位，但按国务院《失业保险条例》的规定仍然要参加失业保险。劳动保障部门工作人员的解释是否正确?

【案例评析】

本案涉及的是事业单位是否要缴纳失业保险费的问题。失业保险的对象具有普遍性,其覆盖范围包括劳动者队伍中的大部分成员。失业保险参保范围不分行业和企业性质。《失业保险条例》规定城镇企业事业单位都应参加失业保险并按规定缴纳失业保险费。

【处理结果】

案例中的高等学校作为城镇事业单位,按照规定应当参加失业保险,并缴纳保险费。因此,劳动保障部门工作人员的解释是正确的。

2)强制性

失业保险是通过国家制定法律、法规来强制实施的。在失业保险制度覆盖范围内的单位及其职工必须参加失业保险并履行缴费义务,不履行缴费义务的单位和个人都应当承担相应的法律责任。

3)互济性

失业保险基金主要来源于社会筹集,由单位、个人和国家三方共同负担,缴费比例、缴费方式相对稳定,筹集的失业保险费,不分来源渠道,不分缴费单位的性质,全部并入失业保险基金,在统筹地区内统一调度适用以发挥互济功能。

3.失业保险基金的筹集

失业保险基金一般有三个来源:企业按员工工资总额的一定比例缴纳失业保险金;员工按自己工资的一定比例缴纳失业保险金;政府财政提供一定数量的补贴。

失业保险费是参加失业保险的用人单位和职工个人按时依照失业保险缴费比例缴纳的费用。根据《社会保险法》第44条的规定,职工应当参加失业保险,由用人单位和职工按照国家规定共同缴纳失业保险费。计算应缴纳的失业保险费数额,要考虑缴费基数和缴费费率。缴费基数是指计算缴费单位或者缴费个人缴纳失业保险费的资金起点数目。我国失业保险费的缴费基数为工资,用人单位的缴费基数为该单位的工资总额,职工个人的缴费基数为本人工资。缴费费率是缴费义务人缴纳失业保险费占其缴费基数的比例。

1)用人单位应缴纳的失业保险费

我国《失业保险条例》第6条规定,城镇企业事业单位按照本单位工资总额的2%缴纳失业保险费。单位工资总额是指单位在一定时期内直接支付给本单位全部职工的劳动报酬总额,包括计时工资、计件工资、奖金、津贴和补贴、加班加点工资以及特殊情况下支付的工资。单位应缴纳的失业保险费可用以下公式计算:

单位应缴纳的失业保险费=一定时期内单位工资总额×2%

2)个人应缴纳的失业保险费

根据国务院《失业保险条例》的规定,职工按照本人工资总额的1%缴纳失业保险费。其中本人工资是指单位支付的劳动报酬,包括计时工资、计件工资、奖金、津贴和补贴、加班工资等,不包括其他来源的收入。个人应缴纳的失业保险费可用以下公式计算:

个人应缴纳的失业保险费=本人工资总额×1%

4.失业保险基金的管理

失业保险制度是一项反经济循环的制度设计，当经济处于繁荣时期时，失业较少，失业保险基金的收缴大于支出，失业保险基金会形成一定的余额，对这些余额的保值、增值是失业保险基金管理的重要内容。失业保险基金的实际构成，不仅包括按制度规定的有关各方的供款，还包括失业保险基金余额的增值部分。当经济处于萧条时期时，失业增加，失业保险基金的支出也会增加。当失业保险基金的支出大于收入时，可以通过使用以前的失业保险基金余额及其增值来弥补当期失业保险基金的不足，因此失业保险基金的管理也是失业保险制度的重要构成因素。

5.失业保险的组织管理

为了使失业保险制度的各项规定得以贯彻落实，失业保险制度必须有相应的组织管理机构。在失业保险制度中对机构的设置也要作出明确的规定，主要内容包括管理机构、执行机构、监督机构的设置，中央政府与地方政府的职责划分，分散失业风险的范围等。

第二节　失业保险办理流程

一、失业保险登记

失业保险登记包括参保登记、变更登记、注销登记和登记证件的管理等。经办机构按月向税务机关提供参保单位失业保险参保登记、变更登记及注销登记等情况。

1.参保登记

（1）经办机构为依法申报参加失业保险的单位办理参加失业保险登记手续，要求其填写《社会保险登记表》，并要求其出示以下证件和资料：①营业执照、批准成立证件或其他核准执业证件；②国家质量技术监督部门颁发的组织机构统一代码证书；③经办机构规定的其他有关证件和资料。已经参加养老、医疗等社会保险的，参保单位只提交社会保险登记证，填写《社会保险登记表》及《参加失业保险人员情况表》。

（2）经办机构对参保单位填报的《社会保险登记表》《参加失业保险人员情况表》及相关证件和资料即时受理，并在自受理之日起10个工作日内审核完毕。审核通过的，经办机构应为参保单位及其职工个人建立基本信息，并将有关资料归档。已参加养老、医疗等社会保险的，在其社会保险登记证上标注失业保险项目。首次参加社会保险的，经办机构发给其社会保险登记证。未通过审核的，经办机构应向申报单位说明原因。

2.变更登记

（1）参保单位在以下社会保险登记事项之一发生变更时，应依法向原经办机构申请办理变更登记：①单位名称；②住所或地址；③法定代表人或负责人；④单位类型；⑤组织机构统一代码；⑥主管部门；⑦隶属关系；⑧开户银行账号；⑨经办机构规定的其他事项。

（2）申请变更登记单位应按规定提供以下相关证件和资料：①变更社会保险登记申请书；②工商变更登记表和工商执照或有关机关批准或宣布变更证明；③社会保险登记证；④经办机构规定的其他资料。

（3）申请变更登记单位提交资料齐全的，经办机构发给《社会保险变更登记表》，并由申请变更登记单位依法如实填写，经办机构进行审核后，归入参保单位社会保险登记档案。社会保险变更登记的内容涉及社会保险登记证件的内容需作变更的，经办机构收回原社会保险登记证，并按更改后的内容重新核发社会保险登记证。

3.注销登记

（1）参保单位发生以下情形之一时，经办机构应为其办理注销登记手续：①参保单位发生解散、破产、撤销、合并以及其他情形，依法终止缴费义务的；②参保单位营业执照注销或被吊销的；③单位因住所变动或生产、经营地址变动而涉及改变登记机构的；④国家法律、法规规定的其他情形。

（2）参保单位在办理注销社会保险登记前，应当结清应缴纳的失业保险费、滞纳金和罚款，并填写《社会保险注销登记表》，提交相关法律文书或其他有关注销文件。经办机构予以核准，办理社会保险注销登记手续，并缴销社会保险登记证件。

（3）经办机构办理注销登记手续后，在信息系统内进行标注，并封存其参保信息及有关档案资料。

4.登记证件的管理

经办机构对已核发的社会保险登记证件，实行定期验证和换证制度，按规定为参保单位办理验证或换证手续。

（1）经办机构定期进行失业保险登记验证，参保单位应在规定时间内填报《社会保险验证登记表》，并提供以下证件和资料：①社会保险登记证；②营业执照、批准成立证件或其他核准执业证件；③组织机构统一代码证书；④经办机构规定的其他证件和资料。

（2）经办机构对参保单位提供的证件和资料进行审核，审核的主要内容包括：①办理社会保险登记、变更登记、上年度验证等情况；②参保人数增减变化情况；③申报缴费工资、缴纳失业保险费情况；④经办机构规定的其他内容。

（3）审核通过的，经办机构在信息系统内进行标注，并在社会保险登记证上加注核验标记或印章，期满时予以换证。社会保险登记证由参保单位保管。

（4）参保单位如果遗失社会保险登记证件，应及时向原办理社会保险登记的经办机构报告，并按规定申请补办。经办机构应及时受理，并按相关规定程序补发社会保险登记证。

二、失业保险费征收的业务流程

失业保险费征收业务包括缴费申报受理、缴费核定、费用征收与收缴欠费等。失业保险费由税务机关征收的地区，经办机构应与税务机关建立信息沟通机制，并将税务机关提供的缴费信息及时记录。

1. 申报受理

（1）参保单位按规定定期办理缴费申报，经办机构予以受理。参保单位需填报《社会保险费申报表》，并提供失业保险费代扣代缴明细表、劳动工资统计月（年）报表及经办机构规定的其他相关资料。

（2）参保单位人员发生变化时，应按规定及时到经办机构进行人员变动缴费申报，填报《参保单位职工人数增减情况申报表》，并提供相关证明和资料，办理缴费申报手续，经办机构予以受理。

（3）实行社会保险费统一征收的地区，应当建立各项社会保险缴费申报的联动机制。经办机构在受理参保单位申报缴纳基本养老保险费、基本医疗保险费的同时，应当要求其必须申报缴纳失业保险费，并为其办理失业保险费缴费申报手续。未实行社会保险费统一征收的地区，应积极创造条件，逐步实现统一征收，以提高工作效率，简化缴费申报手续，减少缴费申报环节。

2. 缴费核定

（1）经办机构审核参保单位填报的《社会保险费申报表》及有关资料，确定单位缴费金额和个人缴费金额。在审核缴费基数时，可根据参保单位性质与其申报基本养老保险、基本医疗保险的缴费基数相对照。审核通过后，在《社会保险费申报表》相应栏目内盖章，并由经办机构留存。

（2）对未按规定申报的参保单位，经办机构暂按其上年（月）缴费数额的110%确定应缴数额；没有上年（月）缴费数额的，经办机构可暂按该单位的经营状况、职工人数等有关情况确定应缴数额。参保单位补办申报手续并按核定数额缴纳失业保险费后，经办机构再按规定进行结算。

（3）办理参保人员增减变动缴费申报的，经办机构根据参保单位申报参保人员变动情况，核定其当期缴费基数和应征数额，同时办理其他相关手续，并为新增参保人员记录相关信息。

（4）经办机构根据缴费核定结果，形成《失业保险缴费核定汇总表》，并以此作为征收失业保险费的依据。

（5）由税务机关征收失业保险费的地区，经办机构应将参保单位申报缴费的审核结果制成《失业保险费核定征收计划表》提供给税务机关。

3. 费用征收

（1）经办机构应以《失业保险缴费核定汇总表》作为征收失业保险费的依据。采取委托收款方式的，开具委托收款书，送"收入户存款"开户银行；采取其他方式征收的，以支票或其他方式实施收款。经办机构依据实际到账情况入账，开具基金专用收款凭证，并及时记录单位和个人缴费情况。

（2）对中断或终止缴费的人员，经办机构应记录中断或终止缴费的日期、原因等信息，并办理相关手续。

（3）由税务机关征收失业保险费的地区，经办机构要与税务机关建立信息沟通机制。经办机构按月向税务机关提供核定的参保单位和参保个人应缴费数额及其他相关情况，并根据税务机关提供的失业保险费的到账信息做入账处理。

4.收缴欠费

（1）参保单位办理申报后未及时缴纳失业保险费的，经办机构应向其发出《失业保险费催缴通知书》，通知其在规定时间内补缴欠费。对拒不执行的，提请劳动保障行政部门要求参保单位限期改正；对逾期仍不缴纳的，除要求补缴欠缴数额外，从欠缴之日起，按规定加收滞纳金。收缴的滞纳金并入失业保险基金。

（2）对因筹资困难，无法一次足额缴清欠费的企业，经办机构与其签订补缴协议。如欠费企业发生被兼并、分立等情况时，按下列方法签订补缴协议：①欠费企业被兼并的，与兼并方签订补缴协议；②欠费企业分立的，与分立各方分别签订补缴协议；③欠费企业被拍卖、出售或实行租赁的，应在拍卖、出售、租赁协议或合同中明确补缴欠费的办法，并签订补缴协议。

（3）破产的企业，其欠费按有关规定，在资产变现收入中予以清偿；无法完全清偿欠费的部分，经经办机构提出，劳动保障部门审核，财政部门复核，报当地人民政府批准后可以核销。

（4）失业保险费由税务机关征收的地区，经办机构根据税务机关提供的参保单位失业保险费欠费变动情况，及时调整其欠费数据信息。

（5）经办机构根据税务机关提供的补缴欠费到账信息和劳动保障行政部门提供的核销处理信息，编制参保单位缴费台账，调整参保单位或个人欠费信息。

三、失业保险缴费记录的业务流程

缴费记录业务包括建立记录、转出记录、转入记录、停保和续保记录、缴费记录查询等。

1.建立记录

（1）经办机构负责建立参保单位及其职工个人基本信息及缴费信息。实行社会保险费统一征收的地区，经办机构应对参保单位及其职工个人缴纳的社会保险费根据规定的各险种费率按比例进行分账，并根据失业保险费的缴纳情况进行详细、完整的记录。

（2）失业保险费由税务机关征收的地区，经办机构根据税务机关提供的参保单位及其职工个人缴费信息为其建立缴费记录。经办机构应与税务机关建立定期对账制度。

（3）缴费记录的主要内容包括：①参保单位记录的主要内容，即单位编码、单位类型、单位名称、法定代表人或负责人、单位性质、组织机构统一代码、主管部门、所属行业、所属地区、开户银行账号、职工人数、工资总额、参保时间、缴费起始时间、缴费终止时间、单位应缴金额、个人应缴金额、单位实缴金额、个人实缴金额、单位欠费金额、单位欠费时间、个人欠费金额、个人欠费时间等。②个人缴费记录的基本内容，即单位编码、单位类型、单位名称、姓名、性别、出生年月、社会保障号码（或居民身份证号码）、民族、户口所在地、用工形式、参加失业保险时间、个人缴费起始时间、个人缴费终止时间、个人缴费年限（视同缴费年限、累计缴费年限）、个人应缴金额、个人实缴金额、个人欠费金额、个人欠费时间等。

2.转出记录

（1）参保单位成建制跨统筹地区转移或职工个人在职期间跨统筹地区转换工作单位的，

经办机构负责为其办理失业保险关系转迁手续。

（2）参保单位成建制跨统筹地区转移的，转出地经办机构向转入地经办机构出具《参保单位失业保险关系转迁证明》，并提供转迁参保单位及其职工个人的相关信息资料。

（3）参保职工个人在职期间跨统筹地区转换工作单位的，转出地经办机构向转入地经办机构出具《参保人员失业保险关系转迁证明》，并提供转迁职工个人的相关信息资料。

3.转入记录

经办机构应及时为转入的参保单位及其职工个人接续失业保险关系。

（1）转入地经办机构根据转入的参保单位的相关信息为该单位及其职工个人建立缴费记录。

（2）城镇企业事业单位成建制跨统筹地区转移的，转入地经办机构根据转入单位提供的《参保单位失业保险关系转迁证明》、单位基本信息及缴费信息资料记录转入参保单位及其职工个人的基本信息和缴费情况。

（3）参保职工个人在职期间跨统筹地区转换工作单位的，转入地经办机构根据转入职工个人提供的《参保人员失业保险关系转迁证明》、个人基本信息及缴费信息资料，记录转入职工个人的基本信息和缴费情况。

（4）职工由机关进入企业或事业单位工作的，从工资发放之月起，所在参保单位应为其申报缴纳失业保险费。经办机构应按规定为职工个人核定视同缴费年限，建立缴费记录。

4.停保和续保记录

（1）参保人员因出国（境）定居、退休、死亡等原因中断或终止缴费的，经办机构根据变动信息，及时确认个人缴费记录，并将个人缴费记录予以注销或封存。

（2）参保人员中断缴费后又续缴的，经办机构根据其所在单位提供的参保人员增加信息，并在确认以前其个人缴费记录信息后，继续进行个人缴费记录。

5.缴费记录查询

（1）经办机构通过设立服务窗口、咨询电话等方式负责向参保单位及其职工个人提供缴费情况的查询服务。参保单位或职工个人对查询结果提出异议的，应根据参保单位和职工个人提供的有关资料予以复核，如需调整的，报经办机构负责人批准后予以修改，并保留调整前的记录。同时，将复核结果通知查询单位或职工个人。

（2）经办机构应于缴费年度初向社会公布上一年度参保单位的缴费情况。经办机构应至少每年一次将个人缴费记录信息反馈给职工个人，以接受参保人员监督。

第三节　失业保险待遇

失业保险待遇主要包括：失业保险金；领取失业保险金期间的医疗补助金；领取失业保险金期间死亡的失业人员的丧葬补助金及其供养的配偶、直系亲属的抚恤金。

失业期间能得到哪些保障？

吴某所在公司因为经营不善而倒闭，单位解除了与吴某的劳动合同。吴某很担心失业以后的生活，因为她已经 50 岁了，也没有特别的劳动技能。公司人力资源部告知她可以享受领取失业保险金等待遇，那么吴某具体能够得到哪些失业保险待遇？

吴某可以申请的待遇如下。

第一，失业保险金。根据规定，缴费年限满 1 年就可以申领失业保险金。领取的数额和期限与缴费年限和缴费基数相关。

第二，经济补偿金。根据规定，经济补偿金是指解除劳动合同后，用人单位给劳动者的经济上的补助。吴某所在单位因生产经营状况发生严重困难而倒闭，用人单位应当按吴某在该单位工作的年限支付经济补偿金。吴某在用人单位工作的时间每满 1 年，发给相当于 1 个月工资的经济补偿金。如果用人单位解除劳动合同后，未按规定给予吴某经济补偿，则根据相关的法律规定，用人单位除全额发给吴某经济补偿金外，还须按该经济补偿金数额的 50% 支付额外的经济补偿金。

第三，医疗补助金。吴某如果在领取失业保险金或失业补助金期间患病，还可以到失业保险管理部门指定的医院就诊，同时可以按照规定向社会保险经办机构申请领取医疗补助金。医疗补助金的标准根据吴某所在的省、自治区、直辖市人民政府规定的标准执行。

第四，吴某在领取失业保险金期间，还可以参加劳动保障行政部门所属的就业训练机构组织或者认可的职业培训，以及经失业保险经办机构同意后参加其他形式的职业培训，接受职业指导和职业培训，并且可以接受职业介绍和职业培训补贴。

第五，吴某如果实现再就业，按照再就业的相关规定可以享受就业服务减免费用以及税收、金融等各项优惠政策。

第六，如果吴某符合城市居民最低生活保障条件，还可以按照有关规定享受城市居民最低生活保障待遇。

吴某凭借退工单、劳动手册等证明到经办机构办理，通过审核后即可享受失业保险待遇。

一、失业保险金的领取条件

失业保险金是失业保险经办机构根据法律规定支付给符合法律条件的失业人员的基本生活费用，是对其在失业期间失去工资等收入的临时补助，根本目的是保证失业人员在失业期间的基本生活。失业保险金应从失业保险基金中列支。

根据《社会保险法》第 45 条的规定，失业人员参加了失业保险在失业后领取失业保险金，要符合一定的条件，具体规定如下。

一是要按照规定参加失业保险，所在单位和本人已按规定履行缴费义务满一年，这是最重要的条件。按规定参加失业保险，是指失业者本来在城镇企事业单位工作，不属于新生的劳动力。该条件也规定了用人单位和劳动者的缴费义务，即要履行缴费义务满一年。

二是非因本人意愿中断就业，即失业人员不愿意中断就业，但是本人由于无法控制的原因而被迫中断就业。劳动和社会保障部 2000 年 11 月 8 日发布的《失业保险金申领发放办法》第 4 条对于非因本人意愿中断就业的情形作了详细规定，主要包括：终止劳动合同的；由用人单位解除劳动合同的；被用人单位开除、除名和辞退的；用人单位违法或违反劳动合同导致职工辞职的。职工由于上述原因失业的，有权申领失业保险金。

三是已办理失业登记，并有求职要求。办理失业登记是失业者领取失业保险金的必经程序，这样便于相关机构了解失业者的情况，确定其资格。有求职要求是促进失业人员再就业的重要职能。在认定失业人员是否有求职要求时，应以其是否在职业介绍机构登记求职，并参加再就业活动作为衡量标准。

失业保险金的领取条件之一——达到规定的缴费年限

【案例介绍】

原告：王某

被告：顺德市社保局

王某原为顺德挂车厂企业干部，1976 年 9 月参加工作，2000 年年底顺德挂车厂转制，王某下岗。2001 年 1 月王某到顺德市社保局某办事处咨询办理失业保险待遇事宜，被告知由于他在 2000 年 7 月才开始参加失业保险，连续缴费未满一年，没有享受失业保险待遇的资格。

王某四处奔波找工作，由于在企业一直当行政管理干部，没有技术且年龄又大，王某一年多来面试了 10 多家企业，均以失败告终。更令王某烦恼的是，40 多岁的妻子也失业了，儿子就要升高中了，这一年多一家人全靠王某下岗时厂里发的经济补偿金维持生计。

王某对于自己 20 多年工龄却无法享受失业保险待遇一直感到不能理解。王某遂向顺德市法院提起行政诉讼，要求顺德市社保局给予他有关失业保险待遇。

【案例评析】

法院认为，根据《失业保险条例》第 3 条规定，被告顺德市社保局作为劳动保障行政部门依法设立的经办失业保险业务的社会保险经办机构，依法享有对是否给予失业保险待遇行使决定权。根据该条例第 14 条的规定，职工享受失业保险待遇，必须履行缴费义务满 1 年。但原告王某在参加失业保险后，只履行了半年的缴费义务，不符合领取失业保险待遇的条件。对于原告王某认为其符合领取失业保险金条件的诉讼请求的解释：连续工龄视同缴费年限只能在符合领取失业保险金的条件后，作为实际发放失业保险金的年限依据，即实施失业保险前按国家规定计算的连续工龄视同缴费年限不是衡量是否具备领取失业保险金条件的依据。这一规定在原劳动和社会保障部颁布的《失业保险金申领发放办法》第 14 条和《广东省失业保险规定》第 20 条给予了明确规定。国家部委和地方人民政府作出这样的补充规定是考虑到具有不同法定工龄的失业保险人员领取失业保险金的标准应有所区别，但其领取失业保险金的条件是一样的，否则就扩大了《失业保险条例》规定的领取失业保险金的条件范围，与上位法相抵触。

【处理结果】

王先生的缴费时间不满 1 年，因此不符合享受失业保险待遇的条件。

失业保险金的领取条件之二——非本人意愿中断就业

【案例介绍】

孙某是某机械加工企业职工，经常请长假或长期旷工。单位多次要求其正常上班，但他始终置之不理。无奈之下，单位对他出具了因长期离职而被除名处理的书面通知。孙某持除名通知等相关手续，要求失业保险经办机构发放失业保险金。失业保险经办机构工作人员认为孙某被企业除名怎么能享受失业保险待遇？遂不予办理。孙某则认为失业保险经办机构的具体行政行为侵犯了其合法权益，遂向该经办机构的主管机关申请社会保险行政复议。那么你认为被除名的孙某能获得失业保险待遇么？

【案例评析】

原劳动和社会保障部颁布的《失业保险金申领发放办法》第 4 条第 3 款明确规定：被用人单位开除、除名和辞退的属于非因本人意愿中断就业。同时孙某也具备其他领取失业保险金的条件。

【处理结果】

失业保险经办机构应给孙某办理失业保险相关手续。

失业保险金的领取条件之三——办理失业登记

【案例介绍】

王某于 2007 年大学毕业后被某机械加工厂招聘为技术员，工厂为职工办理了失业等社会保险。不久该机械加工厂以王某工艺设计严重缺陷给企业造成近 5 万元损失为由，通知解除与王某的劳动关系，导致王某失业。王某失业后到有关部门领取失业保险金，工作人员要求王某出示与单位解除劳动关系的证明、原单位用工登记及合同等资料，为其办理失业登记，让其享受失业保险待遇。可王某担心解除证明上记载有"工艺设计严重缺陷，造成重大经济损失之故，今与其解除劳动关系"的信息会影响其后求职与发展，故不愿意把该材料交给失业登记机构。那么王某还能享受失业保险待遇吗？

【案例评析】

本案涉及享受失业保险金的具体条件的问题，特别是未办理失业登记的失业职工能否领取失业保险待遇的问题。

《失业保险条例》和《社会保险法》规定，具备下列条件的失业人员，可以领取失业保险金：①按照规定参加失业保险，所在单位和本人已按规定履行缴费义务满一年的；②非因本人意愿中断就业的；③已办理失业登记，并有求职要求的。失业人员同时满足上述三个条件才能领取失业保险金。

【处理结果】

案例中王某不提供相关信息资料，导致无法办理失业登记手续，故不能享受失业保险待遇。

二、失业保险金的领取期限

根据《社会保险法》的规定，失业人员领取失业保险金的期限，根据其失业前所在用人单位和本人累计缴纳失业保险费的时间长短，划分为三个档次：①累计缴费时间满 1 年不足 5 年的，最长能够领取 12 个月的失业保险金；②累计缴费时间满 5 年不足 10 年的，最长能够领取 18 个月的失业保险金；③累计缴费时间 10 年以上的，最长能够领取 24 个月的失业保险金。

确定累计缴费年限的原则是：①实行个人缴费前，按国家规定计算的工龄视同缴费年限，与《失业保险条例》发布后的缴费年限合并计算；②失业者在领取失业保险金期间重新就业后再次失业的，其领取期限可以与前次失业尚未领取的期限合并计算，其中如果重新就业不满一年再次就业的，可以领取前次失业尚未领取的失业保险金。

"领取失业保险金期间"是指从办理申领手续当天起至对应月的前一天。例如，5 月 6 日申领 4 个月的失业保险金，"领取失业保险金期间"就是 5 月 6 日至 9 月 5 日。若失业者本人主动要求暂停领取失业保险金，或重新就业办理用工手续后被自动暂停领取失业保险金，原来的领取期间按月减少。例如，7 月 9 日申领 2 个月的失业保险金，领取期间是 7 月 9 日至 9 月 8 日，8 月（不论哪一天操作）暂停后，领取期间即修改为 7 月 9 日至 8 月 8 日，从 8 月 9 日起暂停享受失业保险待遇；其未申领的失业保险金期限可予以保留，以后要求领取的，可以再次申领。重新就业且缴纳失业保险费满 1 年后又再次失业的，应当将其剩余期限合并计算。

《社会保险法》规定，失业者领取失业保险金期间重新就业后，再次失业的，缴费时间重新计算，领取失业保险金的期限可以与前次失业应当领取而尚未领取失业保险金的期限合并计算，但最长不超过 24 个月。

领取失业保险金的最长期限限制

【案例介绍】

1990 年 41 岁的赵某因连续旷工 15 天被公司除名，赵某失业后，开始领取失业保险金。按规定他可以领取 24 个月的失业保险金。6 个月后，赵某被某厂招聘为车工，停止领取失业保险金。2007 年 1 月，赵某所在企业因严重污染环境被政府关闭，赵某因此失业。这次，经办机构给赵某核定了 24 个月的失业保险金。赵某认为他应该领取 24 个月加上上次未领取的 18 个月的失业保险金。赵某的要求合理吗？

【案例评析】

本案例涉及合理计算失业保险金的领取期限问题。根据《失业保险条例》，失业保险金的发放年限是根据失业人员失业前累计缴纳失业保险费的时间确定的。累计缴费时间满10年以上的，领取失业保险金的时间最长为24个月。重新就业后，再次失业的，缴费时间重新计算，领取失业保险金的期限可以与前次失业应领取而尚未领取的失业保险金期限合并计算，但是最长不得超过24个月。

【处理结果】

虽然赵某上次失业未领取的年限和这次应领取的年限可以合并计算，但是最长不得超过24个月。因此，他最多只能领取24个月的失业保险金，所以其要求是不合理的。

三、申领失业保险金的时间限制和材料准备

用人单位负责失业人员信息的报备工作。根据《社会保险法》第50条的规定，用人单位应当及时为失业人员出具终止或解除劳动关系的证明，并将失业人员的名单自终止或解除劳动关系起15日内告知社会保障经办机构。用人单位要按要求提供终止或解除劳动合同证明、参加失业保险及缴费情况证明等有关材料。

经办机构自受理失业人员领取失业保险金申请之日起10日内，对申领者的资格进行审核认定，并将结果及有关事项告知本人。

失业人员应保持联系畅通，接到通知后到受理其单位失业保险业务的经办机构申领失业保险金。失业人员申领失业保险金应填写《失业保险金申领表》，并出示下列证明材料：①本人身份证明。②所在单位出具的终止或者解除劳动合同的证明。③失业登记及求职证明。④省级劳动保障行政部门规定的其他材料。

资料导读

~~~~~~

失业两年后还能享受失业保险待遇吗？

孙某是某市一家企业合同制工人，2005年合同期间因单位裁员下岗，工作期间企业为员工办理了失业等各项社会保险。下岗后企业和孙某自己均未及时办理失业登记等手续。孙某2006年与熟人闲聊时得知按国家规定自己可领取18个月失业保险金。那孙某发现时还能享受失业保险待遇吗？

《失业保险条例》对失业人员领取失业保险金规定了严格的程序。根据《失业保险条例》的规定，城镇企业事业单位应当及时为失业人员出具终止或者解除劳动关系的证明，告知其按照规定享受失业保险待遇的权利，并将失业人员的名单自终止或者解除劳动关系之日起7日内报社会保险经办机构备案。失业人员应当持本单位为其出具的终止或解除劳动合同的证明，及时到指定的机构办理失业登记。根据各地区实践，失业人员要填写《失业保险金申领表》，且经办机构受理失业保险金申领后，也应及时对申领者的资格进行审核认定。孙某及所在企业已经超过当地办理申领失业保险规定时间，不能享受失业保险待遇。

~~~~~~

四、失业期间的其他待遇

根据《失业保险条例》和《社会保险法》的规定，失业保险金的标准由省、自治区、直辖市人民政府确定，不得低于城市居民最低生活保障标准。

1.失业人员基本医疗保险待遇

根据《社会保险法》第 48 条的规定：失业人员在领取失业保险金期间，参加职工基本医疗保险，享受基本医疗保险待遇。失业人员应当缴纳的基本医疗保险费从失业保险基金中支付，个人不缴纳基本医疗保险费。

失业保险金期间的医疗补助金，是支付给失业者在领取失业保险金期间发生的医疗费用的补助。失业者在失业的情况下，承担医疗的能力较弱，有必要由失业保险机构给予一定的补助。医疗补助金的标准由省、自治区、直辖市人民政府规定。

例如，根据《北京市基本医疗保险》规定，失业人员不缴纳基本医疗保险费，个人账户停止计入，余额可继续使用。失业者在领取失业保险金期间，按照失业保险规定享受医疗补助待遇。

资料导读

失业人员因参与违法活动导致生病受伤的可以申领医疗补助金吗？

李某于 2005 年 7 月失业，并于 7 月底开始申领失业保险金。随后李某由于意志消沉，一直没有参加工作。一次，李某因为与张某言语不合，双方发生了争斗，李某被打成了重伤。那么失业期间的李某可否申领医疗补助金？

《失业保险条例》第 19 条规定："失业人员在领取失业保险金期间患病就医的，可以按照规定向社会保险经办机构申请领取医疗补助金。医疗补助金的标准由省、自治区、直辖市人民政府规定。"但是，因计划外生育或者参加打架斗殴等违法活动导致发生医疗费用的，不得申领医疗补助金。

2.领取失业保险金期间死亡的待遇

我国《社会保险法》第 49 条规定，失业人员在领取失业保险金期间死亡的，参照当地对在职职工死亡的规定，向其遗属发给一次性丧葬补助金和抚恤金。所需资金从失业保险基金中支付。个人死亡同时符合领取基本养老保险丧葬补助金、工伤保险丧葬补助金和失业保险丧葬补助金条件的，其遗属只能选择领取其中的一项。

资料导读

失业人员在领取失业保险金期间死亡，家属可获得哪些救助？

2005 年 12 月，韩女士的丈夫刘先生在某机电公司工作满 10 年。2006 年 1 月，公司由于经营不佳需要裁员，刘先生在裁减之列。与公司解除劳动合同后，刘先生到当地社会保险经办机构办理了失业登记手续，按规定刘先生可以按月领取失业保险金至 2008 年 1 月。2007 年 2 月刘先生突发疾病去世。那么，韩女士可以请求给予一定的补偿吗？

根据我国《社会保险法》第 49 条的规定，韩女士可以持本人身份证明、与死亡失业人员关系证明、死亡人员的失业登记证明、死亡证明等材料，向当地社会保险经办机构提出发给丧葬补助金和抚恤金的申请。社会保险经办机构经审核批准后，即按当地规定标准予以发放上述费用。

五、停止领取失业保险金的情形

根据《失业保险条例》第 15 条规定，有下列情形之一的，停止领取失业保险金，并同时停止享受其他失业保险待遇：①重新就业的；②应征服兵役的；③移居境外的；④享受基本养老保险待遇的；⑤被判刑收监执行或者被劳动教养的；⑥无正当理由，拒不接受当地劳动保障行政部门或其指定机构介绍工作的；⑦有法律、行政法规规定的其他情形的。

资料导读

失业人员不接受工作介绍可停止发放失业保险金

某建筑公司失业人员赵某接受当地劳动就业办公室免费技能培训后拒不接受所介绍的工作，被依法停止发放失业保险金。原来，赵某失业后，平邑县劳动就业办公室对其进行了为期 3 个月的技能培训，并介绍他到有关单位就业，两次是与他以前单位一样的建筑公司，一次是与培训专业一样的电焊工岗位。赵某均以离家远或工作累为借口，不接受工作介绍。

《失业保险条例》第 15 条规定，失业人员在领取失业保险金期间，停止领取失业保险金，并同时停止享受其他失业保险待遇的情形之一是"无正当理由，拒不接受当地人民政府指定的部门或者机构介绍的工作的"。在多次宣传这一政策赵某仍无动于衷的情况下，当地失业保险经办机构遂停止发放他的失业保险金是正确的。

六、失业保险关系的转移接续

《社会保险法》第 52 条明确规定：职工跨统筹地区就业的，其失业保险关系随本人转移，缴费年限累计计算。《失业保险条例》第 22 条规定：城镇企业事业单位成建制跨统筹地区转移，失业人员跨统筹地区流动的，失业保险关系随之转迁。转出地失业保险经办机构应为转出单位或职工开具失业保险关系转迁证明。转出单位或职工应在开具证明后 60 日内到转入地经办机构办理失业保险关系接续手续，并自转出地停止缴纳失业保险费的当月起，按转入地经办机构核定的缴费基数缴纳失业保险费。转出前后的缴费时间合并计算。转入地经办机构应及时办理有关手续，并提供相应服务。根据《失业保险条例》与原劳动和社会保障部的规定，各地方细化了跨省级行政区域的转移接续制度，规定了省级行政区域内不同统筹地区间的转移接续。

资料导读

外地务工人员失业保险手续办理的注意事项

张某 2006 年去江苏省常熟市打工，在工作期间参加了失业保险，缴纳了失业保险费。2012 年 1 月，公司与他解除了合同，办理了失业保险金申领手续。张某想回到家乡就业，于是按照相关规定办理了失业人员转移手续，申请在户籍所在地领取失业保险金，在家享受失业保险待遇。经过张某家乡河南省濮阳市华龙区失业保险中心与江苏省常熟市失业保险经办机构联系，常熟市失业保险经办机构按照规定把张某在常熟的失业保险金和其他相关费用转移到华龙区失业保险中心。

在外地务工人员，如果在当地参加了失业保险，解除合同以后，要到当地失业保险经办机构办理申领失业保险金手续。申领失业保险金手续办完后，再将失业保险金转移到户籍所在地。这样，失业人员在老家寻找工作的同时也有一份生活保障。

角色扮演

本实训项目由任课教师提前准备关于失业保险的案例，并将学员分成若干组，每组中的成员分别担任案例中涉及的纠纷双方利益成员、争议裁决机构成员，由各自负责扮演的角色阐述各方观点，任课教师最后对各方观点进行点评总结。通过此项目的训练提高学员对失业保险法律规定的理解和记忆，并提升其实践及运用能力。

案例讨论

失业期间生病能享受哪些待遇？

张某自 2011 年 9 月起失业并领取失业保险金。2012 年 3 月，张某向当地社保局提出申请，要求社保局责令所在地社会保险经办机构对其于 2011 年 10 月至 2011 年 12 月间发生的医疗费用，按规定向其发放医疗补助金。社保局接到张某的申请后进行调查，查明张某发生的医疗费用，社会保险经办机构对其中已经核实的部分在剔除自费部分后按 70% 的比例支付给张某。另一部分费用核实后也将按同样的原则和标准予以处理。但张某坚持要求将所有费用按 70% 比例支付医疗补助金。由于一部分费用单据原件尚在张某处，未能办理结算和支付手续。当地社保局认为，张某的上述请求不符合当地社会保险部门颁发的《关于失业人员医疗补助金具体实施意见的通知》中的规定。张某不服，向法院提起行政诉讼，请求当地社保局履行职责，责令社会保险经办机构向其支付医疗补助金。

思考题

1.张某的诉求能否得到支持？依据有哪些？

2.劳动者如何才能做到合理主张自身权益？

▶本章思考题

1.你认为我国各行业失业保险费的缴纳比例是否合理？为什么？

2.失业保险基金对促进就业应起到怎样的作用？

参 考 文 献

丹清.2006.失业保险政策解读.北京：中国民主法制出版社.

黎建飞.2008.社会保障法.第3版.北京：中国人民大学出版社.

李英敏，李继民.2011.促进再就业视角下重构我国失业保险制度.特区经济，（6）：136–137.

刘淑萍.2006.浅析我国失业保险制度的公平性原则.当代经理人旬刊，（2）：118.

人力资源和社会保障部.2010.2009年人力资源和社会保障发展统计公报.

师言.2007.社会保险行政争议处理办法实施手册.北京：京华出版社.

曾煜.2006.新编失业保险实用指南.北京：中国建材工业出版社.

曾英姿.2011.论中国失业保险制度中的问题及完善.经济研究导刊，（16）：40–41.

赵曼,杨海文.2007.21世纪中国劳动就业与社会保障制度研究.北京：人民出版社.

郑健翔.2006.浅析我国的失业保险制度.天津财税，（10）：17–19.

中国法制出版社.2013.中华人民共和国社会保险法（案例注释版）.北京：中国法制出版社.

第六章

工 伤 保 险

工伤保险是指劳动者在工作中或在规定的特殊情况下，遭受意外伤害或因患职业病导致暂时或永久丧失劳动能力以及死亡时，劳动者或其遗属从国家和社会获得物质帮助的一种社会保险制度。各行业均存在不同程度的危险，尤其是高危行业（建筑、采矿等）工伤事故时有发生，工伤保险为奋战在危险行业的劳动者筑起了一道防护墙。

本章回答以下问题。

工伤保险如何缴费？行业危险程度不一，缴费比例是否不同？

如何进行工伤认定？即哪些情况下的事故伤害能认定为工伤？

认定为工伤后劳动者可以得到怎样的工伤保险待遇？

如何进行劳动能力鉴定？以便为重新安排工作提供依据？

劳动者因工死亡（简称工亡），其遗属能得到怎样的补偿？

如何进行劳动能力鉴定以便为重新安排工作提供依据？

引导案例

醉酒导致职工在工作中伤亡能认定为工伤吗？

某食品有限责任公司的总经理和其销售部门经理小方在2010年6月5日中午到某餐饮店招待公司一位大客户，小方在酒桌上喝得烂醉如泥。饭后总经理送客户离开后，饭店服务员发现小方躺在饭店的座椅上已经不省人事，便立即拨打120急救电话将小方送往医院，却依然没能挽救小方的生命。事后总经理和同事们前往小方家中慰问。有人说因公醉酒算工伤，有人说不算工伤，小方的家人处于悲痛之中，面对这两种说法更是陷入了困惑的境地。

思考：小方的这种情况是否能被认定为工伤？

　　我国的工伤保险制度首建立于 20 世纪 50 年代，20 世纪 80 年代末我国开始对原有的工伤保险制度进行改革。1996 年，劳动部颁布了《企业职工工伤保险试行办法》，国家技术监督局于同年颁布了《职工工伤与职业病致残程度鉴定》。2003 年，国务院颁布了《工伤保险条例》。同年，劳动和社会保障部发布了《工伤认定办法》、《因工死亡职工供养亲属范围规定》和《非法用工单位伤亡人员一次性赔偿办法》等规定。这 4 部法规标志着我国工伤保险制度开始走向成熟。自 2011 年 7 月 1 日开始实施的《社会保险法》则标志着我国社会保险制度的完善，其中对于工伤保险的规定更加完备。

第一节　工伤保险概述

一、工伤保险的定义

　　工伤保险又称职业伤害保险，是社会保险的一个重要组成部分。它是指用人单位的劳动者或雇工由于工作原因在工作过程中遭受到意外伤害，或因接触粉尘、放射线、有毒有害物质等职业危害因素引起职业病后，由国家或社会给负伤、致残者以及死亡者生前供养亲属提供必要的物质帮助的一项社会保险制度。

二、工伤保险的适用范围

　　《工伤保险条例》总则第 2 条规定：中华人民共和国境内的企业、事业单位、社会团体、民办非企业单位、基金会、律师事务所、会计师事务所等组织和有雇工的个体工商户应当依照本条例规定参加工伤保险，为本单位全部职工或者雇工缴纳工伤保险费；中华人民共和国境内的各类企业的职工和个体工商户的雇工均有依照本条例的规定享受工伤保险待遇的权利。这一规定把工伤保险的实施范围扩大到所有企业和劳动者。各类企业和有雇工的个体工商户的工伤风险度相对较高，必须参加工伤保险基金统筹才能分担风险，从而使工伤职工的权益获得保障。

　　公务员和参照公务员法管理的事业单位、社会团体的工作人员因工作遭受事故伤害或者患职业病的，由所在单位支付费用，具体办法由国务院社会保险行政部门会同国务院财政部门规定。

　　为维护农民工的工伤保险权益，劳动和社会保障部于 2004 年发布了《关于农民工参加工伤保险有关问题的通知》，明确重申农民工参加工伤保险、依法享受工伤保险待遇是《工伤保险条例》赋予农民工的权利，并重点推进建筑、矿山等工伤风险较大、职业危害较重行业的农民工参加工伤保险。

　　为保障用人单位参加工伤保险社会统筹前因工伤事故或患职业病形成的工伤人员和工亡人员供养亲属（简称"老工伤"人员）的合法权益，人力资源和社会保障部于 2009 年发布了《人力资源和社会保障部关于做好老工伤人员纳入工伤保险统筹管理工作的通知》，对解决老工伤人员这一特殊群体的工伤待遇作出了重要批示。

三、我国工伤保险制度的进程

1.我国工伤保险制度的建立

1951 年劳动部发布了《劳动保险条例》。这部综合性法规主要包括养老保险、医疗保险、工伤保险和生育保险等内容，初步形成了我国的社会保险体系，也标志着工伤社会保险制度的建立。1953 年劳动部在此基础上制定了《中华人民共和国劳动保险条例实施细则》（简称《劳动保险条例实施细则》），主要针对企业劳动者的工伤保险等问题作了具体详细的规定。此外，国家还通过其他单行法规的形式对国家机关和事业单位的工作人员因工伤残和死亡抚恤进行了规定，初步形成了待遇相近、办法有别的企业劳动者的劳动保险制度和国家机关事业单位工作人员的因公伤残抚恤政策。在随后的几十年计划经济年代中，我国的工伤保险制度尽管也作了一些调整，但总的制度框架没有什么根本性变动。我国工伤保险制度的主要特征是单位保障，即工伤保险是由受伤害者的所在单位根据国家统一规定来负责组织实施。我国传统工伤保险制度的弊端主要表现在以下几个方面。

（1）覆盖范围狭窄。我国传统工伤保险制度只限于国有、集体企业的职工和国家机关、事业单位的职工，不能维护所有劳动者的基本权益。改革开放以来，外商投资企业、私营企业、乡镇企业迅速发展，在这些企业中就业的劳动者所占的比例不断提高，而这些企业并未实行合理有效的工伤保险制度，致使劳动者的切身利益和基本权益很难得到保障。

（2）工伤待遇标准偏低。传统工伤保险制度的伤残待遇和死亡抚恤待遇按本人标准工资计发，但改革开放以后，职工标准工资在总收入中所占的比重逐年下降，再加上长期待遇没有正常的调整机制，使伤残待遇及死亡抚恤待遇显得更低。

（3）企业保险难以分散风险。按照传统工伤保险制度的规定，工伤和职业病的医疗、津贴、抚恤等费用都由企业支付。这一做法的弊病在于社会化程度低，各类企业对其职工的工伤待遇规定高低有别，也没有体现分散风险的社会保险原则。一旦发生事故，企业将不堪重负，甚至破产。这既不利于保障职工的合法权益，也不利于企业的生存和发展。

（4）工伤认定和评残的标准与程序不健全。由于劳动能力鉴定机构不健全，工伤处理往往由企业来承担，没有全国统一的评残标准，缺乏统一规范的处理工伤问题的法制程序，缺乏争议处理的相关法律规定，工伤认定和评残程序不健全，致使"闹工伤"的事件时有发生，严重干扰了企业的正常生产活动，也影响了社会的安定。

（5）缺乏工伤预防机制。传统工伤保险制度只限于事故后的处理和赔偿，缺乏工伤预防机制，也没有与职业病有机结合，无法兼顾工伤保险与职业病防治及康复，因此不利于贯彻"安全第一，预防为上"的方针，缺乏降低工伤事故发生率的有效手段，不能充分发挥工伤保险预防事故的积极作用。

2.我国工伤保险制度的发展

20 世纪 80 年代后，国家开始对传统的工伤保险制度进行一系列的改革和探索，但进展缓慢。直到 2003 年 4 月 27 日国务院颁布《工伤保险条例》，适应市场经济的工伤保险制度才得以确立，标志着中国工伤保险制度建设进入了一个崭新的发展阶段。《工伤保险条例》、《安全生产法》和《职业病防治法》共同构筑起了维护职业安全和保障伤残者权益的屏障。

四、工伤保险的性质

工伤保险根据"职业风险"原则建立，具有补偿和保障的性质，具体包括以下几个方面。

1.强制性

由于工伤具有突发性，甚至还有不可逆转性，它所造成的损失往往难以挽回，给职工个人及其家庭带来终身痛苦。为了保障劳动者受伤害后权利的实现，国家必须通过立法强制实施工伤保险。法律规定范围内的用人单位及职工都应参加工伤保险并缴纳保险费。

2.社会性

由于职业危害无处不在、无时不在，任何人都不能完全避免职业危害，因此不同的地区、不同的行业以及不同经济成分的劳动者都应参加工伤保险，集中用人单位缴纳的保险费，建立工伤保险基金，采取社会统筹的方式帮助广大劳动者抵御工伤事故和职业病危害。

3.互济性

工伤人员在社会上分布不均，依靠社会力量进行保险，解决了企业（或地区）之间不同的压力。政府部门通过适当干预，在发生职业风险与未发生职业风险之间进行资源再分配，保障劳动者遭受工伤时的基本生活及医疗救助，形成企业和劳动者双保护机制。

第二节　工伤保险制度的原则及基金管理

一、工伤保险制度的原则

目前世界上大多数国家在实行工伤保险制度时，普遍遵循的原则包括：无过失责任原则，损害补偿原则，劳动者个人不缴费原则，风险分担、互助互济原则，区别因工和非因工原则，确定伤残和职业病等级原则，一次性补偿与长期补偿相结合原则，预防、补偿和康复相结合原则。

1.无过失责任原则

事故一旦发生，不论雇主或雇员是否存在过错，无论责任在谁，原则上受害者都可以受到赔偿，即无过错赔偿。无过失责任是指劳动者在各种伤害事故中，只要不是受害者本人故意行为所致，就应该按照规定标准对其进行赔偿。工伤保险制度与民法中的损害赔偿举证责任不同，实行无过错赔偿原则。一旦发生意外，劳动者就可以无条件地得到经济补偿。但是不追究个人的责任，并不意味着不追究事故责任；相反，对于发生的事故必须认真调查，分析事故原因，查明事故责任，吸取教训。

工伤认定的无过失责任原则

【案例介绍】

赵某是某造纸厂的工人，2011年6月15日早晨上班之后被同班组的同事发现倒在卫生间死亡，后经法医鉴定死亡的直接原因是颅脑骨折。事发后死者直系亲属要求认定为工亡，但该用人单位认为，上卫生间是私事，摔成颅脑骨折导致死亡不是工作原因，不同意申报工亡认定。因此，死者的直系亲属直接向市工伤保险处提出工亡认定申请。

【案例评析】

工伤保险遵循的原则之一是无过失责任原则，是指劳动者在各种伤害事故中，只要不是受害者本人故意行为所致，就应该按照规定标准对其进行伤害赔偿。本案中，赵某于工作时间内在卫生间摔倒导致死亡，不是赵某的故意行为。根据《劳动法》第3条的规定，任何用工单位都应给劳动者提供必要的劳动卫生条件，维护劳动者的基本权利。用人单位片面认为"上卫生间"只是个人生理需要的私事、与劳动者的本职工作无关，这明显有悖于《劳动法》保护劳动者合法权益的基本原则，有悖于社会常理。

【处理结果】

用人单位所作结论没有法律依据，应遵循《工伤保险条例》以人为本的立法宗旨认定赵某为工亡。

2.损害补偿原则

工伤保险制度是以减免劳动者因执行工作任务而导致伤亡或疾病时遭受经济上的损失为目的的。劳动者付出的不仅是劳动的代价，也是身体与生命的代价。因此，工伤保险应坚持损害补偿原则来给付待遇，即不仅要考虑劳动者维持原来本人及其家庭基本生活，进行劳动力生产和再生产的最直接、最重要的费用来源的损失，同时还要考虑伤害程度、伤害性质及职业康复等因素，进行适当的经济补偿。

谁应为郑某的伤残买单？

【案例介绍】

申请人：郑某

被申请人：武汉某建筑工程有限公司

郑某是武汉城乡结合部的农民，利用农闲在武汉某建筑工程有限公司承建的产业园工地上从事木工工作，建筑公司未给郑某等一批农民工办理社会保险手续。2011年12月12日上午8时许，郑某在10号楼实施拆除时坠楼，随即被送入武汉市第一人民医院抢救。令郑某和其家属痛心的是该建筑工程有限公司拒绝为郑某的受伤支付医疗费，理由是该建筑工程有限公司依据《木工项目承包协议》，认为产业园工地的木工项目部分已经承包给包工头秦某，郑某与秦某之间构成雇佣关系，郑某的医疗费应由秦某买单，与建筑公司没有任何关系。

郑某及其家属认为，秦某根本不具备承包工程的资质，也没有用工的资质。秦某招用的工人应当由武汉某建筑工程有限公司承担用工主体的法律责任，医药费也应由建筑公司承担。郑某委托其家属向当地劳动仲裁机构提起申请。

【案例评析】

秦某不具备承包建筑工程的资质，也不具备用人单位的主体资质，其招用农民工到建筑工地上从事武汉某建筑工程有限公司安排的劳动，只能视为包工头秦某代表武汉某建筑工程有限公司进行招工的一种职务行为，其所有的权利与义务只能由武汉某建筑工程有限公司享有和承担。根据《关于确立劳动关系有关事项的通知》（劳社部发〔2005〕12号）第4条的规定，"建筑施工、矿山企业等用人单位将工程（业务）或经营权发包给不具备用工主体资格的组织或自然人，对该组织或自然人招用的劳动者，由具备用工主体资格的发包方承担用工主体责任"。可见，包工头无资质，施工企业应为劳动者承担用工主体责任。因此，武汉某建筑工程有限公司依法必须对郑某承担用工主体的法律责任。

【处理结果】

经仲裁员调解，武汉某建筑工程有限公司为郑某支付受伤产生的医疗费，并在治疗后进行劳动能力鉴定，根据鉴定结果由建筑公司向郑某支付伤残补助。

3.劳动者个人不缴费原则

工伤保险费由企业或雇主缴纳，职工个人不缴纳任何费用，这是工伤保险与养老、医疗等社会保险项目的区别之处。由于劳动者在创造社会财富的同时，也付出了鲜血和生命，所以工伤保险费用由企业和社会保险机构负担，在这一原则上已达成共识。

4.风险分担、互助互济原则

风险分担、互助互济原则是社会保险制度的基本原则。首先要通过法律强制征收保险费，建立工伤保险基金，采取互助互济的办法，分担风险。其次是在待遇分配上，国家责成社会保险机构对费用实行再分配。这种基金的分配使用，包括人员之间、地区之间、行业之间的调剂。它缓解了部分企业和行业伤亡事故及职业病的负担，从而减少了社会矛盾。

5.区别因工和非因工原则

意外事故实行无过失责任原则并不意味着取消因工和非因工的界线，否则工伤保险就毫无意义。劳动者受伤害一般可以分为因工和非因工两类。前者是由执行公务或在工作生产过程中为社会、为集体奉献而受到的职业伤害所致，与工作和职业有直接关系；后者则与职业无关，完全是个人行为所致。在确定保险待遇时，应区分因工和非因工负伤的界限。职业伤害与工作或职业有直接关系，医疗康复、伤残补偿、死亡抚恤待遇均比其他保险水平高，只要是工伤，待遇上不受年龄、性别、缴费期限的限制。因病或非因工伤亡以及与劳动者本人职业无关的事故补偿，待遇水平比工伤待遇要低得多。

6.确定伤残和职业病等级原则

工伤保险待遇是根据伤残和职业病等级而分类确定的。伤残和职业病等级的鉴定是一项政策性和技术性均很强的工作。因此，各国在制定工伤保险制度时，都制定了伤残和职业病等级，并通过专门的鉴定机构和人员，对受职业伤害职工的受伤害程度予以确定，区别不同的伤残和职业病状况，以给予不同标准的待遇。

7.一次性补偿与长期补偿相结合原则

对因工部分或完全丧失劳动能力，或是因工死亡的职工，职工和遗属在得到补偿时工伤保险机构应支付一次性补偿金，作为对伤害者精神上的安慰。此外，对供养的遗属根据人数要支付长期抚恤金，直到他们失去供养条件为止。这种补偿原则，已为世界上越来越多的国家所接受。

8.预防、补偿和康复相结合原则

为保障工伤职工的合法权益，维护、增进和恢复劳动者的身体健康，必须把单纯的经济补偿和医疗康复以及工伤预防有机结合起来。工伤保险最直接的任务是经济补偿，保障伤残职工和遗属的基本生活；同时要做好事故预防和医疗康复，保障职工安全与健康。但这并不是唯一的任务。从长远看，预防、补偿、康复三者结合起来，形成一条完整的社会化服务体系，是我国工伤保险发展的必然趋势。这样做有利于安全生产和事故防范，减少工伤事故和职业病的发生，能够获得最大的社会效益。

二、工伤保险基金的含义及筹集

1.工伤保险基金的含义

工伤保险基金是为支付工伤保障待遇，开展工伤预防和职业康复等费用而专门设立的一项社会保险基金，它是工伤保险制度顺利实施的物质保证。建立工伤保险基金，能够使劳动者因工作原因遭受意外伤害和职业病时，及时得到医疗救助和基本的生活保障。科学合理地建立工伤保险基金，能有效地促使"分散风险负担，互偿灾害损失"这一重要的社会保险原则的实现，使任何用人单位发生工伤保险事故乃至工伤致残、死亡事故时，都不致因工伤津贴给付过多而陷入困境，能够及时获得全社会的帮助，并且伤者、残者以及死亡家属也可以及时获得工伤津贴给付。

2.工伤保险基金的筹集

工伤保险基金筹集又称工伤保险基金的征集，是指由专职的工伤保险经办机构按照法律规定的计征对象和方法，征收工伤保险费的一种法律行为。

（1）基金来源。工伤保险基金由用人单位缴纳的工伤保险费、工伤保险基金的利息和依法纳入工伤保险基金的其他资金构成。

（2）保险费的征收。《工伤保险条例》规定用人单位应当按时缴纳工伤保险费。职工个人不缴纳工伤保险费。用人单位应当以本单位职工工资总额为缴费基数乘以单位缴费率之积作为应缴纳工伤保险费。本单位职工工资总额是指用人单位直接支付给本单位全体职工的劳动报酬总额，有两点需要强调：一是支付的对象是全部职工，包括农民工等建立了劳动关系的各种用工形式、用工期限的所有劳动者。二是工资构成是劳动报酬总额，包括计时工资、计件工资、奖金、津贴和补贴、加班加点工资以及特殊情况下支付的工资。对难以按照工资总额缴纳工伤保险费的行业，其缴纳工伤保险费的具体方式由国务院社会行政部门规定。

三、工伤保险费率的确定

1.统一费率制

统一费率制是按照法定统筹范围内的预测开支需求，与相同范围内企业的工资总额相比较，求出一个总的工伤保险费率，所有企业都按这一比例缴费。这种方式是在最大可能的范围内平均分散工伤风险，不考虑行业与企业工伤实际风险的差别。

2.差别费率制

差别费率制是对单个企业或某一行业单独确定工伤保险费的提缴比例。差别费率的确定，主要是根据对各行业或企业单位时间上的伤亡事故和职业病统计，以及工伤费用需求的预测而定。此种方式的目的是要在工伤保险基金的分担上体现对不同工伤事故发生率的企业、行业实行差别性的负担，以保证该行业、企业工伤保险基金的收支平衡，并适当促进其改进劳动安全保护措施，降低工伤赔付成本。目前，世界各国实行此种费率者约占41%。

我国工伤保险费根据"以支定收，收支平衡"的原则确定费率。国家根据不同行业的工伤风险程度确定行业的差别费率，并根据工伤保险费使用、工伤发生率等情况在每个行业内确定若干费率档次。行业差别费率及行业内费率档次由国务院劳动保障行政部门会同国务院财政部门、卫生行政部门、安全生产监督管理部门制定，报国务院批准后公布施行。统筹地经办机构根据用人单位工伤保险费使用、工伤发生率等情况，使用所属行业内相应的费率档次确定单位缴费费率。

根据不同行业的工伤风险程度，参照《国民经济行业分类》（GB/T 4754—2002），将行业划分为三个类别：一类为风险较小行业，二类为中等风险行业，三类为风险较大行业。三类不同的行业分别实行三种不同的工伤保险缴费率。统筹地区社会保险经办机构根据用人单位的工商登记和主要经营生产业务等情况，分别确定各用人单位的行业风险类别。用人单位属一类行业的，按行业基准费率缴费，不实行费率浮动。用人单位属二、三类行业的，费率实行浮动。用人单位的初次缴费费率，按行业基准费率确定，以后由统筹地区社会保险经办机构根据用人单位工伤保险费使用、工伤发生率、职业病危害程度等因素，一至三年浮动一次。费率浮动的具体办法由各统筹地区劳动保障行政部门会同财政、卫生、安全监管部门制定。

四、工伤保险基金的统筹层次

工伤保险基金在直辖市和设区的市实行全市统筹，其他地区的统筹层次由省、自治区人民政府确定。跨地区、生产流动性较大的行业，可以采取相对集中的方式异地参加统筹地区的工伤保险。基金统筹的具体办法由国务院劳动保障行政部门会同有关行业的主管部门制定。

五、工伤保险基金管理

工伤保险基金存入社会保障基金财政专户，用于工伤保险待遇、劳动能力鉴定以及法律、法规规定的用于工伤保险的其他费用的支付。任何单位或个人不得将工伤保险基金挪作其他用途。工伤保险基金应当留有一定比例的储备金，用于统筹地区重大事故的工伤保险待遇支付；储备金不足以支付的，由统筹地区的人民政府垫付。储备金占基金总额的具体比例和储备金的使用办法，由省、自治区、直辖市人民政府规定。

第三节 工伤保险待遇

一个工伤保险待遇纠纷个案

上诉人广东省某铝厂因与被上诉人蒋某工伤事故损害赔偿纠纷一案不服当地劳动争议仲裁委员会裁决向该地区区人民法院提起上诉。

上诉人某铝厂与被上诉人蒋某于2005年建立劳动关系，2007年3月24日蒋某在工作时间和工作场所内，因工作原因受到事故伤害。2007年5月8日，该地区区劳动和社会保障局作出工伤认定结论：认定蒋某为工伤。该地区劳动能力鉴定委员会劳动能力鉴定为伤残等级七级，护理等级：无。蒋某考虑自己年龄较大，向铝厂提出解除劳动合同但需要铝厂向其支付补偿金。因协商补偿金数额发生异议，蒋某遂向该地区劳动争议仲裁委员会提起仲裁。经仲裁机构调查审核裁决如下。

（1）某铝厂应在裁决书发生法律效力之日起10日内一次性支付停工留薪期（5个月）工资9 799.5元（1 959.9元/月×5个月）给原告蒋某。

（2）某铝厂应在裁决书发生法律效力之日起10日内支付一次性伤残补助金差额23 518.8元（1 959.9元/月×12个月）给原告蒋某。

（3）某铝厂应在判决书发生法律效力之日起10日内一次性支付伤残就业补助金48 997.50元给原告蒋某。

（4）某铝厂应在判决书发生法律效力之日起10日内支付一次性工伤医疗补助金11 759.4元给原告蒋某，双方解除劳动关系并终结工伤保险关系。

（5）某铝厂应在判决书发生法律效力之日起10日内给付仲裁案受理费20元、处理费677元，合共697元予蒋某。以上费用合计94 772.2元。

上诉人铝厂不服上述裁决，向该地区区法院提起上诉称：仲裁委员会认定蒋某月平均工资为1 959.90元错误，故对铝厂依法承担的各项工伤赔偿项目作出错误判断，应予以撤销。

经法院审理该铝厂财务数据，蒋某2006年3月至2007年2月的工资分别为1270元、1649元、1 129元、1 793元、2 146元、2 304元、1 958元、1 941元、2 081元、2 530元、2 404元、530元。平均值为1 811.25元/月。

本案中，蒋某因工伤造成七级伤残，停工留薪期5个月，根据《工伤保险条例》第31条、第35条，《广东省工伤保险条例》第29条的规定，某铝厂应向蒋某支付的工伤保险待遇包括：停工留薪期工资9 056.25元（1 811.25元/月×5个月）、一次性伤残补助金21 735元（1 811.25

元/月×12 个月）、一次性支付伤残就业补助金 45 281.25 元（1 811.25 元/月×25 个月）、一次性工伤医疗补助金 10 867.5 元（1 811.25 元/月×6 个月），合计 74 211.96元。

据此，根据《中华人民共和国民事诉讼法》（简称《民事诉讼法》）第 153 条第 1 款第 3 项的规定，判决如下：

维持广东省该地区区人民法院民事判决第五项。

撤销广东省该地区区人民法院民事判决第一、二、三项。

变更广东省该地区区人民法院民事判决第四项为：上诉人某铝厂应在本判决书发生法律效力之日起 10 日内支付停工留薪期工资 9 056.25 元、一次性伤残补助金 21 735 元、一次性支付伤残就业补助金 45 281.25 元、一次性工伤医疗补助金 10 867.5 元，合计 86 940 元给被上诉人蒋某，双方解除劳动关系并终结工伤保险关系。

如果未按本判决指定的期间履行给付金钱义务，应当依照《民事诉讼法》第 229 条之规定，加倍支付迟延履行期间的债务利息。

案件受理费 10 元，减半收取 5 元，由上诉人某铝厂负担。

备注：根据广东省工伤保险条例，工伤保险待遇的计发基数为上年度本人月平均工资，湖北省、河北省、辽宁省、上海市等地均为上年度职工月平均工资。

一、关于工伤保险待遇的理解

工伤保险待遇是指职工因工发生暂时或永久人身健康或生命损害的一种补救和补偿，其作用是使伤残者的医疗、生活有保障，使工亡者的遗属的基本生活得到保障。工伤保险待遇的高低、项目的多少，取决于国家或该地区的经济发展水平和人们的社会生活水平。

从资料中可以看出工伤保险与基本养老、基本医疗等其他社会保险有明显的区别，主要体现在以下几个方面。

1.覆盖范围更广

《工伤保险条例》规定，工伤保险适用于中华人民共和国境内各类企业职工及个体工商户所雇雇工。学徒工以及处于试用期的职工都可享受工伤保险待遇。工伤保险包含的范围和参保对象比养老保险、医疗保险等其他社会保险项目的使用对象更广泛。

2.赔偿具有连带性

工伤保险不仅是一次性的经济补偿，更是对伤残、死亡者全过程的保障。工伤保险项目众多，包括医疗期工资、工伤医疗费、伤残待遇、死亡职工丧葬费、抚恤金及供养直系亲属的生活待遇。在工伤医疗期，除免费医外，还包括护理津贴、职业康复、伤残重建、生活辅助器具、伤残人员转业培训与就业产生的费用，以及工伤预防资金等。因此，工伤保险是基于对工伤职工的赔偿责任而设立的一种社会保险制度，其他社会保险是基于对职工生活困难的帮助和补偿责任而设立的。

3.职工不缴纳保险费

工伤保险费由用人单位全部负担，职工个人不缴纳工伤保险费。工伤保险的投保人为用人单位。

4.工伤保险给付条件宽

享受工伤待遇不受年龄、工伤条件的限制，凡是因工伤残的，均给以相应待遇。

职工遭受工伤可以得到哪些待遇？

【案例介绍】

申请人：王某

被申请人：武汉某物业服务有限公司

王某于2011年8月8日到武汉某物业服务有限公司从事保洁工作，每月平均工资1400元左右，武汉某物业服务有限公司没有给王某缴纳社会保险金。2012年10月29日王某在上班期间不慎摔倒受伤，送往武汉市某医院住院治疗22天，出院诊断：右胫骨中下段多段螺旋形骨折。2013年5月鉴定：王某的伤残等级为九级。王某请求依法裁决武汉某物业服务有限公司支付停工留薪期工资17 400元、住院伙食费660元、护理费3 850元、误工费7 250元、交通费1 440元、轮椅3 400元、生活费2 320元、一次性伤残补助金22 026.6元、医疗补助金40 790元、就业补助金45 642.96元以及养老保险金15 663.36元、医疗保险金5 658.62元、失业保险金6 370元，并由武汉某物业服务有限公司承担误工费2 000元、打字复印费80元、鉴定费1 222元、精神损失费3 000元。

【案例评析】

双方存在劳动合同关系，根据《劳动法》第72条的规定，双方应依法参加社会保险，因武汉某物业服务有限公司未为王某办理社会保险，应承担王某养老保险、工伤保险、医疗保险和失业保险等社会保险损失。根据《社会保险法》第36条、第38条、第39条，《工伤保险条例》第31条，《湖北省工伤保险实施办法》第34条，《湖北省工伤职工停工留薪期管理暂行办法》第3条、第5条，王某住院期间伙食费按30元/日计发，护理费按50元/日计发；根据《湖北省工伤职工停工留薪期分类目录》，其停工留薪期按9个月计算；武汉市失业保险金发放标准为910元/月，缴费满一年发放三个月，每多缴一年增加两个月；武汉市上年度职工社会平均工资为3684元/月；其医疗保险个人账户损失按现行医疗保险缴费最低标准1921.2元（3 202元/月×60%）应划入个人账户的3.7%计发。王某未能提交交通费、轮椅费、打印费的有效票据，其请求的误工费、精神损失费于法无据。

【处理结果】

（1）武汉某物业服务有限公司支付王某护理费3 000元（50元/日×60日）、住院期间伙食费660元、停工留薪期工资12 600元（1400元/月×9个月）。

（2）武汉某物业服务有限公司支付王某鉴定费1 222元、一次性伤残补助金19 893.6元（3 684元/月×60%×9个月）、一次性医疗补助金36 840元（3 684元/月×10个月）、一次性就业补助金44 208元（3 684元/月×12个月）。

（3）武汉某物业服务有限公司支付王某养老保险损失5 600元（1 400元/月×2个月/年×2年）、医疗保险个人账户损失2 203.62元（1 921.2元/月×3.7%×31月）、失业保险损失4 550元（910元/月×5个月）。

农民工可以享受工伤保险待遇吗?

【案例介绍】

申请人:张某

被申请人:某建筑公司

张某来自农村,自 2005 年 1 月开始在某建筑公司干钳工。2006 年 3 月,张某在工作中不慎从楼上跌落。张某住院治疗期间,公司为其支付了全部医疗费用和医疗伙食补助费。2006 年 11 月,劳动保障部门认定张某为工伤,后经劳动能力鉴定委员会鉴定张某为伤残 6 级。张某伤前月工资为 700 元,在工作期间公司没有为张某缴纳工伤保险费。2007 年 1 月 20 日,张某向公司提出解除劳动合同,同时要求公司支付一次性工伤医疗保险补助金、一次性伤残补助金和一次性就业补助金。单位以张某是农民工为由,拒绝支付以上费用。张某遂向当地劳动争议仲裁委员会提出仲裁申请。

【案例评析】

劳动争议仲裁委员会经审理后认为,张某从身份上讲是农民工,但并不影响其依法享受工伤保险待遇的权利。该公司应该依法支付张某各项工伤保险待遇。根据《工伤保险条例》第 34 条规定,职工因工致残鉴定为 6 级伤残的,享受以下待遇:①按伤残等级支付一次性伤残补助金,标准为 14 个月的本人工资;②经工伤职工本人提出,该职工可以与用人单位解除或者终止劳动合同关系,由用人单位支付一次性工伤医疗补助金、伤残补助金和就业补助金。

根据《工伤保险条例》第 60 条规定,用人单位依照本条例规定应当参加工伤保险而未参加的,由劳动保障行政部门责令改正;未参加工伤保险期间用人单位职工发生工伤的,由该用人单位按照本条例规定的工伤保险待遇项目和标准支付费用。

【处理结果】

经劳动争议仲裁委员会调解,该公司同意支付张某一次性工伤医疗补助金 26 910 元、一次性伤残补助金 9 800 元和一次性就业补助金 44 850 元,共计 81 560 元。

二、工伤保险待遇的主要内容

工伤保险待遇分为医疗及康复待遇、伤残待遇、工亡待遇。

(一)医疗及康复待遇

(1)因治疗发生的费用:医疗费,药费,住院费,因治疗发生的交通、食宿费等。

(2)停工留薪期间的工资待遇:保持工伤前工资待遇不变。

(3)康复发生的费用:生活不能自理情况下发生的护理费,经劳动能力鉴定委员会确认为工伤职工配置辅助器具的费用。

(二)伤残待遇

一部分劳动者遭受工伤事故后不能痊愈,根据其受伤害的轻重程度,分别给予不同程度的待遇标准。

致残待遇分两部分：一次性伤残补助金和伤残津贴。依据我国《工伤保险条例》及国务院关于《工伤保险条例》所做的修改决定，具体规定如下。

1.一至四级伤残待遇

职工因工致残并经鉴定为一至四级伤残的，保留劳动关系，退出工作岗位，享受以下待遇。

（1）从工伤保险基金按伤残等级支付一次性伤残补助金，标准为：一级伤残为27个月的本人工资，二级伤残为25个月的本人工资，三级伤残为23个月的本人工资，四级伤残为21个月的本人工资。

（2）从工伤保险基金按月支付伤残津贴，标准为：一级伤残为本人工资的90%，二级伤残为本人工资的85%，三级伤残为本人工资的80%，四级伤残为本人工资的75%。伤残津贴实际金额低于当地最低工资标准的，由工伤保险基金补足差额。

（3）工伤职工达到退休年龄并办理退休手续后，停发伤残津贴，享受基本养老保险待遇。基本养老保险待遇低于伤残津贴的，由工伤保险基金补足差额。

（4）职工因工致残并经鉴定为一级至四级伤残的，由用人单位和职工个人以伤残津贴为基数，缴纳基本医疗保险费。

2.五至六级伤残待遇

职工因工致残并经鉴定为五至六级伤残的，享受以下待遇。

（1）从工伤保险基金按伤残等级支付一次性伤残补助金，标准为：五级伤残为18个月的本人工资，六级伤残为16个月的本人工资。

（2）保留与用人单位的劳动关系，由用人单位安排适当工作。难以安排工作的，由用人单位按月发给伤残津贴，标准为：五级伤残为本人工资的70%，六级伤残为本人工资的60%，并由用人单位按照规定为其缴纳应缴纳的各项社会保险费。伤残津贴实际金额低于当地最低工资标准的，由用人单位补足差额。

（3）经工伤职工本人提出，可以与用人单位解除或者终止劳动关系，由用人单位支付一次性工伤医疗补助金和伤残就业补助金（标准由省、自治区、直辖市人民政府规定）。

3.七至十级伤残待遇

（1）从工伤保险基金按伤残等级支付一次性伤残补助金，标准为：七级伤残为13个月的本人工资，八级伤残为11个月的本人工资，九级伤残为9个月的本人工资，十级伤残为7个月的本人工资。

（2）劳动合同期满终止，或者职工本人提出解除劳动合同的，由工伤保险基金支付一次性工伤医疗补助金，由用人单位支付一次性伤残就业补助金。

（三）工亡待遇

职工因工死亡，其直系亲属按照下列规定从工伤保险基金领取丧葬补助金、供养亲属抚恤金和一次性工亡补助金。

（1）丧葬补助金为6个月的本市上年度职工月平均工资。

（2）供养亲属抚恤金按照职工本人工资的一定比例，按月发给由因工死亡职工生前提供主要生活来源、无劳动能力的亲属。标准为：配偶每月40%，其他亲属每人每月30%，孤寡老人或者孤儿每人每月在上述标准的基础上增加10%。核定的各供养亲属的抚恤金之和不应高于因工死亡职工生前的工资。供养亲属的具体范围由国务院劳动保障行政部门规定。

（3）一次性工亡补助金标准为上一年度全国城镇居民人均可支配收入的20倍。

第四节　工伤认定

《工伤保险条例》对工伤的范围作出了明确规定。

一、应当认定为工伤的情形

（1）在工作时间和工作场所内，因工作原因受到事故伤害的。

（2）工作时间前后在工作场所内，从事与工作有关的预备性或者收尾性工作受到事故伤害的。

（3）在工作时间和工作场所内，因履行工作职责受到暴力等意外伤害的。

（4）患职业病的。

（5）因工外出期间，由于工作原因受到伤害或者发生事故下落不明的。

（6）在上下班途中，受到非本人主要责任的交通事故或者城市轨道交通、客运轮渡、火车事故伤害的。

（7）法律、行政法规规定应当认定为工伤的其他情形。

在进行工伤认定时，是否因为工作原因是认定工伤的关键点，即使员工在工作中因疏忽或知识欠缺等原因导致的事故伤害，由于不是其主观意愿的真实表达，也应认定为工伤。

员工违章操作受伤——厂方也应赔偿

【案例介绍】

申请人：王某

被申请人：某塑胶厂

王某是深圳市宝安区某塑胶厂一名操作工，操作中被扎断手指，接诊医院鉴定为7级伤残。王某要求厂方负责，厂方人事主管出面拒绝，理由是经过询问王某本人和同事发现事故是由于王某违章操作造成的，不予赔偿。王某遂向当地劳动部门申请仲裁。

【案例评析】

工伤赔偿适用无过错责任原则，即便当事人违章操作，厂方也应按照工伤待遇标准予以赔偿。根据《工伤保险条例》的规定，所在单位应当在事故伤害发生之日起30日内，向劳动保障行政部门提出书面工伤认定申请。用人单位未按前款规定提出工伤认定申请的，该职工或者其直系亲属、工会组织在事故伤害发生之日起一年内，可直接向用人单位所在地劳动保障行政部门提出工伤认定申请。用人单位未在规定的时限内提交工伤认定申请，在此期间发生符合本条例规定的工伤待遇等有关费用由该用人单位负担。

【处理结果】

由于王某表示伤好后想回老家，经过仲裁庭调解，该塑胶厂同意经三方磋商所定方案，具体赔偿的项目包括医疗费、住院期间工资待遇、住院伙食补助费、一次性伤残补助金。

二、视同工伤的情形

（1）在工作时间和工作岗位，突发疾病死亡或者在48小时之内经抢救无效死亡的。

（2）在抢险救灾等维护国家利益、公共利益活动中受到伤害的。

（3）职工原在军队服役，因战、因公负伤致残，已取得革命伤残军人证，到用人单位后旧伤复发的。

职工有前款第1项、第2项情形的，按照《工伤保险条例》的有关规定享受工伤保险待遇；职工有前款第3项情形的，按照《工伤保险条例》的有关规定享受除一次性伤残补助金以外的工伤保险待遇。

三、不属于工伤的情形

根据《工伤保险条例》第16条，职工有下列情形之一的，不得认定为工伤或者视同工伤。

（1）因犯罪或者违反治安管理伤亡的。

（2）醉酒导致伤亡的。

（3）自残或者自杀的。

2010年12月20日重新修订为：

（1）故意犯罪的。

（2）醉酒或者吸毒的。

（3）自残或者自杀的。

醉酒驾车不能视同工伤

【案例介绍】

申请人：林某

被申请人：某运输公司

林某是某运输公司的货车司机，2009年10月16日在出车过程中受伤，受伤后公司只出了少量医药费。林某心生不满，向劳动争议仲裁委员会提起仲裁申请。

【案例评析】

劳动争议仲裁委员会经过调查认为，林某是酒后驾车撞击障碍物后受伤。根据我国《工伤保险条例》第16条规定，职工有下列情况之一的不得认定为工伤或者视同工伤：①因犯罪或者违反治安管理伤亡的；②醉酒导致伤亡的；③自残或者自杀的。林某虽然是在出车过程中受伤，但还是不能认定为工伤。

【处理结果】

仲裁委员会裁决不支持林某请求。

四、停止享受工伤待遇的情形

工伤职工有下列情形之一的，停止享受工伤保险待遇。

（1）丧失享受待遇条件的。

（2）拒不接受劳动能力鉴定的。

（3）拒绝治疗的。

（4）被判刑正在收监执行的。

员工拒绝伤残等级鉴定可停止其享受工伤待遇

【案例介绍】

申请人：江某

被申请人：北京市某商场

江某是北京市某商场的一名服务人员，具体负责货物的清理。江某与商场签订了劳动合同，单位依法为江某缴纳了相关社会保险。一天上班时，江某清理货物时不慎从高架上摔下，单位立即派人将其送往当地社会保险协议医院，经医院诊断，江某腿部骨折，经治疗伤情渐渐稳定。单位依法派人去当地劳动伤残鉴定机构为江某申请伤残等级鉴定。但是江某不予配合，伤残鉴定也未顺利进行。江某家属之后向当地仲裁委员会提起仲裁，要求单位支付江某2万元的伤残补助金，否则就继续在医院接受治疗而拒绝出院。

【案例评析】

仲裁机构经调查审理后认为，伤残补助金是伤残鉴定之后由工伤保险基金支付的一种工伤补偿，江某拒绝伤残等级鉴定，所以其要求的伤残补助金没有法律依据。另外，根据《工伤保险条例》的规定，拒绝接受伤残等级鉴定的可中止工伤待遇的支付。

【处理结果】

用人单位的行为是符合法律规定的，所以依法作出裁决，不支持江某的请求。

五、享受工伤待遇的职业病范围

我国将职业病纳入工伤保险的覆盖范围。2002年4月18日卫生部、劳动和社会保障部下发了《关于印发〈职业病目录〉的通知》。在这个《职业病目录》中所确定的职业病范围包括以下内容。

（1）职业中毒。职业中毒包括铅及其化合物中毒（不包括四乙基铅）；汞及其化合物中毒；锰及其化合物中毒；镉及其化合物中毒；铊及其化合物中毒；钒及其化合物中毒；磷及其化合物中毒；砷及其化合物中毒；砷化氢中毒等56种。

资料导读

员工患职业病应享受工伤待遇

肖某自2004年起在某印刷厂从事浇板工作，长期在高铅环境中工作。2011年以来肖某经常出现头晕失眠、记忆力减退、食欲不振等症状，并有症状不断恶化的趋势。肖某妻子怀疑肖某的病情与工作环境有关，遂于2013年向当地职业病医院申请鉴定职业病。职业病医院遂开展调查。首先，职业病医院询问了肖某的职业史，发现肖某从事浇板工作9年，每天工作8小时；其次，职业病医院对肖某的工作场所进行了调查，发现空气中铅烟浓度在0.3毫克/立方米~0.8毫克/立方米。根据肖某的职业史和临床表现，其随即被转入职业病医院诊治，根据检验结果，诊断为慢性中度铅中毒。职业病医院立即对肖某进行了解毒治疗和辅助治疗，同时通知肖某所在印刷厂为肖某申报工伤，并给予其相应工伤待遇。

（2）尘肺。尘肺包括矽肺、煤工尘肺、石墨尘肺、石棉肺等13种。

（3）职业性放射性疾病。职业性放射性疾病包括外照射急性放射病、内照射放射病、放射性肿瘤等。

（4）物理因素职业病。物理因素职业病包括中暑、减压病、高原病、航空病、手臂振动病。

（5）生物因素职业病。生物因素职业病包括炭疽、森林脑炎、布氏杆菌病等。

（6）职业性皮肤病。职业性皮肤病包括接触性皮炎、光敏性皮炎等。

（7）职业性眼病。职业性眼病包括化学性眼部烧伤等。

（8）职业性耳鼻喉疾病。职业性耳鼻喉疾病包括噪声聋等。

（9）职业性肿瘤。职业性肿瘤包括石棉所致肺癌等。

（10）其他职业病。其他职业病包括职业性哮喘、职业性变态反应性肺泡炎、金属烟热等。

尘肺矿工离职十多年，煤矿注销仍获赔偿

【案例介绍】

申请人：老董

被申请人：某煤矿

老董自 1982 年起在煤矿工作，于 1997 年离职。2010 年 4 月老董因身体严重不适到首都医科大学附属北京朝阳医院就医，经诊断为尘肺二期。北京市房山区人力资源和社会保障局认定老董尘肺二期职业病为工伤，北京市房山区劳动能力鉴定委员会确认老董目前已经达到职工工伤和职业病致残等级四级。

由于老董患上了尘肺，身体虚弱，需要长期的药物治疗，一家人生活困难，因此获得及时赔偿对于老董的后续治疗意义重大。然而老董离职后煤矿已经几经转包，多次易主，2010 年 6 月该煤矿破产，老董维权之路充满艰辛。无助的老董对投资兴办煤矿的公司提起劳动仲裁，要求公司支付一次性伤残补助金 51 469.8 元。

【案例评析】

2012 年 2 月，经房山区劳动人事争议仲裁委员会仲裁，裁决公司支付老董一次性伤残补助金 51 469.8 元。仲裁裁决作出后，公司不服裁决，向北京市房山区人民法院提起诉讼，庭审中公司诉称：1981 年 12 月至 1996 年 3 月期间公司与另外一家公司签订联营协议，由另一家公司实际经营煤矿，老董在煤矿工作期间是 1982~1997 年，在此期间患职业病的责任应当由另一家公司承担赔偿责任。后经过法院审理查明，1981 年 12 月 31 日，老董所诉的公司虽与另一家公司签订联营协议，但 1996 年 3 月 21 日二者就已经解除了该联营协议。两家公司解除联营协议的行为系两家联营单位的内部约定，对老董无约束力，煤矿公司是煤矿的主办单位，在煤矿注销后应当承担对矿工的赔偿责任，且老董工作期间，该煤矿未为其缴纳工伤保险。

【处理结果】

法院维持了仲裁裁决，判决煤矿公司赔偿老董一次性伤残补助金 51 469.8 元。至此，尘肺矿工在离职 10 多年，煤矿注销的情况下，终于获得赔偿。

六、申请工伤认定所需的材料

提出工伤认定申请应当提交下列材料：①工伤认定申请表；②与用人单位存在劳动关系（包括事实劳动关系）的证明材料；③医疗诊断证明或者职业病诊断证明书（或者职业病诊断鉴定书）。

工伤认定申请表应当包括事故发生的时间、地点、原因以及职工伤害程度等基本情况。

工伤认定申请人提供材料不完整的，社会保险行政部门应当一次性书面告知工伤认定申请人需要补正的全部材料。申请人按照书面告知要求补正材料后，社会保险行政部门应当受理。

七、工伤保险基金负担的费用

根据《社会保险法》第 38 条的规定，因工伤发生的下列费用，按照国家规定从工伤保险基金中支付：①治疗工伤的医疗费用和康复费用；②住院伙食补助费；③到统筹地区以外就医的交通食宿费；④安装配置伤残辅助器具所需费用；⑤生活不能自理的，经劳动能力鉴定委员会确认的生活护理费；⑥一次性伤残补助金和一至四级伤残职工按月领取的伤残津贴；

⑦终止或者接触劳动合同时，应当享受的一次性医疗补助金；⑧因工死亡的，其遗属领取的丧葬补助金、供养亲属抚恤金和因工死亡补助金；⑨劳动能力鉴定费。

第五节　劳动能力鉴定

一、劳动能力鉴定的含义

劳动能力鉴定是指劳动者劳动功能障碍程度和生活自理障碍程度的等级鉴定。具体来说，就是指劳动能力鉴定机构对劳动者在职业活动中因工负伤或患职业病后，根据国家工伤保险法规规定，在评定伤残等级时通过医学检查对劳动功能障碍程度（伤残程度）和生活自理障碍程度作出的判定结论。我国颁布实施的《工伤保险条例》对劳动能力鉴定的条件、申请鉴定的主体、受理机构、申请材料、鉴定程序、鉴定标准等内容都作了详细的规定。

二、鉴定机构

《工伤保险条例》第 23 条规定：劳动能力鉴定由用人单位、工伤职工或者其近亲属向设区地市级劳动能力鉴定委员会提出申请，并提供工伤认定决定和职工工伤医疗的有关资料。由此可见，劳动能力鉴定由独立的劳动能力鉴定委员会在专家组的协助下进行。

为了确保劳动能力鉴定的科学性和权威性，根据《工伤保险条例》的规定，劳动能力鉴定委员会分为两级：省级和地市级。地市级的劳动能力鉴定委员会受理劳动能力的初次鉴定申请。

劳动能力鉴定委员会的组成成员广泛，两级劳动能力鉴定委员会分别由省、自治区、直辖市和设区地市级劳动保障行政部门、人事行政部门、卫生行政部门、工会组织、经办机构代表以及用人单位代表组成。

劳动能力鉴定委员会主要承担劳动功能障碍程度和生活自理障碍程度的等级鉴定职责。此外，劳动能力鉴定委员会还可以承担配置辅助器具的确认、工伤引发疾病的确认、工亡职工供养亲属的劳动能力鉴定等职责。

劳动能力鉴定委员会建立医疗卫生专家库。列入专家库的医疗卫生专业技术人员应当具备以下条件：①具有医疗卫生高级专业技术职务任职资格；②掌握劳动能力鉴定的相关知识；③具有良好的职业品德。实施鉴定时，由专家组提出鉴定意见。劳动能力鉴定委员会作出鉴定结论要充分尊重专家组的鉴定意见，切实保证鉴定结论的客观、公正、准确。

三、鉴定标准

劳动能力鉴定标准主要包括两部分，即劳动功能障碍等级标准和生活自理障碍等级标准。具体的劳动能力鉴定标准由国务院劳动保障行政部门会同国务院卫生行政部门等部门制定。目前执行的国家标准是 2006 年《职工工伤与职业病致残程度鉴定》（GB/T16180—2006）。该标准根据器官损伤、功能障碍、医疗依赖及护理四个方面将工伤、职业病伤残程度分解为五个门类，划分为十个等级、470 个条目。该标准为工伤、职业病患者于国家社会保险法规所规定的医疗期满后进行医学技术鉴定的准则和依据。

四、鉴定程序

1.申请

职工发生工伤，经治疗伤情相对稳定后存在残疾、影响劳动能力的，应当由用人单位、工伤职工或者其直系亲属向设区的市级劳动能力鉴定委员会提出劳动能力鉴定申请，并提供工伤认定决定和职工工伤医疗的有关资料。

2.鉴定

劳动能力鉴定委员会收到劳动能力鉴定申请后，应当从其建立的医疗卫生专家库中随机抽取 3~5 名相关专家组成专家组，由专家组提出鉴定意见。劳动能力鉴定委员会根据专家组的鉴定意见作出工伤职工劳动能力鉴定结论；必要时，可以委托具备资格的医疗机构协助进行有关的诊断。劳动能力鉴定工作应当客观、公正。劳动能力鉴定委员会组成人员或者参加鉴定的专家与当事人有利害关系的，应当回避。

劳动能力鉴定委员会应当自收到劳动能力鉴定申请之日起 60 日内作出劳动能力鉴定结论，必要时，作出劳动能力鉴定结论的期限可以延长 30 日。劳动能力鉴定结论应当及时送达申请鉴定的单位和个人。为确保鉴定结论和实际情况一致，自劳动能力鉴定结论作出之日起 1 年后，工伤职工或者其直系亲属、所在单位或者经办机构认为伤残情况发生变化的，可以申请劳动能力复查鉴定。

申请鉴定的单位或者个人对设区地市级劳动能力鉴定委员会作出的鉴定结论不服的，可以在收到该鉴定结论之日起 15 日内向省、自治区、直辖市劳动能力鉴定委员会提出再次鉴定申请。省、自治区、直辖市劳动能力鉴定委员会作出的劳动能力鉴定结论为最终结论。

如何申请再次鉴定？

【案例介绍】

原告：肖某

被告：劳动能力鉴定委员会

2004 年 9 月 6 日，某电信公司职工肖某对劳动能力鉴定委员会对自己的工伤等级被定为 8 级不服，上告到所在地人民法院。区人民法院收到肖某诉讼状后，要求被诉人——市劳动能力鉴定委员会 3 天内写出答辩书送到区法院。法院在第 6 天作出了行政裁定书：原告肖某的诉讼请求不属于行政庭受理范围，对肖某的起诉，本院不予受理。

【案例评析】

本案例的关键是劳动能力鉴定争议的处理程序问题。当地人民法院对裁定的解释是：①从劳动能力鉴定委员会组织和工作性质来看，劳动能力鉴定并非一种具体行政行为，而是一种依法作出的客观、公正、合理的科学证明行为。劳动能力鉴定委员会作出的鉴定结论，如伤残等级和护理依赖程度是医学专家组依据工伤职工的伤情，按照国家标准作出的技术性结论，不是具体行政行为。②《劳动和社会保障行政复议办法》（1999年11月23日劳动和社会保障部令第5号）第5条规定，对劳动能力鉴定委员会作出的伤残等级鉴定结论不服的不能申请行政复议。因此，本案涉及的情况不属于行政复议范围，因此也自然不能进行行政诉讼。③现行办法已明确规定了由下而上的复查程序，以保障劳动能力鉴定工作的公正合理，即"申请鉴定的单位或者个人对设区的市级劳动能力鉴定委员会作出的鉴定结论不服的，可以在收到该鉴定结论之日起15日内向省、自治区、直辖市劳动能力鉴定委员会提出再次鉴定申请。省、自治区、直辖市劳动能力鉴定委员会作出的劳动能力鉴定结论为最终结论"。省、自治区、直辖市劳动能力鉴定委员会在再次鉴定的过程中，如果发现设区的市级劳动能力鉴定委员会作出的鉴定结论有重大错误，可以依法定程序重新进行鉴定。对经审查无错误的，省、自治区、直辖市劳动能力鉴定委员会应维持设区的市级劳动能力鉴定委员会作出的鉴定结论，驳回申请人的申请。

【处理结果】

鉴于以上原因，肖某对劳动能力鉴定结论不服，应按上述程序申请再次鉴定，不应去法院诉讼。

资料导读

"开胸验肺"的惨剧

河南农民工张海超被多家医院确诊为尘肺，但其工作的某耐磨材料有限公司拒绝为张海超提供职业健康监控档案等相关资料。而这些材料是做职业病鉴定所必需的，缺了这些，职业病防治所拒绝为张海超做诊断。张海超决定于2009年6月在郑州医科大学第一附属医院采取"开胸验肺"的方式，证明自己患有职业病"尘肺"。开胸验肺一周后，张海超给当地职业病防治所打电话，结果防治所的工作人员却告诉他"给其开刀的医院没有做职业病诊断的资质"，一个冒着生命危险换来的病理学证据却被无情地否定了。最终在媒体报道和社会舆论的强力支持下，张海超获得该耐磨材料有限公司61.5万元的赔偿。2009年12月8日，中国广播网报道了深圳百余农民工"尘肺门"事件："这群深圳的农民工从90年代开始便在深圳的各大建筑工地从事孔洞爆破工作，由于长期吸入大量粉尘，多人经普通医院检查被疑患有尘肺病，但职业病医院却拒绝给他们做进一步的检查和治疗，原因是，这些工人没有劳动合同，用人单位也不给他们出具职业病检查委托书。"同张海超"开胸验肺"事件一样，又是在媒体报道后引发关注，最终涉及百余名农民工的"尘肺门"事件在深圳市政府多个部门的协调下才逐渐得以解决。

本实训项目由任课教师提前准备关于工伤保险的案例，并将学员分成若干组，每组中的成员分别担任案例中涉及的纠纷双方利益成员、争议裁决机构成员，由各自负责扮演的角色阐述各方观点，任课教师最后对各方观点进行点评总结。通过此项目的训练提高学员对工伤保险法律规定的理解和记忆，并提升其实践及运用能力。

案例讨论

几经波折的工伤认定

一、长跑比赛发病

2004年1月10日8时,51岁的江苏省盐业集团泰州有限公司姜堰分公司副经理张某代表单位参加泰州盐业系统组织的1 500米长跑比赛。随着发令枪响，张某进入比赛，并渐渐将其他选手甩在身后，当快要接近终点时，他的脚步明显慢了下来，但最终还是跑到了终点。此时的张某脸色发白瘫倒在地，不省人事。经医院诊断，张某患脑出血。经两次手术，张某虽然脱离生命危险，但他从跌倒的那一刻起就再也没有和家人说过一句话，一直处于失语、痴呆和瘫痪状态，生活完全依赖护理。

二、申请工伤认定

张某参加单位长跑比赛导致其瘫痪。2004年3月，家属向社保局提出工伤认定申请。对此，一种意见认为，依照1999年颁发的《江苏省城镇企业职工工伤保险规定》第7条第8项，"因公外出期间，由于工作原因，遭受交通事故以及其他意外事故造成伤害、失踪的，或者因突发疾病造成死亡以及经第一次抢救治疗后全部丧失劳动能力的"规定，可以认定张某为工伤。另一种说法认为，我国《工伤保险条例》第15条第1项"在工作时间和工作岗位，突发疾病死亡或者在48小时之内经抢救无效死亡的"视同工伤的规定，张某的情形不在认定工伤或视同为工伤的范围内。2004年4月7日，社保局作出了不予认定为工伤的决定书。张某妻子不服社保局的行政认定，于2004年5月24日以张某的名义向市政府申请行政复议。

市政府认为社保局认定张某在长跑中发生脑出血为突发疾病而非事故伤害的证据不充分，遂于2004年7月20日作出行政复议决定书，撤销社保局的工伤认定决定书，要求其重新认定。

社保局在查阅了张某的健康档案、入院记录，并就相关问题咨询了心脑血管溢血学专家后，2004年8月13日再次作出了不予认定为工伤的决定书。张某妻子对此仍不服。2004年8月28日、11月2日向政府再次提起行政复议，要求撤销社保局工伤认定决定书。

2004年11月24日，泰州市政府法制局就张某工伤认定适用法律问题书面批复：国务院《工伤保险条例》对工伤认定明确"倾斜于受害人"的原则，只要在工作时间、工作场所、因工作原因受到伤害，可"就有不就无"。张某代表单位参加运动会导致脑出血丧失劳动能力，可视为"在工作时间、工作场所、因工作原因所致"，可以适用《工伤保险条例》的规定认定为工伤。但在行政复议的法定期限内，张某妻子并未得到政府的答复。

2004年12月21日，其妻以张某名义向市法院提起行政诉讼。

三、法院数次判决

2005年1月13日，市法院公开审理此案。社保局认为，张某一案中的"工作时间、工作场所、因工作原因"虽然成立，但张某脑出血是由于自身病因引起，并未受到外界的事故伤害，其情形属于突发疾病，不符合《工伤保险条例》的规定。本案虽可视其为在工作时间和工作岗位突发疾病，但在48小时内经抢救已脱离了生命危险，不符合《工伤保险条例》第15条的规定，不符合认定或视同为工伤的法定情节。

2005年3月28日，市法院作出行政判决，要求社保局重新认定，社保局在规定时间内未上诉，判决生效。

2005年3月29日，泰州市劳动和社会保障局请示江苏省劳动和社会保障厅，请求就本案给予明确答复。3月30日，江苏省社保厅以文件形式予以答复：职工在参加单位组织的运动会中突患疾病，应当作为在工作时间和工作岗位上突发疾病。根据《工伤保险条例》的规定，职工在工作时间和工作岗位，突发疾病死亡或者48小时之内经抢救无效死亡的，视同工伤，否则不能认定或视同为工伤。

2005年4月20日，社保局作出第三份决定书，对张某不予认定为工伤。

2005年6月17日，张某妻子向政府提起行政复议。

2005年8月16日，政府以江苏省社保厅的文件答复为由，维持了社保局作出的第三份工伤认定决定书。

2005年8月25日，张某妻子向市人民法院提起行政诉讼，要求撤销社保局作出的第三份工伤认定决定书。

张某代理人认为，《中华人民共和国行政诉讼法》（简称《行政诉讼法》）第71条规定："人民法院判决被告重新作出行政行为的，被告不得以同一的事实和理由作出与原行政行为基本相同的行政行为。"而市法院2005年3月28日判决后，社保局以同一的事实和理由仍然作出了对张某不予认定工伤的认定，明显违法。

2005年9月13日，市人民法院作出判决，维持了社保局作出的第三份决定书。

2005年9月28日，张某之妻向市中级人民法院提起行政上诉，要求撤销原判。

泰州市中级法院审理认为，结合劳动法律规范所体现的倾斜立法、保护弱者的原则，在工作时间和工作场所内因工作原因受到事故伤害的，应当认定为工伤，即工伤是直接或间接因工作引起的伤害，这是工伤认定的最基本情形。《工伤保险条例》中所称的"突发疾病"是指上班期间突然发生的任何种类的疾病。本案中，张某参加泰州盐业系统组织的文体活动发生脑出血，应与在工作时间、工作场所的正常状态下突发疾病有所区别。社保局不能提供证据证明张某突发脑出血属于在工作时间和工作岗位上突发疾病，推定张某系自身疾病在剧烈运动的诱发因素作用下所致。

2006年2月23日，泰州市中级人民法院作出终审判决，撤销一审判决，撤销社保局作出的第三份工伤认定决定书，责令其在本判决生效后60日内依法对张某重新作出具体行政行为。

张某的妻子经过两年时间，通过几次行政复议和法院判决，终于为她和丈夫讨回一个公道。

思考题

1.什么是工伤认定？进行工伤认定应遵循的程序是什么？

2.对于案例中张某的情况，你是怎么看待的？你认为是否应该认定为工伤？请说出你的理由。

3.例中为什么会出现如此多的波折？这种现象反映了什么问题？

➤本章思考题

1.你认为我国现有工伤保险制度的责任划分是否合理？并说明理由。

2.你认为我国现阶段内如何做好工伤预防？

参 考 文 献

蔡东方.2008.工伤保险制度的法律适用与完善.三明学院学报，（3）：313–316.

法律出版社法规中心.2009.工伤保险条例案例解读本.北京：法律出版社.

范帆，王敏.2008.试论如何完善我国工伤保险制度.经营管理者，（16）：107.

葛蔓.2007.工伤保险改革与实践.北京：中国人事出版社.

关怀,任扶善,陈文渊. 2006. 劳动立法. 北京：法律出版社.

韩君玲.2005.劳动与社会保障法简明教程.北京：商务印书馆.

李珺.2005.人力资源经理适用法规精解.西安：陕西人民出版社.

孟迪云,尹玉林.2010.完善农民工工伤保险制度的法律思考.行政与法，（1）：58–60.

莫依雯.2011.我国工伤保险制度改革的思考.决策与信息，（5）：285–286.

石长坤.2007.工伤保险案例分析.中小企业管理与科技，（3）：54.

孙树菡.2000.工伤保险.北京：中国人民大学出版社.

王晓晨.2011.浅析如何完善工伤保险法律制度.现代商业，（2）：263.

王东伟.2011.中国劳动者工伤保险制度的完善.时代金融，（24）：61.

于晓兰,吕向阳.2006.工伤认定与待遇给付实例剖析.北京：化学工业出版社.

张长华.2006.工伤保险案例两则.劳动保障世界，（2）：42.

中国法制出版社.2011.中华人民共和国工伤保险条例.北京：中国法制出版社.

中国法制出版社.2013.中华人民共和国社会保险法案例注释版.北京：中国法制出版社.

周永波.2011.工伤保险制度的人文关怀体现.现代职业安全，（5）：88–89.

第七章

生 育 保 险

　　生育保险是国家通过立法，在怀孕和分娩的妇女劳动者暂时中断劳动时，由国家和社会提供医疗服务、生育津贴和产假的一种社会保险制度。生育保险可以解决生育妇女孕、产、哺乳期间的收入和生活保障问题，体现了国家和社会对在这一特殊时期的职业妇女给予的支持和爱护。

　　本章回答以下问题。

　　生育保险的覆盖范围？缴费基数及缴费比例情况如何？

　　生育保险待遇有哪些？如女职工在哪些情况下可以获得生育保险待遇？

　　女职工生育期间的劳动合同期限该如何处理？

引导案例

生育保险费应由谁负担？

　　某省政府颁布有关生育保险的规定，要求企业参加生育保险，企业缴费率为职工工资总额的0.7%。某服装公司按照省政府规定，自1997年参加当地的生育保险，并按照要求以公司职工工资总额0.7%的比例，按月向当地社会保险机构缴纳生育保险费。该公司女职工较多，公司即自行规定每个女职工负担一部分保险费，按月工资0.3%的比例向女职工征收生育保险费。但这笔费用该公司并未缴纳给社会保险机构，而是冲抵了公司需要缴纳的生育保险费。后女职工得知按照国家规定职工个人不需缴纳生育保险费用，遂向当地劳动行政部门反映此情况，劳动行政部门到该公司了解情况后，责令该公司改正。该公司即撤销向职工收取生育保险费的规定，并退还了已经向职工收取的生育保险费。

　　讨论：劳动行政部门作出责令公司改正的决定有哪些法律依据？生育保险费用应由谁来承担？

第一节　生育保险的定义、原则和作用

生育保险是社会保险项目之一，属社会保障范畴，其功能主要是对处在生育期间的女职工提供保障和支持。随着社会的进步和经济的发展，世界各国越来越重视妇女生育期间的生活保障和医疗保健，以及妇女保健与提高下一代人口素质的密切关系。

一、生育保险的定义

生育保险是指女职工因怀孕和分娩所造成的暂时丧失劳动能力，中断正常收入来源时，从社会获得物质帮助的一种社会保险制度。生育保险是国家通过社会保险立法，对生育职工给予经济、物质等方面帮助的一项社会政策。其宗旨在于通过向生育女职工提供生育津贴、产假以及医疗服务等方面的待遇，保障她们因生育而暂时丧失劳动能力时的基本经济收入和医疗保健，帮助生育女职工恢复劳动能力，重返工作岗位。

我国生育保险待遇主要包括两项：一是生育津贴，用于保障女职工产假期间的基本生活需要；二是生育医疗待遇，用于保障女职工怀孕、分娩期间以及女职工实施节育手术时的基本医疗保健服务需要。

职业妇女既要从事经济活动，又要担负生育子女的天职，为劳动力的再生产尽其所能，这往往是个矛盾：妇女要从事社会生产和工作，就难免影响生儿育女；反之，妇女为了尽生儿育女的天职，也会影响从事社会活动。这个矛盾如何解决，已成为各国政府考虑的问题之一。实行生育保险，是解决这个矛盾的主要途径。国家通过立法从制度上保障职业女性在生育子女时，不会因此而导致失业，并得到相应的补偿，以解除女职工的后顾之忧，提高广大妇女参与社会劳动的积极性。

二、生育保险的原则

生育保险在社会保险体系中占有重要的位置，成为实现妇女劳动者身体健康、生活稳定和促进社会安定的主要手段之一。生育保险在实施过程中，为了使其健康、有序地发展，应遵循强制性、社会性、互济性等社会保险的普遍原则。

1.强制性原则

生育保险的强制性原则体现在，由国家法律、法规规定参加生育保险的项目和实施范围，并以国家强制力加以实施。劳动者或用人单位必须依法参加生育保险，依法缴纳生育保险费，并享受相应的保险待遇。制定相关的法律法规，为劳动者的合法权益提供法律保障，做到有法可依；通过法律法规的强制力，保证生育保险制度的实施，覆盖范围内的所有用人单位和个人必须参加。

单位未办理生育保险怎么办?

【案例介绍】

申请人：吕某

被申请人：某服装厂

吕某系某服装厂的员工。2009年吕某怀孕，在办理相关手续时吕某发现单位未缴纳生育保险。于是吕某向公司负责人问询此事，得到的答复是由于公司女职工比较多，根据公司内部规定，职工生育由单位和职工分担，生育中药费由职工本人承担，单位只报销职工生育期间的检查费、接生费和手续费。但是吕某认为单位有责任为职工办理生育保险，个人无需缴纳生育保险费。服装公司对吕某的说法置之不理，于是吕某向当地劳动监察大队举报此事。

【案例评析】

生育保险是对女性劳动者因生育子女而暂时中断收入来源时，由国家和社会提供的必要的物质帮助的一种社会保险制度。生育保险对于女职工妊娠、分娩和机体恢复整个过程提供身体保健、医疗服务及有薪假期。本案涉及生育保险费由谁缴纳的问题。关于生育保险费的缴纳主体问题，生育保险费实行社会统筹，建立生育保险基金完全由用人单位缴纳，职工不缴纳生育保险费。

【处理结果】

就本案而言，吕某所在单位不缴纳生育保险费违反了法律的强制性义务。吕某所在单位在当地劳动监察大队的监督下为公司所有女职工缴纳了生育保险费。

2.社会性原则

生育保险是社会保险的一个组成部分，其基金来源遵循社会保险的"大数法则"，集合社会力量，在较大社会范围内筹集基金。通过扩大生育保险的覆盖范围，起到分散风险的作用，使城镇各类企业和用人单位的女职工在因生育而暂时不能劳动时，依法享受社会保险待遇。生育保险的待遇标准和水平要与经济和社会生产力发展水平以及社会各方面的承受能力相适应。

3.互济性原则

通过用人单位缴纳生育保险费建立生育保险基金，实行社会互济，把单个企业的负担转化为均衡的社会负担，为企业平等地参与市场竞争创造条件。这对于女职工较多的企业以及破产、停产、半停产企业的女职工起到保障和支持作用。通过互济作用，达到维护妇女合法权益，缓解妇女就业困难的目的。

三、生育保险的作用

实行生育保险是对妇女生育社会价值的认同。人类社会不断由低级向高级阶段发展，这是众所周知的。但是人类繁衍的深刻内涵，却往往被人们所忽视。人不仅是物质资料再生产的能动力量，也是人类自身再生产的源泉。如果没有正常的人类自身再生产，那么物质资料再生产也会枯萎，最终连人类社会本身也不能延续下去。因此，女性生育既是一种自然行为，又是一种社会行为，具有两重性。女性生育在满足家庭的经济与精神需求，为家庭进行传宗接代的同时，也为社会物质生产准备了劳动力资源。而社会劳动力资源的代谢、增量与开发，则是民族人口群体繁荣发展和国家人口适度增长的条件。十月怀胎，一朝分娩，哺育婴儿的具体行为是由妇女来承担的。女性生育是一种艰辛的劳动，她们为人类历史的延续、民族的繁衍付出了相当大的代价。她们参加了社会生产劳动，同时又是人类自身生产的主体，实际上为社会作出了双重贡献。因此生育行为具有社会价值，是一种神圣的社会劳动，按照市场规则，社会应该承认生育的社会价值并支付合理的报酬或给予经济补偿。

生儿育女是有风险的。妇女在怀孕、分娩、育婴期间部分或全部不能参加劳动，失去劳动收入；生育又需增加医疗保健费用支出，体力、心理和精神上承受负担和消耗，甚至有生命或机体伤残的危险。实行生育保险是对生育妇女和新生儿的保障措施，其主要作用表现在以下几个方面。

1.使妇女安全健康地度过生育时期

女职工怀孕和生育，机体变化及体力消耗很大，需要休养和照顾。实行生育保险，一方面应向女职工提供孕期检查、围产期保健、健康咨询、医疗服务等，使她们安全地渡过孕期、产期和恢复期。另一方面，女职工在产前、产后的一段时间里，由于暂时不能从事正常的劳动，因而不能通过劳动取得报酬以维持基本生活。建立生育保险制度，由管理机构为生育妇女支付生育津贴等现金补助，使她们获得基本生活保障，可以使她们的身体迅速得到恢复，解除生育女职工的后顾之忧。

2.分散生育风险

据有关资料表明，世界上每年有50万妇女死于分娩或分娩并发症，还有一些妇女由于生育留下伤残。当产妇出现高危妊娠或分娩并发病等危害生命的疾病时，会造成高额医疗费用。生育保险将集中在个体身上的风险所致的经济损失分摊到较大的范围，达到社会共济互助，转移风险，维护社会稳定的目的。这种分散风险也体现在分散用人单位生育费用负担方面，同时也保障了生育女职工的就业岗位。妇女在劳动力市场上与男子相比处于弱势，再因生育而暂时不能从事劳动，使她们在劳动力市场上的竞争力更加弱小。市场经济总是自发地向效率倾斜，鼓励强者，而不是争取社会公平。生育保险通过立法保护女职工的就业岗位，又通过社会统筹使生育费用趋于均衡，从而弱化了企业与生育职工在经济上的对立。

3.有利于提高人口素质

人类繁衍是社会得以生存的基础，要做到提高人口素质，首先要保护母亲健康。如果女职工生育期间的生活得不到相应的保证，因生活困难而被迫降低必要的保健与营养水准，将直接影响婴儿的健康生存和成长。这就要求从孕、产妇保健，胎儿和新生儿保健入手，采取一系列措施保护新生儿的健康。因此，生育保险不仅是为了保证女职工的身体健康，而且也是为了保护下一代，使其得到正常的孕育、出生和哺育。生育保险为优生优育和社会劳动力素质的提高提供了物质基础。

第二节　生育保险的适用范围

我国生育保险的适用范围是所有城镇企业及其职工。

根据《企业职工生育保险试行办法》的规定，生育保险适用于我国境内一切城镇企业包括国有企业、城镇集体企业、外商投资企业、城镇私营企业以及其他城镇企业及其女职工。

而根据《女职工劳动保护规定》第2条的规定，生育保险也适用于国家机关、事业单位、社会团体及其职工。只是与企业职工生育保险相比，其法律依据不同，并非不适用生育保险制度。

资料导读

淮南市生育保险政策之一

2011年8月3日，淮南市人力资源和社会保障部门为贯彻落实《社会保险法》有关生育保险的规定，进一步完善生育保险制度，维护广大参保职工的合法权益，下发了《关于贯彻落实〈社会保险法〉有关生育保险问题的通知》，较以往有三方面不同，为广大市民带来更多实惠。

本次修订的生育保险政策扩大了生育保险的适用范围，要求本市行政区域内的企业、国家机关、事业单位、社会团体、民办非企业单位和有雇工的个体工商户等组织，应当依照规定参加生育保险，为本单位全部职工或雇工缴纳生育保险费。同时，该政策扩大了生育保险基金支付范围，将参保职工未就业配偶生育医疗费，纳入基金支付范围。而参保职工未就业配偶生育费用，则按照全市上年度人均生育医疗费用标准支付。此外，该政策还明确了生育津贴标准，将按照职工所在用人单位上年度职工月平均工资计发。

从上述资料中可以看出，不管是之前实行的相关政策法规，还是近几年颁布实施的《社会保险法》，都明确规定了企业应为其职工参保生育保险，其适用范围是城镇一切企业。而且，男职工也要参保生育保险。企业若违反规定，应负相关法律责任并进行赔偿。

私营企业也应为职工办理生育保险

【案例介绍】

申请人：张女士

被申请人：某私人企业

2009年6月18日张女士应聘到北京一家私人企业，该企业为其参保了养老保险和医疗保险。工作一年后张女士怀孕，每月都要花费检查费，生产时由于难产又花费一大笔医药费。张女士多次去找企业报销，均被企业拒绝。该企业宣称自己属于私营企业，不用给职工参保生育保险，职工因怀孕、生产等产生的相关检查和治疗费，均需职工自行承担。张女士觉得不合理，遂向当地仲裁委员会申请仲裁。

【案例评析】

原劳动部发布的《企业职工生育保险试行办法》第 2 条规定：本办法适用于城镇企业及其职工。该方法还规定，职工个人不缴纳生育保险费。生育保险根据"以支定收，收支基本平衡"的原则筹集资金，由企业按照其工资总额的一定比例向社会保险经办机构缴纳生育保险费，建立生育保险基金。生育保险费的提取比例由当地人民政府根据计划内生育人数和生育津贴、生育医疗费等项费用确定，并可根据费用支出情况适时调整，但最高不得超过工资总额的百分之一。企业缴纳的生育保险费作为期间费用处理，列入企业管理费用。

《企业职工生育保险试行办法》中的"城镇企业"并未排除私营企业。另外，各地往往会根据该办法的规定制定适用于本地区的具体办法。以北京为例，《北京市企业职工生育保险规定》的适用范围为"北京市行政区域内的城镇各类企业和与之形成劳动关系的具有北京市常住户口的职工及民办非企业单位、实行企业化管理的事业单位和与之形成劳动关系且具有本市常住户口的职工"。从上述规定可以看出，私营企业也需要缴纳生育保险。

案例中因为该企业未为张女士缴纳生育保险，企业应该承担相应的赔偿责任。《企业职工生育保险试行办法》第 13 条规定：企业欠付或拒付职工生育津贴、生育医疗费的，由劳动行政部门责令企业限期支付；对职工造成损害的，企业应承担赔偿责任。

【处理结果】

当地仲裁委员会裁决该私人企业为张女士补缴生育保险费，支付张女士生育津贴、报销生育医疗费等法律法规规定的其他项目费用。

需要提醒的是，除了依照《企业职工生育保险试行办法》的规定，张女士还应该结合她所在地的具体规定来维护自己的权益。

第三节　生育保险基金和基本待遇

一、生育保险基金概述

生育保险基金是社会保险基金的组成部分，在国家依法行政的指导思想下，生育保险基金管理也逐步纳入规范化管理的轨道。生育保险基金管理方式和其他险种一致，实行基金"收支两条线"管理，即由社会保险经办机构负责征缴社会保险费，征收的基金按照不同社会保险项目分别列账入财政部门开设的社会保障基金财政专户，社会保险机构负责支付生育保险待遇，资金由财政部门定期从财政专户中划拨。

生育保险的筹资模式是决定生育保险性质的重要因素之一。一般而言，凡是采取现收现付式和国家财政直接供款的国家，亦将社会保险财政纳入国家财政进行一体预算；凡是采取完全积累式或国家财政仅体现免税优惠的国家，则均采取将社会保险财政与国家财政完全分离的单独管理模式；部分现收现付式国家或社会保险制度中的部分项目采取部分积累式国家，则主要选择社会保险财政与国家财政适度融合型模式。在近阶段，我国党政机关、事业单位、人民团体等单位的生育保险基金来源，基本上纳入国家财政预算，以财政直接供款为主；城镇企业单位则按照一定的比例，向当地社会保险经办机构缴纳生育保险费，并采取现收现付的模式。这种模式一般根据支付的金额需要来确定保险费，基金不留积累部分，只留周转金和意外准备金，即生育保险基金均直接来源于企业，职工个人不缴纳生育保险费。生育保险基金用于支付参保企业生育职工的生育津贴、生育医疗费以及计划生育手术等费用。

在制定生育保险基金有关政策的过程中，要根据我国现阶段经济发展水平和各方面经济承受能力等方面的因素，综合考虑生育保险基金筹集的策略，以适应现有的生产力发展环境。按照 1994 年劳动部颁布的《企业职工生育保险试行办法》规定，生育保险根据"以支定收，收支基本平衡"的原则筹集资金，由企业按照其职工工资总额的一定比例向社会保险经办机构缴纳生育保险费，建立生育保险基金。筹资比例原则不超过工资总额的 1%。

由于我国区域之间发展不平衡，各地缴纳保险费的标准也不同，我国已有 27 个省、自治区、直辖市颁布并实施了生育保险规定，缴纳生育保险费的标准从 0.4% 至 1% 不等。用人单位应该按照各自统筹地区的缴费比例缴纳生育保险费。

1.生育保险基金筹资渠道

统筹地区的城镇企业，按照工资总额的一定比例向社会保险经办机构缴纳生育保险费，建立生育保险基金，以解决企业之间生育费用畸轻畸重的问题。所有企业不分所有制类型，一律按照国家法律规定，参加当地的生育保险社会统筹。

目前，生育保险基金的筹资方法有两种。一是企业按照职工工资总额的一定比例向当地社会保险经办机构缴纳生育保险费，大多数地区的缴费比例控制在职工工资总额 0.6%~0.8%，少部分地区筹资比例略高，但是没有超过 1%。二是按照人均绝对额征缴。企业按照规定的每人每月固定一个缴费额，向社会保险经办机构缴纳保险费。此办法主要在山西和河北等少部分地区实行；其他大部分地区则按照参保单位工资总额的一定比例征缴，基金提取比例一般不超过职工工资总额的 1%。

2.生育保险基金的管理

生育保险基金是国家宏观经济调控的一种手段，通过资金再分配和利益调整，达到促进生产力发展和维护社会稳定的目的。

1）生育保险基金管理的原则

（1）实施强制性原则。生育保险基金是依据国家法律法规设立的。生育保险制度作为社会保险制度之一，其建立和实施具有鲜明的强制性。生育保险基金是生育保险制度实施的物质基础，因此必然要以国家法律法规为依据，并受法律法规的保护和监督。国家要对基金的来源、筹集、运营和管理作出法律上的规定，以保证生育保险制度的正常运行。

（2）管理统一性原则。生育保险基金管理机构必须是政府部门，或是政府特别授权的专门机构。这是社会保险制度性质所决定的，主要体现政府在这一领域承担的法律责任，任何个人或私营机构，都不能也无权筹建生育保险基金。生育保险在政府部门的管理下统一而有效地筹集并合理地加以运用。

（3）使用专门性原则。生育保险基金是保证生育保险制度顺利实施而设的专用资金，是保障劳动者在生育时期仍然享有经济支持的具体表现形式，生育保险基金必须专款专用。劳动者在岗时为国家和社会作出了贡献，他们在生育期间，必须依赖生育保险制度解决他们个人无法解决的困难。依赖生育保险制度获得生活来源、医疗服务和一些必要的帮助，既是劳动者应当享有的基本权利，也是国家和社会应尽的一种义务。从这个意义上讲，生育保险基金是为广大劳动者在生育期间解决特殊困难而专门设立的资金，有严格的适用范围。因此，生育保险基金要保证专款专用，任何机构和个人都不得随意挪作他用。

（4）以基本国策为重要前提。生育保险基金的运作与国家计划生育政策衔接。国家在人口发展的宏观调控中，每次人口政策的调整，都会对生育保险产生不同程度的影响，这是其他险种不具备的特点。其主要原因是，生育保险待遇的享受者必须符合国家计划生育政策。一方面，在生育保险基金筹集的测算依据中，计划生育指标数占很大的比重，直接关系到基金筹集的数额。另一方面，计划生育工作的质量，也会直接影响生育保险基金支出。例如，在推广避孕长效措施较好的地区，就降低了人工流产等计划生育手术费用的支出，减少了生育保险基金的负担。因此，国家计划生育政策的落实与生育保险基金运作有密切的关系，要注意做好相关政策的协调与衔接。

2）生育保险基金管理方式

生育保险基金管理关系到整个生育保险制度的正常运行和职工的切身利益。加强基金监管、健全制度要从五方面入手：一是生育保险基金纳入财政专户管理、专款专用，不得挤占挪用；二是建立健全社会保险经办机构预决算制度、财务会计制度和审计制度；三是社会保险经办机构的事业经费不能从基金中提取，要由各地财政预算解决；四是各级劳动保障部门和财政部门要加强对基金的监管、审计，定期对社会保险经办机构的基金收支情况和管理情况进行审计；五是统筹地区要设立由政府有关部门代表、用人单位代表、医疗机构代表、工会代表和有关专家参加的生育保险基金监管组织，加强社会监督力度。

二、生育保险费的缴纳

用人单位按照一定的比例向社会保险经办机构缴纳生育保险费，建立生育保险基金。根据《企业职工生育保险试行办法》的规定，此提取比例由当地人民政府根据计划内生育人数和生育津贴、生育医疗费用确定，并可根据费用支出情况适时调整，但最高不得超过工资总额的1%。从实际执行的缴纳比例来看，企业为职工缴纳的生育保险费用一般在工资总额的0.6%~0.8%。但统筹地区人民政府可以根据当地情况对缴纳比例进行调整，在不超过1%的上限范围内，可以适当降低。例如，云南省人力资源和社会保障厅规定，经云南省人民政府批准，云南省在2012年1月1日至2012年12月31日，将执行省级生育保险缴费比例降低为0.4%的政策。

用人单位应当为职工缴纳生育保险费

【案例介绍】

申请人：周某

被申请人：海口某集团公司

周某从 1991 年开始在海口某集团公司工作，同年 6 月 16 日海口某集团公司向周某发放上岗许可证。1992 年 3 月 5 日，因周某被评为先进生产（工作）者，发给周某奖状一份。1993 年 1 月 1 日海口某集团公司与周某签订了用工劳动合同，该合同以年度为期限；合同期满后，如周某仍愿续签合同，在海口某集团公司允许的情况下，该合同下年度里仍然有效。2005 年 3 月 24 日，海口某集团公司以周某连续旷工 3 个月为由，对周某作出除名处理。后双方因缴纳社会保险发生争议，周某向当地仲裁委提出申述。

【案例评析】

根据海口某集团公司发给周某的奖状、上岗许可证、合同书以及对周某的处理决定等证据证明，周某至少自 1991 年 6 月至 2005 年 3 月在海口某集团公司工作，双方存在事实劳动关系。给劳动者（周某）办理并缴纳社会各项保险费，是用人单位（海口某集团公司）的法定义务，海口某集团公司应为周某补缴在职期间社会统筹之前的养老、医疗、工伤、失业、生育保险费。

【处理结果】

仲裁委员会裁决海口某集团公司为周某补缴在职期间社会统筹之前的养老、医疗、工伤、失业、生育保险费。

三、生育保险办理流程

1. 申报材料

用人单位及职工申请办理生育保险需提供的申报材料包括《社会保险登记表》《参加基本养老、工伤和生育保险人员增减表》《企业职工基本养老、工伤和生育保险申报汇总表》。

2. 申报程序

用人单位为其职工申请办理生育保险的程序如下：①用人单位持申报材料到社会劳动保险处业务大厅申报；②工作人员受理申报材料，核准后盖章返回汇总表、增减表各一份；③用人单位于次月到当地社会保险经办机构或地税部门办理缴费。

四、生育保险待遇

生育保险待遇属于短期性给付，包括生育医疗费用和生育津贴，具体而言，主要有生育假期、生育医疗保健服务、生育津贴和子女补助四个方面的内容。

1. 生育假期

生育假期即产假，是指妇女生育的法定休息时间，是妇女怀孕、分娩和产后的一定时间内享有的假期。产假不仅包括生育期间的假期，还包括怀孕假期和产后照料婴儿的假期。

1）必须享受的假期

（1）产假：正常产假+30 天（晚育产假）+15 天（难产产假）+15 天（多胞胎每多生 1 个婴儿）。

（2）产前检查：女职工妊娠期间在医疗保健机构约定的劳动时间内进行产前检查（包括妊娠 12 周以内的初查），应算作劳动时间。

（3）产前工间休息：怀孕 7 个月以上的，每天工间休息 1 小时，不得安排夜班劳动。

（4）授乳时间：婴儿 1 周岁内每天两次授乳时间，每次 30 分钟，也可合并使用。

2）可以申请的假期

（1）产前假：怀孕 7 个月以上，如工作许可，经本人申请，单位批准，可请产前假两个半月。部分属于地方法规规定必须给假的情况，单位应批准其休假。

（2）哺乳假：女职工生育后，若有困难且工作许可，由本人提出申请，经单位批准，可请哺乳假六个半月。

（3）保胎假：医生开证明，按病假待遇。

女职工的产假如何确定？

【案例介绍】

申请人：马某

被申请人：北京某公司

女职工马某被北京的一家公司录用后，双方签订了有效期限为 4 年的劳动合同。合同履行到第 3 年时（2010 年 3 月）马某因分娩需要休产假。根据马某与公司签订的劳动合同和公司的内部规定，女职工符合计划生育规定生育的，产假为 56 天。但是马某没有按照公司的内部规定休产假，而是按照国家规定休息了 90 天。因此，当马某上班时，公司根据内部规定，认定马某超过 56 天的假期为旷工，并给予除名处理。马某不服公司的处理，认为公司认定自己旷工是违反了国家关于职业妇女生育产假的规定，遂向劳动监察部门提出申请。

【案例评析】

在本案例中，马某公司的规定与国家规定的内容是不同的，马某的行为虽然不符合公司的规定，但是却没有违反国家的相关规定，那么到底应当如何处理呢？根据我国《劳动法》第 62 条和《女职工劳动保护规定》第 8 条的规定，女职工生育享受不少于 90 天的产假。马某工作的公司与马某签订的劳动合同以及公司内部规定的关于女职工产假为 56 天的规定，违反了《劳动法》和《女职工劳动保护规定》，该内部规定的内容和合同约定的内容应当是无效的。因此，马某应当有享受 90 天产假的权利，公司不应视其休假行为为旷工。

【处理结果】

劳动监察机构要求公司撤销该公司对马某的除名处理决定；补发给马某按照旷工处理期间扣除的有关工资和相关福利待遇。可见，任何企业内部管理规定必须以国家法律法规为准绳。

2.生育医疗保健服务

生育医疗保健服务是指医疗服务机构为生育女职工提供的怀孕、分娩和产后的医疗照顾和必需的住院治疗等服务。我国目前的生育保险医疗保健服务项目主要包括以下内容。

（1）女职工生育的检查、接生、手术、住院、药品、计划生育手术等费用，由生育保险基金支付。超出规定的医疗服务费和药品费用（含自费药品和营养药品的药费）由职工个人支付。

（2）女职工生育出院后，因生育引起疾病的医疗费，由生育保险基金支付；其他疾病的医疗费，按照医疗保险待遇的规定办理。

（3）女职工产假期满后，因病需要休息治疗的，按照有关病假待遇和医疗保险待遇规定办理。

（4）女职工生育或流产后，由本人或所在企业持当地计划生育部门签发的计划生育证明，婴儿出生、死亡或流产证明，到当地社会保险经办机构办理手续，领取生育津贴和报销生育医疗费。

3.生育津贴

生育津贴是指对女职工因生育而中断工作、丧失劳动收入的货币补偿。生育津贴过去一直被称作产假工资。由于1994年的《企业职工生育保险试行办法》建立了社会统筹的生育保险基金，负责提供生育津贴，女职工所在单位不再承担发放产假工资的责任，因而基本不再沿用产假工资的说法。

《企业职工生育保险试行办法》和《社会保险法》规定，"产假期间的生育津贴按照本企业上年度职工月平均工资计发"。2012年颁布的《女职工劳动保护特别规定》规定："女职工产假期间的生育津贴，对已经参加生育保险的，按照用人单位上年度职工月平均工资的标准由生育保险基金支付，对未参加生育保险的按照女职工产假前工资的标准由用人单位支付。"

我国生育津贴的支付方式和支付标准分两种情况：①在实行生育保险社会统筹的地区，由生育保险基金按本企业上年度职工月平均工资的标准支付，期限一般为98天；②在没有开展生育保险社会统筹的地区，生育津贴由本企业或单位支付，标准为女职工生育之前的基本工资和物价补贴，期限一般为98天。我国还有部分地区对晚婚、晚育的职业妇女实行适当延长生育津贴支付期的鼓励政策。

另外，符合政策的生育妇女还可以按照下列规定享受生育生活津贴：①难产的，增加半个月的生育生活津贴；②符合计划生育晚育条件的，增加1个月的生育生活津贴；③多胞胎生育的，每多生1个婴儿，增加半个月的生育生活津贴。

4.子女补助

子女补助是对女职工因生育子女而增加的支出的货币补偿。子女补助带有一定的社会福利性质，但由于它往往同社会保险的给付联系在一起，故常被视为生育保险的待遇之一。女职工生育后，不仅无劳动收入，还面临支出上升的问题。生育津贴解决无劳动收入问题，子女补助解决支出上升问题，两者相辅相成。

子女补助分一次性补助和固定补助，前者表现为对每个符合人口政策要求出生的子女给予一次性补助，主要适用于实施鼓励性生育政策的国家；后者一般都持续到一定时期，如我国规定独生子女费发到14岁。

五、生育保险报销流程

1.申请

由女职工所在单位在规定时间内凭女职工生育子女的准生证、出生证等证明向当地生育保险经办机构提出生育保险待遇申请，到社会保险经办机构办理领取生育保险待遇的手续。

申请生育保险待遇时需要申报的材料有：①生育证明（原件及复印件）；②医疗部门出具的婴儿出生（死亡）证明（原件及复印件）；③生育女职工、计划生育手术职工本人身份证（原件及复印件）；④《企业职工生育医疗证申领表》；⑤《企业职工计划生育手术医疗证申领表》；⑥《企业职工生育医疗费报销申请单》；⑦《企业职工生育保险待遇核准结算表》；⑧《企业职工生育保险外地就医申请表》；⑨生育医疗费用票据、费用清单、门诊病历、出院小结等原始资料；⑩收款收据。

2.审核

当地生育保险经办机构接到申请后，应在一定期限内审核完毕，并作出是否提供生育保险待遇的决定。经审核不提供生育保险待遇的，应当书面通知申请人，并说明理由；经审核批准提供生育保险待遇的，应当同时依法确定具体的待遇标准，通知申请人。

3.领取

获得批准的申请人，按照批准通知到指定机构领取生育津贴及其他待遇，报销医疗费用。

角色扮演

本实训项目由任课教师提前准备关于生育保险的案例，并将学员分成若干组，每组中的成员分别担任案例中涉及的纠纷双方利益成员、争议裁决机构成员，由各自负责扮演的角色阐述各方观点，任课教师最后对各方观点进行点评总结。通过此项目的训练提高学员对生育保险法律规定的理解和记忆，并提升其实践及运用能力。

案例讨论

生育保险补偿费如何"包干使用"？

申诉人陈某于2003年3月4日入职被诉单位广东省一家加工制造企业，双方签订有劳动合同，最后一份劳动合同的期限自2005年1月1日起至12月31日止，申诉人的工资为2 408元/月。2005年3月28日，申诉人因个人原因与被诉人解除劳动合同。被诉人为申诉人办理了包括生育保险在内的社会保险费缴纳手续。2003年12月1日至2004年4月29日期间，申诉人因计划内怀孕在广州市某妇幼保健院发生检查、医药费用1 177.5元；2004年5月17日至24日期间，申诉人住院剖宫产一个小孩，发生医疗费用6 267.4元；2004年6月29日，申诉人发生产后检查医药费92.9元；以上费用合计7 537.8元，被诉人未予报销。被诉人支付申诉人产妇营养费700元。2004年5月17日至11月15日申诉人休产假期间，被诉人按照申诉人原工资及待遇标准全额支付工资合计14 448元。另查明，社会保险机构于2004年9月2日支付被诉人生育保险补偿费 9 414 元。

申、被诉双方就报销医疗费用 7 537.8 元发生争议。被诉人认为,根据社会保险机构的文件,生育补偿费 9 414 元是由单位"包干使用",其中已经包括了支付给女职工的工资、奖金、补贴和检查、分娩所需费用等。申诉人休产假 182 天,单位已按其正常工作时的总收入支付了其休产假期间工资 14 448 元,并超额支付营养费 700 元。单位实际支付申诉人的待遇已超过社会保险机构支付单位的生育保险补偿,申诉人的医疗费虽未报销,但单位没有义务再支付。

思考题

1.根据我国社会保险法及相关法律规定,生育保险待遇包括哪些内容?

2.生育保险费用包括哪些项目?

3.根据案例中广东省政府颁布的相关规定,生育保险补偿费如何"包干使用"?

4.被诉人是否应支付申诉人产前检查和分娩住院医疗费及产后检查费合计 7 537.8 元?

➤本章思考题

1.结合我国二胎政策,你认为我国生育保险支付待遇是否合理?

2.我国生育保险的覆盖范围是否合理? 你认为应如何改进?

参 考 文 献

蔡泽昊.2010.中国现行生育保险制度初探.经济研究,(4):77.

陈维政,余凯成,程文文.2009.人力资源管理.第 2 版.北京: 高等教育出版社.

韩晓丽.2011.简述我国生育保险制度的完善.商业经济,(14):111–113.

黄成福.2009.职工生育保险待遇问题初探.企业科技与发展,(2):142–143.

黎建飞.2008.社会保障法.第 3 版.北京: 中国人民大学出版社.

黎建飞.2010.中华人民共和国社会保险法释义.北京: 中国法制出版社.

刘金艳.2008.论我国生育保险制度的重构.重庆大学硕士学位论文.

任正臣.2001.社会保险学.北京: 社会科学文献出版社.

田成平.2006.社会保障制度建设.北京: 人民出版社.

汪泓,吴忠,史健勇,等.2008.医疗与生育保险: 政策与实务.北京: 北京大学出版社.

乌日图.2001.医疗工伤 生育保险.北京: 中国劳动社会保障出版社.

姚宏.2005.医疗与生育保险.北京: 中国劳动社会保障出版社.

全国人大常委会.2010.中华人民共和国社会保险法.北京: 中国法制出版社.

第八章

劳务派遣用工

劳务派遣用工是在合作理念下随社会经济发展应运而生的一种用工方式，劳务派遣用工作为一种涉及三方权利与义务关系的用工方式有其特有的运作模式。

本章回答以下问题。

劳务派遣用工是如何产生的？什么是劳务派遣？

劳务派遣单位应具备怎样的资格条件？

劳务派遣用工所涉及的三方各自所拥有的权利与承担的义务是什么？

劳务派遣雇主责任如何配置？

如何保证被派遣员工的合法权益？如同工同酬是否适用于被派遣员工？

劳务派遣用工会带来哪些法律风险？

引导案例

我在为谁工作？

在 K 公司冷藏库工作的员工李某，因一时工作疏忽被 K 公司辞退。意外的是，尽管自己在 K 公司辛苦工作了 11 年，但他的身份并不是 K 公司的员工，真正的雇主是一个自己连地址都不知在哪里的劳动咨询服务公司。

调查显示李某是山东泰安市东平县人，1998 年经人介绍到北京 K 公司打工，从事仓储、搬运货物等体力工作。2008 年 4 月，北京 K 公司通知全体员工与北京桥石劳动事务咨询公司签订劳动合同，并由该咨询公司为员工代发工资、上保险。通知不签合同的员工公司将予以辞退。当时李某和很多职工认为自己一直在 K 公司打工，为什么要与一个不了解的公司签合同？但在公司的压力下，员工们与咨询公司签订了劳动合同。2009 年 5 月 11 日，李某在一次配货过程中由于过度劳累忘记贴标签，被公司以"违反拣货操作规程"辞退。长年在 K 公司冷藏库工作的李某患上了风湿病，李某要求 K 公司向他支付工作 11 年的经济补偿金，并要求公司为其补缴社会保险。K 公司不予理睬，拒不承认他们之间存在着劳动关系，并称李某告错了对象。

在多次索要未果的情况下，李某向当地劳动部门申请仲裁。劳动争议仲裁委员会也认为李某与 K 公司之间的劳动关系无法认定，而与北京桥石劳动事务咨询公司之间却有书面合同，因此驳回了李某的仲裁请求。随后，李某诉至某区法院。同年 8 月 11 日，法院开庭审理此案。法庭上，K 公司并不承认与李某存在事实劳动关系，并称李某是告错了对象。K 公司认为，李某只是以北京桥石劳动事务咨询公司员工的身份，受该公司派遣到 K 公司工作的劳务员工，而 K 公司已经向该咨询公司支付了一定的费用，三方实际形成了劳务派遣关系，李某被辞退，这种劳务派遣关系结束。因此，与李某产生劳动争议的只能是北京桥石劳动事务咨询公司，而非 K 公司。对于李某提出的诉讼请求，也应由北京桥石劳动事务咨询公司承担。

李某到现在也没弄明白，自己工作了 11 年，在为哪个公司工作？

李某的疑惑该怎样解决呢？法院将作出怎样的判决？

劳务派遣是我国在建立劳动力市场机制的实践过程中提出的一个现实课题。由于劳动合同中三方当事人的存在，劳务派遣的法律纠纷解决起来比普通劳动合同关系之中的问题更为复杂。另外，在劳务派遣中作为被派遣的劳动者，弱势地位更加突出，权益被侵害的可能性会更大。

第一节　劳务派遣基本知识概述

一、劳务派遣的产生和发展现状

劳务派遣这种新型的用工形式主要出现于 20 世纪五六十年代的美国和欧洲市场，这种用工方式改变了传统的劳动保护制度的适用条件，动摇了典型雇佣关系。为了应对这一新的用工方式对劳动制度的冲击，国际劳工组织制定了《1997 年私营就业机构公约》，首次将劳务派遣行为合法化。20 世纪 90 年代，劳务派遣随着我国市场经济的发展开始兴起，我国于 2008 年施行的《劳动合同法》首次规范了劳务派遣这一用工方式。

根据统计数据，我国目前国有企业、事业、机关单位大量存在劳务派遣工，部分央企、国企甚至有超过 2/3 的员工属于劳务派遣工。大量劳务派遣工的使用，给企业带来了实实在在的利好，同时劳务派遣用工泛滥导致多种问题并存，人力资源和社会保障部、全国总工会、全国工商联等部门都围绕劳务派遣、劳动合同法实施做过专题调研。

在一些国家，劳务派遣只可适用于那些临时性、季节性的岗位，而不能不加限制地扩大到各个行业。而在我国，劳动力市场供大于求，劳动法规不健全，劳动监察不到位等情况，致使劳务派遣业畸形发展。劳务派遣成为企业规避劳动法义务而创造出的一种人力资源管理手法。一些企业需要招聘劳动者，却偏偏不与之签订劳动合同，而是找一家劳务派遣公司签订劳务派遣合同，劳动者以派遣员工的名义从事劳动。在此情况下，企业本应与劳动者存在的事实劳动关系通过劳务派遣合同的订立，将企业的义务转嫁给了派遣单位，企业变成了与劳动者没有劳动关系的第三方。正是由于劳务派遣的特殊性，实践中劳动者的合法权益往往难以得到充分的保护，尤其是在发生工伤等重大事故时，派遣单位与用工单位相互推诿，让劳动者无所适从。同时，法律法规对劳务派遣的规定相对缺失，增加了劳动者维权的难度。

二、劳务派遣的定义

劳务派遣又称人才派遣、人才租赁、劳动派遣、劳动力租赁，是指由劳务派遣机构与劳动者订立劳动合同，劳动合同关系存在于劳务派遣机构与劳动者之间，劳动者派向实际用工单位，劳动力给付的事实则发生于劳动者与实际用工单位之间的一种用工方式。

劳务派遣这种新型的用工方式，是由一个劳动者、两个用人单位（即劳务派遣单位、实际用工单位）三方当事人组成的一种法律关系。这种法律关系通过两个合同链接起来：一个合同是劳务派遣单位和劳动者签署的劳动合同，另一个合同是劳务派遣单位和实际用工单位签署的派遣协议，或者叫派遣合同。

比较典型的劳务派遣运作方式是劳务派遣单位和劳动者签订了劳动合同以后，依据和实际用工单位签署的派遣合同或者派遣协议，将劳动者派到实际用工单位去工作。

三、劳务派遣的特征

1.劳动力的聘用和使用相分离

劳务派遣的本质特征在于劳动力的聘用和使用相分离。在劳务派遣关系中，劳务派遣单位虽然与被派遣劳动者签订劳动合同，但却不直接使用被派遣劳动者，是被派遣劳动者的名义上的用人单位。用工单位虽然直接接受被派遣劳动者的劳动，但却与其没有劳动合同。这就是所谓的"聘用单位不用人，用工单位无合同"。

2. 内部劳动管理与社会化劳动管理相结合

在劳务派遣中，劳动管理事务划分为两部分：用工单位负责被派遣劳动者的工作岗位安置、劳动任务安排、安全卫生管理、劳动纪律制定和实施等生产性劳动管理事务；而派遣单位则负责被派遣劳动者的录用、派遣、档案管理、工资支付、缴纳社会保险等非生产性劳动管理事务，相当于用工单位的"第二人力资源部"。派遣单位是独立于用工单位系统之外的社会机构，为众多的用工单位提供专业化的劳动管理服务，这就使企业的内部劳动管理转化为社会化劳动管理。

3.劳务派遣是劳动力商品化的表现

劳务派遣的实质是派遣单位将被派遣劳动者有偿提供给用工单位使用，被派遣劳动者的劳动力成为派遣单位盈利的商品。

四、劳务派遣单位设立条件

《劳动合同法》（2013 年修订）第 57 条规定，劳务派遣单位应当依照公司法的有关规定设立，注册资本不得少于 200 万元；有与开展业务相适应的固定的经营场所和设施；有符合法律、行政法规规定的劳务派遣管理制度；法律、行政法规规定的其他条件。

五、劳务派遣手续办理

劳务派遣手续简便，用人单位与劳务派遣机构签订《劳务派遣合同》，提出派遣人员的需求（人员可以由用人单位自行招聘，也可通过劳务派遣公司招聘），确定用人名单，然后由劳务派遣机构办理用工手续，具体办理派遣手续程序如下。

（1）用人单位与劳务派遣机构签订《劳务派遣合同》。在双方遵守国家劳动法规的前提下，按《中华人民共和国合同法》（简称《合同法》）明确劳务派遣合同双方的责任义务。

（2）劳务派遣机构与派遣员工签订《劳动合同》，注明所要派遣到的企业名称及岗位。

（3）实际用人单位与派遣员工签订《上岗协议》，明确双方的劳务关系及所从事工作岗位职责的具体要求。

六、实践中劳务派遣出现的问题

一直以来，劳务派遣作为一种新颖的用工形式，虽然在某些方面表现出一些积极的作用，但是在实践中，其消极作用也层出不穷。

1.规避用工风险

某些大公司利用不断为公司员工更换用人单位的做法，选择一些实力一般的公司，以"劳务派遣"的形式将公司的社会保险风险、工伤保险风险等转嫁给这些小公司。一旦发生事故需要赔偿，小公司可以随时破产，而丝毫不会影响到这些大公司，从而规避了用工风险。

劳务派遣员工发生工伤责任谁承担？

【案例介绍】

申请人：范某

被申请人：鼎诚公司、巴拉斯公司

2006 年 4 月 4 日，年仅 18 周岁的陕西女工范某与江苏省苏州市鼎诚人力资源有限公司（简称鼎诚公司，系人力资源中介公司）签订了一份劳动合同，双方约定：由鼎诚公司安排范某到巴拉斯塑胶（苏州）有限公司（简称巴拉斯公司）工作，工资为每月 690 元。合同签订后，范某即按约被派遣至巴拉斯公司工作。4 月 28 日，巴拉斯公司作为甲方、鼎诚公司作为乙方签订了劳务派遣协议一份，双方约定："乙方根据甲方要求和条件，向甲方提供合格的劳务人员；乙方委托甲方向劳务人员代为发放工资，并按照国家规定为劳务人员缴纳当地基本养老保险；甲方向乙方支付劳务人员的工资、意外伤害保险费、社会保险费管理费；劳务人员在甲方工作期间，因工伤事故造成劳务人员受伤时，甲方应及时采取救助措施并通知乙方，由乙方按国家、当地劳动部门的政策规定，办理申报工伤、劳动鉴定申报以及办理工伤待遇的申请手续，甲方提供协助，超出保险理赔范围的经济补偿，甲方应予相应适当补偿。"

2006 年 8 月 24 日，范某在工作中发生机械伤害事故，造成其左手受伤，住院治疗 26 天，巴拉斯公司为范某支付了医疗费 15000 元。2006 年 12 月 31 日，苏州市劳动和社会保障局向鼎诚公司作出《工伤认定决定书》，认定范某所受伤害为工伤。2007 年 3 月 31 日，苏州市劳动鉴定委员会向鼎诚公司作出《苏州市劳动鉴定结论通知书》，认定范某符合《职工工伤与职业病致残程度鉴定标准》七级。由于三方未能就工伤赔偿达成一致，范某于 2007 年 5 月 14 日向苏州市虎丘区劳动争议仲裁委员会提出仲裁申请，要求鼎诚公司和巴拉斯公司赔偿其住院伙食补助费、护理费、一次性伤残补助金、一次性工伤医疗补助金等，共计 183 933.42 元。2007 年 7 月，劳动争议仲裁委员会裁决鼎诚公司支付范某住院伙食补助费、停工期间工资、一次性伤残就业补助金等共计 65 794 元。巴拉斯公司支付范某一次性工伤医疗补助金 120 419 元。巴拉斯公司对此不服，遂将范某与鼎诚公司一同告上法庭。

法庭上，巴拉斯公司与鼎诚公司就范某到底是谁的员工展开了激烈的辩论。巴拉斯公司认为，范某是与鼎诚公司签订的劳动合同，由鼎诚公司劳务派遣至己方公司的，范某并没有与巴拉斯公司签订劳动合同，所以不属于公司的员工，在发生工伤事故后公司无须承担工伤赔偿责任。巴拉斯公司要求法院判令己方公司与范某之间不存在劳动合同关系，不承担对范某工伤赔偿的责任。而鼎诚公司则认为，范某虽与鼎诚公司有劳动合同，但鼎诚公司不是实际用人单位，对范某的使用、支配和收益都属于巴拉斯公司。鼎诚公司的主要责任是为企业介绍劳动人员，代为缴纳劳动者一定费用。巴拉斯公司只缴纳给鼎诚公司每人每月 60 元管理费，不足以支付鼎诚公司的成本，根据权利与义务相一致的原则，理应由巴拉斯公司承担工伤赔偿费用。工伤事故是在巴拉斯公司发生的，其有不可推脱的责任。

【案例评析】

根据《劳务派遣暂行规定》第 10 条规定，被派遣劳动者在用工单位因工作遭受事故伤害的，劳务派遣单位应当依法申请工伤认定，用工单位应当协助工伤认定的调查核实工作。劳务派遣单位承担工伤保险责任，但可以与用工单位约定补偿办法。被派遣劳动者在申请进行职业病诊断、鉴定时，用工单位应当负责处理职业病诊断、鉴定事宜，并如实提供职业病诊断、鉴定所需的劳动者职业史和职业危害接触史、工作场所职业病危害因素检测结果等资料，劳务派遣单位应当提供被派遣劳动者职业病诊断、鉴定所需的其他材料。而巴拉斯公司与鼎诚公司签订的合同中"承担相应适当补偿"的约定，逃避了对工商事故的赔偿责任。

【处理结果】

苏州市虎丘区法院经过审理认为，范某与鼎诚公司之间签订的劳动合同合法有效。鼎诚公司作为人力资源中介单位，将范某派遣至巴拉斯公司工作，现范某在工作中受伤，已经由劳动部门确认为工伤及七级伤残，鼎诚公司应当按照相关规定给予范某工伤待遇。巴拉斯公司作为实际用工单位，应当为劳动者提供足以保障其人身安全的工作环境和条件，巴拉斯公司应对范某所受到的损害，承担连带赔偿责任。巴拉斯公司与鼎诚公司之间签订的劳务派遣协议中关于工伤事故处理的约定不得对抗第三人。最终在法院的调解之下，三方就赔偿事宜达成协议。由巴拉斯公司支付范某工伤赔偿款 61 500 元，鼎诚公司支付范某工伤赔偿款 98 500 元，合计 160 000 元。

2.执行力度不够

《劳动合同法》规定，被派遣劳动者在劳务派遣单位签署的两年以上固定期限合同期内如果没有工作，劳务派遣单位应当按照所在地人民政府规定的最低工资标准，向其按月支付报酬。但是这项规定执行起来极难，因为劳务派遣公司派遣劳务挣的就是每个人每月少量的管理费，这笔费用远远低于最低工资标准。

3.分级管理标准不统一

由于目前有关劳务派遣的法律法规严重欠缺，不同地区劳动部门及企业对劳务派遣的认识很不一致，有关劳务派遣单位的设立做法不同。

4.逆向劳务派遣

逆向派遣又称逆向劳务派遣，即与本单位部分或者大部分职工解除劳动合同后，让这些解除劳动合同的职工再与本单位指定的某一劳务派遣机构重新订立劳动合同，然后由该派遣机构将这些职工再派回本单位继续工作。《劳动合同法》第 67 条规定：用人单位不得设立劳务派遣单位向本单位或者所属单位派遣劳动者。根据最高人民法院出版的相关法律解释丛书来看，法院在司法实践中已经对逆向派遣行为引发的部分案例作出了用工单位败诉的判决。

用人单位在逆向劳务派遣中的责任承担

【案例介绍】

申诉人：陈某

被申诉人：某公交公司

陈某于 2002 年 1 月被聘于被申请人某公交公司所属的 20 路车队担任驾驶员工作，双方没有签订书面劳动合同。2004 年 5 月某公交公司实行改制，此后要求陈某与福建省劳务派遣服务有限公司（简称省劳务派遣公司）签订劳动合同。2005 年 5 月 19 日，陈某与省劳务派遣公司订立了《劳动合同》，但仍在某公交公司下属的 20 路车队工作。2007 年 6 月，因陈某要求某公交公司支付身份置换前解除劳动关系的经济补偿金而引起纠纷。2007 年 6 月 22 日，陈某向福州市劳动争议仲裁委员会申请劳动争议仲裁。福州市劳动争议仲裁委员会经审理后裁决：某公交公司应一次性支付陈某经济补偿金计人民币 5 232 元。裁决后，某公交公司不服，向福州市台江区人民法院起诉。

福州市台江区人民法院审理后认为，陈某于 2002 年 1 月应聘到某公交公司所属的 20 路车队工作，双方虽未签订书面劳动合同，但已形成事实劳动关系。被告与省劳务派遣公司签订劳动合同后，虽然继续在原告某公交公司担任驾驶员，但其系作为省劳务派遣公司的劳务派遣工身份与某公交公司发生劳务关系，双方已不存在事实劳动关系。2005 年 5 月 19 日，被告与省劳务派遣公司签订劳动合同，应视为原、被告双方实际解除事实劳动关系，双方的争议已经产生。因此，被告于 2007 年 6 月 22 日申请劳动仲裁已经超过 60 日仲裁期限，故对原告提出不应支付经济补偿金的诉请，法院予以支持。一审法院判决：准许原告某公交公司不支付经济补偿金 5 232 元给被告陈某。

一审判决后，被告陈某不服，上诉称：某公交公司始终认为双方之间仍保持事实劳动关系，原审法院认定上诉人与省劳务派遣公司签订合同时，视为与某公交公司解除劳动关系，与事实不符。上诉人与省劳务派遣公司签订的协议没有得到实际履行，实际上，上诉人的工资从被聘时起均由某公交公司从其银行户头打入上诉人的工资卡。某公交公司在包办与省劳务派遣公司签订劳动合同时，没有告知与上诉人解除劳动关系，且某公交公司始终主张未与上诉人解除劳动关系。某公交公司于 2007 年 6 月 19 日建议上诉人等通过劳动仲裁方式解决双方争议，因此，本案劳动争议发生日应为 2007 年 6 月 19 日，本案并未超过劳动仲裁时效。综上，请求二审依法撤销一审判决，改判某公交公司按 2 500 元的月工资标准支付置换身份补偿金。

被上诉人某公交公司辩称：上诉人陈某系某公交公司下属的 20 路车队招用的人员。2005 年 5 月 19 日，陈某与省劳务派遣公司订立了《劳动合同》，但某公交公司并未提出与陈某解除劳动关系，陈某至今仍在某公交公司下属的 20 路车队担任驾驶员，现要求某公交公司支付解除劳动关系的经济补偿金，缺乏法律依据。为此，请求二审维持原判。

【案例评析】

逆向劳务派遣分为以下两种类型。第一种类型是用人单位在尚未解除或终止劳动关系（包括事实劳动关系）的情形下，又让劳动者与劳务派遣机构签订劳动合同后派遣回原用人单位继续劳动。第二种类型是用人单位与劳动者解除或终止劳动关系（包括事实劳动关系）后，让劳动者与劳务派遣机构签订劳动合同并派遣回原用人单位继续劳动。在第一种类型情形下的劳务派遣的实质是借用劳务派遣的形式，来掩盖和规避真实存在的劳动关系的假派遣。此种情形的逆向劳务派遣，由于劳动关系的唯一性，且用人单位逆向派遣的目的是为了逃避法律责任，在劳动者尚未与原用人单位解除或终止劳动关系的情形下，应该认定劳动者与派遣机构所签订的劳动合同为无效合同，用人单位仍与劳动者存在劳动关系，应由用人单位承担劳动法中用工主体所应承担的法律责任。本案中，陈某的劳务派遣就是属于第一种类型的逆向劳务派遣。某公交公司在尚未与陈某解除事实劳动关系的前提下，即安排陈某与省劳务派遣公司签订劳动合同，再以省劳务派遣公司员工的名义继续留在某公交公司工作。基于劳动关系的唯一性以及陈某在公交公司工作的连贯性，陈某劳动关系中的真实用工主体应为某公交公司而非省劳务派遣公司，一审判决某公交公司与陈某于 2015 年 5 月 19 日起不存在劳动关系的判断有误，而福州市中级人民法院最终认定某公交公司与陈某依然存在劳动关系是合理合法的。

上诉人于 2002 年 1 月被聘于被上诉人某公交公司所属的 20 路车队工作，双方之间虽未签订书面劳动合同，但已形成事实劳动关系。上诉人虽于 2005 年 5 月 19 日与省劳务派遣公司签订劳动合同，但上诉人至今仍在某公交公司所属的 20 路车队工作，其工作岗位没有发生任何变化，工资仍由某公交公司发放，且某公交公司亦主张其与上诉人之间的事实劳动关系至今尚未解除，因此，上诉人与某公交公司之间的事实劳动关系仍然存在。被上诉人某公交公司在尚未解除与上诉人之间事实劳动关系的情况下，又让上诉人与省劳务派遣公司签订劳动合同后将其派遣回某公交公司继续工作，被上诉人某公交公司的上述行为属借用劳务派遣名义、逃避法律责任的行为。因此，陈某虽与省劳务派遣公司签订了劳动合同，但双方之间未建立实质性的劳务派遣关系，该劳动合同应为无效合同。

【处理结果】

福州市中级人民法院经审理后认为：一审判决认定上诉人与省劳务派遣公司签订的劳动合同为有效合同，上诉人与省劳务派遣公司签订劳动合同后即视为与某公交公司解除事实劳动关系，属适用法律错误，本院予以纠正。

上述案件主要涉及对劳务派遣法律问题的正确认识与界定。逆向劳务派遣在企业（特别是国有企事业单位）中大量存在，也是引发劳动纠纷的集中地。在第二种逆向劳务派遣情形下，因原用人单位与劳动者的劳动关系已经解除或终止，双方基于劳动关系所产生的权利义务已经依法终结，劳动者与派遣机构签订的劳动合同应当认定为有效合同，应由派遣机构承担劳动法所规定用工主体应承担的法律义务，同时享有劳动法所规定用工主体的法定权利。应当注意的是，在此情形下用人单位无需对逆向劳务派遣后的用工行为承担劳动法所规定法定义务的关键前提是：解除或终止此前的劳动关系（包括事实劳动关系）。

除此之外，实践中还存在一些其他问题。很多企业和公司认为，劳动关系在劳务公司，工资应该由劳务公司代为支付，但当工资被劳务公司代发后，又会出现其他情况，如劳务公司携款潜逃怎么办？工资被劳务公司克扣怎么办？法律不直接规定由用工单位直接向被派遣劳动者支付工资、加班费及其他福利，因此问题应运而生。可见，对劳务派遣进行法律规制已成为当务之急。

第二节　劳务派遣中的权责划分与法律风险

一、劳务派遣双方权责划分

1.派遣单位承担人事管理方面的过错责任

在派遣劳动者实际工作中，派遣单位的监督、控制力不强，劳动控制权由用工单位掌握，因此要求派遣单位无条件地对其没有掌控权的损害承担连带责任是不合理的。派遣单位仅负责劳动者的招聘、选任派遣、档案管理、支付报酬、购买社会保险、解聘等事宜，行使人事管理方面的职能。如果派遣单位在人事管理事项中存在过错或违法行为导致劳动者权益受到侵害，应当承担责任，符合"谁负责，谁承担"的原理。

《中华人民共和国侵权责任法》（简称《侵权责任法》）规定："劳务派遣期间，被派遣的工作人员因执行工作任务造成他人损害的，由接受劳务派遣的用工单位承担侵权责任；劳务派遣单位有过错的，承担相应的补充责任。"这一规定确立了被派遣劳动者职务侵权责任的配置方式，即用工单位应当承担无过错责任，派遣单位承担过错责任。劳务派遣在人员的选任上存在过错，且该过错与侵权责任有直接关系的，派遣单位承担与其过错相应的赔偿责任。劳动者是由派遣单位招聘的，如果因为选任不合格导致劳动者在派遣劳动中侵权，派遣单位应当承担责任。

派遣单位派遣劳动者应当与接受以劳务派遣形式用工的单位订立劳务派遣协议。劳务派遣协议应当约定派遣岗位和人员数量、派遣期限、劳动报酬和社会保险费的数额与支付方式以及违反协议的责任。

劳务派遣单位应当将劳务派遣协议的内容告知被派遣劳动者。劳务派遣单位不得克扣用工单位按照劳务派遣协议支付给被派遣劳动者的劳动报酬。劳务派遣单位和用工单位不得向被派遣劳动者收取费用。

劳务派遣单位跨地区派遣劳动者的,被派遣劳动者享有的劳动报酬和劳动条件,按照用工单位所在地的标准执行。

2.用工单位承担无过错责任

在劳务派遣中用工单位掌握被派遣劳动者的实际劳动控制权,行使劳动监督、指挥、控制的权能,劳动者是在用工单位的安排下进行工作且实际处于用工单位的控制之下,并遵守用工单位的规章制度。对劳动者进行使用正是用工单位的目的,用工单位利用劳动者的工作受益,承担相应的风险,符合"谁受益,谁担责"的原理。总的来说,用工单位须承担工作过程中劳动者受害的无过错责任。

用工单位应当根据工作岗位的实际需要与劳务派遣单位确定派遣期限,不得将连续用工期限分割订立数个短期劳务派遣协议。用工单位应当履行下列义务:执行国家劳动标准,提供相应的劳动条件和劳动保护;告知被派遣劳动者的工作要求和劳动报酬;支付加班费、绩效奖金,提供与工作岗位相关的福利待遇;对在岗被派遣劳动者进行工作岗位所必需的培训;连续用工的,实行正常的工资调整机制。

用人单位不得设立劳务派遣单位向本单位或者所属单位派遣劳动者,用工单位不得将被派遣劳动者再派遣到其他用人单位。

3.劳动者责任与权利

被派遣劳动者有《劳动合同法》第39条和第40条第1项、第2项规定情形的,用工单位可以将劳动者退回劳务派遣单位,劳务派遣单位依照本法有关规定,可以与劳动者解除劳动合同。

被派遣劳动者可以依照《劳动合同法》第36条、第38条的规定与劳务派遣单位解除劳动合同。

被派遣劳动者有权在劳务派遣单位或用工单位依法参加或组织工会,维护自身合法权益。

被派遣劳动者享有与用工单位的劳动者同工同酬的权利。用工单位无同类岗位劳动者的,参照用工单位所在地相同或者相近岗位劳动者的劳动报酬确定。

劳务派遣中的同工同酬解读

【案例介绍】

申请人:甲和乙

被申请人:A公司、B公司

甲和乙在路边看到 A 公司招工简章。招工简章内容：签订书面劳动合同；工作岗位为运转工；工作时间为四班三运转；工作地点为 B 公司；工资为 680 元/月；缴纳养老保险。甲和乙经过面试体检合格后到 B 公司上班。工作一段时间后，甲和乙发现 B 公司其他员工从事同样工作，工作时间和工作量完全相同，但工资却比甲、乙高。其他福利待遇甲和乙也都没有享受到。于是，甲、乙申请辞职并申请劳动仲裁。

【案例评析】

本案中 A 公司和 B 公司存在违反《劳动合同法》之处在于同工同酬的问题。A 公司实际是劳务派遣公司，B 公司则是实际用工单位。甲、乙二人是被 A 公司派往 B 公司工作。根据《劳动合同法》第 63 条的规定，被派遣劳动者享有与用工单位劳动者同工同酬的权利。

【处理结果】

裁决 B 公司补齐甲、乙二人与 B 公司同岗位员工的工资差额及未享受的其他福利待遇。

二、劳务派遣中的法律风险

1. 招聘员工时的法律风险

由于劳务派遣是"招人的不用人，用人的不招人"，因此很多实际用人单位都不太放心让派遣服务机构去招聘人员。于是在实务中普遍出现了这样的一种操作模式：由用人单位招工，招到合适人员以后，再由派遣服务机构与员工签订劳动合同。这种操作模式体现到派遣协议中则出现了这样一些条款，"派遣公司根据实际用人单位的要求代实际用人单位招聘某某岗位多少名员工""实际用人单位自己直接招聘派遣员工，而后和派遣公司建立劳动关系后再派往实际用人单位工作""派遣公司的招聘人选以及过程应接受实际用人单位的监督与确认"。这些条款的规定带来的是招聘主体的不明确，进而带来的是劳动关系主体的混乱，造成派遣员工的认识错误。一旦发生纠纷特别是发生工伤事件，不管是派遣服务机构还是实际用人单位都会被卷进纠纷中。

2. 规章制度冲突的法律风险

规章制度冲突的法律风险通常是指派遣单位和用人单位规章制度不一致导致的风险。

派遣服务机构与实际用人单位的规章制度发生冲突怎么办？

【案例介绍】

申请人：张某

被申请人：某科技公司

2004 年 1 月张某与某对外服务公司签订 3 年期的劳动合同后被派遣到某科技公司工作。某对外服务公司的《工资支付管理办法》规定工资分三部分发放，即月度工资、季度奖和年终奖。在应发放季度奖或年终奖之前解除合同的，季度奖或年终奖按照比例支付。某科技公司为了加强对派遣员工的管理，专门针对这类员工也制定了《员工手册》。《员工手册》对季度奖和年终奖的发放作了这样的规定："员工在季度奖和年终奖发放时已经离职的，不得享受季度奖和年终奖。"2005年6月，张某解除劳动合同时，向某科技公司主张季度奖和年终奖。某科技公司根据《员工手册》予以拒绝。为此，张某提起仲裁。

【案例评析】

这是一起典型的因派遣服务机构与实际用人单位的规章制度发生冲突而引起的案件。从法律上讲，派遣服务机构作为劳动者法律上的用人单位，需要承担劳动法规定的一系列用人单位应当承担的义务，因此为了规范劳动者的工作行为，派遣服务机构有权制定规章制度，劳动者也有义务遵守执行。而实际用人单位为了自己的生产经营能够正常有序地进行，制定规范派遣员工的规章制度，也无可厚非。实际用人单位如果想让自己的规章制度对派遣员工有约束力，在制定时最好查阅派遣服务机构制定的类似规章制度，以避免矛盾。

【处理结果】

法律法规对此没有作明文规定。这类纠纷一旦形成，往往需要仲裁员本着维护劳动者合法权益的原则进行裁量。经仲裁员调解：张某获得了一个季度的奖金。

3.工资支付的法律风险

部分实际用人单位在采用派遣用工时，出于种种考虑未采取一定的技术措施直接向派遣员工发放工资。殊不知工资的发放形式往往是认定事实劳动关系的最重要因素，一旦被认定事实劳动关系就要承担雇主责任。那么，实际用人单位出于避免雇主责任而采取的劳务派遣用工形式就白白浪费了。

实际用人单位在选择劳务派遣服务机构时，一定要进行资质审查、资信调查，对规模较小、抗风险能力差的派遣服务机构在签订派遣协议时，可以要求对方提供担保；在履行派遣协议时，应当及时支付相关的服务费用，以避免不必要的法律风险。

4.出资培训与服务期约定的法律风险

实际用人单位出资培训劳务派遣用工并与之签订服务期限是保障实际用人单位权益的常用方法，但也时常遇到劳务派遣用工只接受培训，不提供服务的风险。因此，实际用人单位应保留培训费用的合法支付凭证以减少因上述事件发生而产生的损失。

服务期协议为何失效？

【案例介绍】

申请人：B公司

被申请人：孙某

孙某从复旦大学毕业后进入了上海一家著名跨国企业（以下称为B公司）从事研发工作。不过，孙某是和某外服公司（以下称为C公司）签订了1年期合同而后被派往B公司处工作的。两个月后，B公司送孙某前往美国耶鲁大学学习1年。临行前，B公司与C公司对原来的《派遣协议》作了变更，增加了条款，约定孙某学成归国后应为 B 公司连续工作 3 年，期限从 2000 年 5 月 1 日至 2003 年 4 月 30 日。孙某若提前离开 B 公司，违约金为 30 万元人民币。孙某学成回国后不久，即跳槽到另一家单位。B 公司提起仲裁，要求孙某支付违约金。

【案例评析】

服务期协议的主体双方是法律上的用人单位和劳动者，在本案例中应当是 C 公司和孙某。然而，实际上 C 公司并没有对孙某出资进行培训，因此按照规定，双方不能约定服务期。而 B 公司虽然出资对孙某进行了培训，但由于其和孙某之间并不是劳动法律关系，B 公司不是孙某法律上的雇主，因此也不能签订服务期协议。因此，B 公司和 C 公司就选择了在《派遣协议》中作出约定，导致对孙某无效。

【处理结果】

B 公司申请未能得到支持。

5.员工侵害实际用人单位合法权益的法律风险

劳动者在用人单位工作时，如果因过错损害到用人单位合法权益，给用人单位造成经济损失，劳动者需要赔偿用人单位经济损失。但是，劳动者的经济承受能力是有限的，因此用人单位的经济损失往往很难得到完全的弥补。在劳务派遣用工中，由于派遣服务机构的存在，而且派遣服务机构是派遣员工的实际雇主，因此多数实际用人单位希望由风险承担能力较强的派遣服务机构来承担经济损失的赔偿。

因此，用人单位如果确实想由派遣服务机构来承担经济损失的赔偿责任，那么就应当把这种员工的侵权责任转化为派遣服务机构的违约责任。具体来说，就是在派遣协议中约定：派遣服务机构应教育自己的员工遵守实际用人单位的规章制度；派遣员工违反用人单位的规章制度造成用人单位损失的，视为派遣服务机构违反合同约定，应承担违约责任；派遣服务机构对用人单位承担违约责任后，可视情节追究派遣员工的责任。这样，既避免了侵权责任的难以认定，也强化了派遣服务机构的雇主责任，还可以最大限度地弥补用人单位的经济损失。

涉外劳务派遣者违反竞业禁止遭索赔

【案例介绍】

申诉人：英国 A.B.C.特选食品有限公司

被申诉人：喻某

申诉人英国 A.B.C.特选食品有限公司诉称，申诉人是一家专门经营水产品的英国公司，为中国多家水产品企业出口产品提供居间服务。被申诉人喻某于 2008 年 1 月 1 日与中国四达国家经济技术合作公司签订了劳动合同，并于同日被派遣至申诉人北京代表处工作。被申诉人同意派遣，并表示愿意遵守申诉人的相关规章制度，包括但不限于竞业禁止，即在任职期间，不会参与申诉人经营范围相同或相类似领域的任何其他商业性活动，也不会在其他单位从事兼职工作。被申诉人经聘任在申诉人北京代表处担任区域销售经理，在接受申诉人培训后，依据申诉人安排专门负责水产品居间业务的相关联络工作，包括与国外客户洽联，代收国外客户订单，掌握相关国内供货商、国外客户业务联系资料，转接相关文件等。2008 年 11 月 19 日，申诉人发现被申诉人公然违反劳动合同及其附件中关于被申诉人在任职期间竞业禁止的约定，违反其签订的《保密承诺书》中所做的郑重承诺，在申诉人北京代表处任职期间，公然从事与申诉人业务领域相同的商业活动，与申诉人的国外客户进行私自交易，与申诉人前员工联系，谋划成立与申诉人业务领域相同的公司。故申诉人以被申诉人违反竞业禁止为由，请求法院依法判令被申诉人因违反竞业禁止约定，赔偿申诉人人民币 216 000 元，因违法解除劳动合同及聘用合同，赔偿原告 15 501.41 元，并承担本案的诉讼费用。被申诉人喻某辩称，自己是中国四达国际经济技术合作公司派遣到申诉人处工作的员工，申诉人、被申诉人之间并不构成劳动关系，所以申诉人无权向被申诉人主张违反劳动合同的任何损失，且未给申诉人造成任何损失。

【案例评析】

本案涉及劳务派遣中用工单位和被派遣劳动者的竞业禁止和保密协议问题。劳务派遣公司与被派遣劳动者两者间是劳动关系，劳务公司与用工单位之间是民事合同关系，劳动者与用工单位之间是一种劳务使用关系。根据现行劳动合同法，订立竞业禁止的主体是用人单位和劳动者，出于保护商业秘密的需要，用工单位有订立竞业禁止协议的需求。根据《劳动合同法》第 23 条，对负有保密义务的劳动者，用人单位可以在劳动合同或者保密协议中与劳动者约定竞业禁止条款，并约定在解除或者终止劳动合同后，在竞业禁止期限内按月给予劳动者经济补偿。

【处理结果】

根据《劳动合同法》第 65 条第 2 款规定："被派遣劳动者有本法第三十九条和第四十条第一项、第二项规定情形的，用工单位可以将劳动者退回劳务派遣单位，劳务派遣单位依照本法有关规定，可以与劳动者解除劳动合同。"本案中，被申诉人擅自从事与原单位相同业务，构成《劳动合同法》第 39 条第 3 项即严重失职，营私舞弊，给用人单位造成重大损害的，依法用工单位虽无权直接解除劳务合同，但可以将劳动者退回劳务派遣单位。至于损害的追究，《劳动合同法》并未明确规定被派遣劳动者给用工单位造成损害的赔偿责任，但是如劳动者涉及不正当利用用工单位商业秘密，用工单位可依《反不正当竞争法》要求赔偿。经法院审理判令喻某赔偿英国A.B.C.特选食品有限公司人民币 20 万元。

三、关于对外劳务合作经营资格管理

根据我国法律规定，从事对外劳务合作的企业须经商务部许可取得对外劳务合作经营资格，并在领取《中华人民共和国对外劳务合作经营资格证书》（简称《资格证书》）后，方可开展对外劳务合作经营活动。境外企业、自然人及外国驻华机构不得直接在中国境内招收劳务人员。

（一）申请对外劳务合作经营资格的企业应具备的条件

（1）依法登记注册的企业法人，注册 3 年以上，注册资本金不低于 500 万元人民币，中西部地区企业不低于 300 万元人民币。

（2）具有相当的经营能力，资产负债率不超过 50%，无不良行为记录。

（3）拥有固定的经营场所，办公面积不低于 300 平方米。

（4）具备健全的管理制度，通过 ISO9000 质量管理体系认证。

（5）具有足额交纳对外劳务合作备用金的能力。

（6）具有大专以上学历或中级以上职称的对外劳务合作专业人员不少于 5 人，专职培训管理人员和财务人员均不少于 2 人，法律人员不少于 1 人。

（7）具有相应市场开拓能力和现场管理能力。

（8）具有一定工作基础，近 3 年向具有对外劳务合作经营资格的企业提供外派劳务人员不少于 300 人。

企业申请对外劳务合作经营资格，应向注册地省、自治区、直辖市或计划单列市商务主管部门（简称"地方商务主管部门"）提出书面申请。地方商务主管部门在收到企业的全部申请材料后，应在 10 个工作日内完成初审，并将初审意见连同企业全部申请材料一并报商务部。商务部在收到地方商务主管部门的初审意见和企业的全部申请材料后，在 15 个工作日内，作出是否许可对外劳务合作经营资格的批复，抄送相关部门。不予许可的，应说明理由。

（二）申请对外劳务合作经营资格的企业须提交的材料

（1）企业的申请报告。

（2）企业法人营业执照复印件、银行资信证明原件。

（3）会计师事务所出具的企业验资报告、财务年度报告、资产负债表复印件，税务机关出具的完税证明原件。

（4）经营场所产权证明或固定场所租赁证明复印件。

（5）公司章程、经营管理制度、ISO9000 质量管理体系认证证书复印件。

（6）《对外劳务合作经营资格管理办法》第 5 条第 6 项规定的相关专业人员证书复印件。

（7）拟开展对外劳务合作的国别及地区可行性报告。

（8）具有对外劳务合作经营资格的企业出具的提供外派劳务人数证明原件。

（9）法律法规要求的其他材料。

企业自取得对外劳务合作经营资格许可之日起 30 日内，根据原外经贸部、财政部发布的《对外劳务合作备用金暂行办法》（2001 年第 7 号令）和商务部、财政部发布的《关于修改〈对外劳务合作备用金暂行办法〉的决定》（2003 年第 2 号令）的规定，办理交纳对外劳务合作备用金手续，到地方商务主管部门领取《资格证书》。企业在领取《资格证书》30 日内，向原企业登记主管机关办理变更登记。具有对外劳务合作经营资格的企业变更企业名称、注册资本和经营场所的，应依法向原企业登记主管机关申请办理登记。经登记后 30 个工作日内，报地方商务主管部门及商务部备案。经商务部批准具有对外承包工程经营资格的企业，可向其对外签约的境外承包工程项目派遣所需劳务人员。

具有对外劳务合作经营资格的企业在经营活动中违反国家对外劳务合作管理规定，由商务部给予警告或罚款，构成犯罪的，依法追究刑事责任。具有对外劳务合作经营资格的企业在经营活动中，违反国家工商行政管理规定和国家出入境管理规定，被工商行政管理机关和公安机关依法查处的，由商务部给予警告。

未取得对外劳务合作经营资格，未依法办理工商登记，擅自从事对外劳务合作经营活动的，由各级商务主管部门和工商行政管理机关依法查处，构成犯罪的，依法追究刑事责任。

劳务派遣协议中"用工单位有权随时将被派遣劳动者退工"的约定有效吗？

【案例介绍】

申请人：王某

被申请人：北京某劳务派遣公司、美国某公司驻北京办事处

2004年2月17日，王某与北京某劳务派遣公司（简称用人单位）建立劳动关系，同日被派遣至美国某公司驻北京办事处（简称用工单位）。2009年2月15日，用人单位与王某再续签为期三年的劳动合同。合同中约定"劳动者同意用人单位或者用工单位有权对劳动者工作岗位自主调动""用工单位有权随时将劳动者退回用人单位"。2009年7月8日，用工单位以王某的工作岗位不复存在为由将王某退回至用人单位，王某认为用工单位单方退工违法，拒绝用人单位的待岗决定，争议由此发生。

王某仲裁申请节选：我自2004年2月17日经用人单位劳务派遣至用工单位工作，任广告部经理职务，被退工前12个月平均月工资为22112.15元。最后一份劳动合同的期限是2009年2月15日至2012年2月14日。2009年7月8日，用工单位将我退回至用人单位，并将退工经济补偿金支付给用人单位。我认为用工单位退工违法，于2009年11月8日分别向用人单位和用工单位发出不认可退工通知书。2009年11月11日我收到用人单位书面通知要求我待岗，按照800元的最低工资领取待岗工资，并要求我按照公司规章制度的要求每天去单位报到学习。由于处于对用工单位的劳动争议期间，我未到用人单位待岗，单位自2009年11月29日开始停发我的工资，我于2010年2月28日以公司拖欠工资，不提供劳动条件为由向用人单位发出解除劳动合同通知书，现在我请求仲裁：①请求确认用工单位作出的退工决定违法，支付违法退工双倍经济补偿金差额部分（以每月22 112.15元计）。②请求用人单位支付被迫解除劳动合同经济补偿金及50%额外经济补偿金（以每月22 112.15元计）。③补发2009年9月9日至2010年1月19日的待遇及25%经济补偿金（以每月22 112.15元计）。

用工单位辩称：按照与用人单位签订的劳务派遣协议，我方随时有权将王某退回用人单位，并依照合同约定向用人单位支付王某的退工安置费。退工合法，故请仲裁委员会驳回王某的全部仲裁请求。

关于用人单位是否拖欠问题。用人单位认为：申请人自2009年7月9日不再提供劳动，且不按照公司安排执行待岗任务，依据双方所签订的劳动合同，待岗期间，王某不按照规定到公司报到学习的，公司有权不发放待岗期间工资。因此，申请人以我公司拖欠工资为由单方解除劳动合同，解除理由不成立，我公司无需向其支付被迫解除劳动合同的经济补偿金。

【案例评析】

《劳动合同法》第35条规定，用人单位与劳动者协商一致，可以变更劳动合同约定的内容。

变更劳动合同，应当采用书面形式。变更后的劳动合同文本由用人单位和劳动者各执一份。《劳动合同法》第 40 条规定：有下列情形之一的，用人单位提前 30 日以书面形式通知劳动者本人或者额外支付劳动者一个月工资后，可以解除劳动合同：①劳动者患病或者非因工负伤，在规定的医疗期满后不能从事原工作，也不能从事由用人单位另行安排的工作的；②劳动者不能胜任工作，经过培训或者调整工作岗位，仍不能胜任工作的；③劳动合同订立时所依据的客观情况发生重大变化，致使劳动合同无法履行，经用人单位与劳动者协商，未能就变更劳动合同内容达成协议的。

以上规定均可以看出，劳动合同法对变更劳动者工作岗位有特殊规定，变更应当与劳动者协商一致或者劳动者有符合《劳动合同法》第 40 条的规定。本案中，劳务派遣单位在与被派遣劳动者签订劳动合同时，事先在合同里面约定"劳动者同意用人单位或者用工单位有权对劳动者工作岗位自主调动"，该约定显然排除了劳动者在将来面对用工单位或者用人单位单方调岗时自己的选择权，减少了用人单位调动员工工作岗位时应当承担的法定义务。根据《劳动合同法》第 26 条之规定：用人单位免除自己的法定责任、排除劳动者权利的，依法应当被认定为无效条款。

【处理结果】

我国《宪法》第 51 条规定，中华人民共和国公民在行使权利的时候，不得损害国家的、社会的、集体的利益和其他公民的合法的自由和权利。《民法通则》第 58 条和《合同法》第 52 条规定，恶意串通，损害国家、集体或者第三人利益的合同无效。劳务派遣单位和用工单位的劳务派遣协议并不因为具有民事合同的性质而可以对所有的条款任意签订，如果该条款损害了第三人的利益，该合同条款无效。而劳务派遣单位与用工单位签订劳务派遣协议约定"用工单位有权随时将劳动者退回至用人单位"损害了第三人——被劳务派遣劳动者的利益。《劳动合同法》规定劳动者工作岗位不得被随意改变是法律赋予劳动者的一项权利。合同中约定的"劳动者同意用人单位或用工单位有权对劳动者工作岗位自主调动""用工单位有权随时将劳动者退回用工单位"条款无效。因此，以上约定依法应当认定为无效，用工单位不能依据无效约定退工。

经仲裁委员会调解达成以下协议：①王某与用人单位合同有效，继续履行。②王某的经济损失由用人单位和用工单位共同承担。

第三节　被派遣劳动者的职业安全与卫生保护制度

劳务派遣女员工怀孕能否要求恢复劳动关系

【案例介绍】

申请人：王女士

被申请人：某保修服务公司、某劳务派遣公司

王女士与劳务派遣公司签订了为期 2 年的劳动合同，由劳务派遣公司派遣王女士到某保修服务公司担任业务总监一职。王女士工作一段时间后保修服务公司认为王女士存在严重的沟通

问题，经过培训也不能胜任工作，因此将她退回劳务派遣公司。不久，劳务派遣公司与王女士解除了劳动合同。王女士提出，她在保修服务公司工作期间就已怀孕，要求劳务派遣公司继续按照原工资标准发放劳动报酬。劳务派遣公司辩称，王女士在解除劳动合同前从未告知怀孕，公司不存在任何过错，因而没有义务支付期间工资。保修服务公司也辩称，公司也不知王女士怀孕的事，作出退回决定并不存在过错。而王女士本人也无法在仲裁庭上提供证据，证明自己告知过怀孕一事。

【案例评析】

劳务派遣公司和保修服务公司在分别作出解除、退回决定时，均不知晓王女士已怀孕，因此主观上没有恶意，但劳务派遣公司作为用人单位应承担对怀孕女职工的法定义务。

【处理结果】

因王女士提供怀孕医学证明显示其在工作期间确已怀孕，经仲裁员调解，在王女士要求恢复劳动关系的意愿下将劳动合同予以顺延。

职业安全卫生权也称劳动保护权，是指劳动者在职业劳动中人身安全和身心健康获得保障，从而免遭职业危害的权利。职业安全卫生权的基础是人的生命和健康的权利，职业安全权是最基本人权的体现。

在新理念支撑下的劳务派遣用工职业安全权与以往的权利相比较，具有以下几方面变化。第一，保护的全面性和系统性。将职业中各种危险因素的防范和治理均纳入法律调整的框架之内，包括意外事故、职业病预防、诊疗与康复等。第二，强化劳务派遣劳动者权利主体地位。在法律中直接规定劳务派遣劳动者享有工作环境权，使其由被动权利主体转变为主动权利主体。被派遣劳动者有权在劳务派遣单位或者用工单位依法参加或者组织工会，维护自身的合法权益。第三，强调工作环境权实现中的合作，赋予劳动者参与所在企业安全卫生条件改善的决策权。第四，权利内容体系进一步完善，包括与劳动安全相关的劳动者的参与权、知情权、安全代表的紧急处置权、拒绝权、培训权等。第五，工伤保险权中的保险对象进一步扩大，更加有效地对劳动者提供物质帮助。

劳务派遣员工如何休年假？

【案例介绍】

申请人：朱先生

被申请人：某保安公司

朱先生是一家保安公司的劳务派遣员工，在该公司已工作两年，看到国家有关年休假的规定后，他向单位人事部门负责人提出休年休假的要求，对方却说公司没有这个先例。

【案例评析】

《企业职工带薪年休假实施办法》体现了对劳务派遣单位职工年休假权利的保障，该办法规定，劳务派遣单位的职工连续工作满12个月以上的，享受带薪年休假。但被派遣职工在劳动合同期限内无工作期间由劳务派遣单位依法支付劳动报酬的天数多于其全年应当享受的年休假天数的,不享受当年的年休假;少于其全年应当享受的年休假天数的,劳务派遣单位、用工单位应当协商安排补足被派遣职工年休假天数。

用人单位与职工解除或者终止劳动合同时,当年度未安排职工休满应休年休假的,应当按照职工当年已工作时间折算应休未休年休假天数并支付未休年休假工资报酬,但折算后不足 1 整天的部分不支付未休年休假工资报酬。折算方法即当年度在本单位已过日历天数÷365 天×(职工本人全年应当享受的年休假天数−当年度已安排年休假天数)。用人单位当年已安排职工年休假的,多于折算应休年休假的天数不再扣回。

【处理结果】

裁决保安公司给朱先生补休应享受的年假。

被派遣劳动者与企业的正常职员享有平等的人身生命健康保护的权利。各国都禁止企业以各种非正常原因而歧视劳动者。就劳动条件和劳动保护而言,我们有国家劳动标准和规范特殊工种的法规或者政策。由于劳务派遣仅仅被设定在"临时性、辅助性或者替代性"的工作岗位上,对于这种"临时性"的用工,用工单位考虑到"临时性"的用工时间不长,对人体损害的程度不严重,发生事故的频率也较低,就怠于采取或者根本不提供相关的劳动条件和劳动保护措施。

《劳动合同法》规定派遣单位与被派遣劳动者的劳动合同应该包含"劳动保护、劳动条件和职业危害防护"的条款;劳务派遣协议应当约定派遣岗位和人员数量、派遣期限、劳动报酬和社会保险费的数额与支付方式以及违反协议的责任;用工单位应该执行国家安全标准,提供相应的劳动条件和劳动保护,保证被派遣劳动者休息休假的权利。

劳务派遣人员医疗期内可解除劳动关系吗?

【案例介绍】

申请人:钟某

被申请人:上海某劳务派遣公司、某外资机构上海代表处

2008 年 11 月 21 日,钟某与上海某劳务派遣公司签订了为期一年的劳动合同,期限至 2009 年 11 月 20 日止,并约定将钟某派遣至某外资机构上海代表处工作,劳动报酬由代表处直接支付给钟某,代表处与钟某约定其每月工资为 12000 元。2009 年 11 月 12 日,钟某通过电子邮件方式告知代表处,其需住院接受手术,代表处回复同意其治病,并于次日派人前往医院探望。钟某于 12 月 5 日治愈出院,医生建议需继续休息三周。2009 年 11 月 18 日,代表处向劳务派遣公司发出《派遣员工退回通知书》,称其与钟某的合同期限满后,将钟某退回劳务派遣公司,不再续用,并注明钟某"目前因病开刀住院中",同时还称钟某不存在"在规定的医疗期内"的情形。2009 年 11 月 20 日,劳务派遣公司出具《退工证明》,终止了与钟某的劳动关系。因劳务派遣公司书写地址出现错误,钟某于 12 月 16 日才收到退工单。钟某认为自己尚处于医疗

期内，劳务派遣公司属于违法终止合同，于是提起劳动争议仲裁，要求劳务派遣公司支付违法终止劳动合同的赔偿金。

【案例评析】

这是一起典型的劳务派遣合同纠纷案，本案涉及劳务派遣公司、用工单位和劳动者三方，主要的争议焦点在于"劳动者医疗期的举证责任，合同到期出现顺延情形，违法终止合同的法律后果"等问题。本案中钟某的劳动合同于 2009 年 11 月 20 日期满，而钟某从 11 月 12 日至 12 月 5 日在住院期间，是否属于"在规定的医疗期内"呢？出现劳动者尚在生病治疗过程中的情形，是否属于医疗期届满，能否解除或终止劳动合同，不应当由劳动者来承担举证责任。根据《最高人民法院关于审理劳动争议案件适用法律若干问题的解释》之规定，解除劳动合同的举证责任在用人单位。用人单位举证劳动者存在超过规定的医疗期情形才可以解除或终止合同。另外，劳务派遣公司不能因为代表处称"钟某"不存在"在规定的医疗期内"的情形，而未尽审核义务就草率地终止钟某的劳动合同。

【处理结果】

用人单位未能证明劳动者超过"规定的医疗期"的，就不得以其医疗期满而解除或终止劳动合同。用人单位举证不能，应承担不利的法律后果。因此，仲裁应认定劳务派遣公司未尽审核义务，属于违法终止。钟某的诉讼请求应给予支持。

角色扮演

本实训项目由任课教师提前准备关于劳务派遣的案例，并将学员分成若干组，每组中的成员分别担任案例中涉及的纠纷双方利益成员、争议裁决机构成员，由各自负责扮演的角色阐述各方观点，任课教师最后对各方观点进行点评总结，通过此项目的训练提高学员对我国现有劳务派遣制度的理解和记忆，并提升实践及运用能力。

案例讨论

可口可乐"派遣工"案

原告：某学校调查小组

被告：可口可乐（中国）饮料有限公司

原告某学校调查小组因不服被告可口可乐（中国）饮料有限公司（简称可口可乐）的劳动派遣行为向当地人民法院起诉，该院立案受理。法院开庭审理本案，原被告双方都到场，法庭查明，原告是大学生组成的社会调查小组，于 2008 年 12 月 14 日晚发布《可口可乐调查报告》，称可口可乐严重侵害派遣工利益，该报告称："可口可乐系统存在大量的派遣工和其他非正式工，这些工人干着最危险、最苦、最累的工作，工作时间最长，工资却最低，还被拖欠甚至克扣工资。" 12 月 15 日晚，被告可口可乐就大学生调查小组的指责迅速作出书面回应。可口可乐公共事务及传讯总监告诉中国青年报记者，学生们的指责并不属实。12 月 16 日晚，大学生们把驳斥内容以书面形式发给记者。原告调查声称，有 4 家装瓶厂派遣工旺季每月加班 100

个小时以上，而且工资很低。在旺季，杭州某厂的灌浆工、倒瓶工和流水线工人每天工作 11~12 个小时，某些岗位还会变相克扣工资。参与调查的大学生指出，把需要大量成本、风险最高、最麻烦的工作岗位转嫁给劳务派遣公司，是可口可乐逃避法律和社会责任的策略。可口可乐东莞厂曾在 15 日回应中列举法律条款来证明其合法性。他们提出同年 5 月 8 日向社会征求意见的《劳动合同法实施条例（草案）》，试图对"三性"（临时性、辅助性或者替代性）作出规定，后来被删除。大学生们表示，即便如此，可口可乐工厂违法的主要依据仍应参照《劳动合同法》第 66 条规定："劳务派遣一般在临时性、辅助性或者替代性的工作岗位上实施。"大学生们调查认为，被告可口可乐派遣工岗位都属于非"临时性、辅助性或者替代性"，而可口可乐坚称公司派遣工符合这"三性"定义。

思考题

1.可口可乐（中国）饮料有限公司、派遣公司、劳动者三者间存在什么样的法律关系？

2.你如果是原告中的一员，对可口可乐（中国）饮料有限公司的做法给予怎么样的评价？

3. 国家应该采取什么法规政策来保护派遣工劳动者的合法权益？

➤**本章思考题**

1.劳务派遣制度对经济发展起到了怎样的积极作用？同时又存在哪些严重问题？

2.现有的劳务派遣单位准入制度是什么？

参 考 文 献

付勇.2011.企业人力资源管理法规速查大全.北京：中国法制出版社.

王瑞永.2009.人力资源管理适用法律法规全案.北京：人民邮电出版社.

附录　劳务派遣合同范本
劳务派遣协议书

甲方（劳务派遣单位）全称：

单位类型：

法定代表人（或负责人）：

登记注册地：

登记注册时间：

实际经营地：

劳动保障证号：

组织机构代码证号：

联系人及电话：

乙方（实际用工单位）全称：

单位类型：

法定代表人（或负责人）：

登记注册地：

登记注册时间：

实际经营地：

劳动保障证号：

组织机构代码证号：

联系人及电话：

乙方因生产（工作）需要，依据《中华人民共和国劳动合同法》及有关法律法规规定，与甲方本着平等自愿、公正公平、协商一致、诚实信用的原则，签订本协议，并承诺共同遵守。

一、协议期限

本协议自　年　月　日起至　年　月　日止。协议期满如需延续，双方应以书面形式办理续延手续。

二、派遣岗位、人数

1.乙方需要派遣人员（简称员工）的岗位和人员数量如下：

岗位及人员情况：员工人数及基本情况、工作岗位（服务期限等可以另外造册，作为本协议附件）。

2.甲方按照乙方用工需求，负责推荐符合条件的劳务人员供乙方择优使用。乙方也可以推荐符合法定条件的劳务人员给甲方，履行劳务派遣用工手续。依据《劳动合同法》的有关规定，甲方承担用人单位对劳动者的责任和义务，乙方承担用工单位对劳动者的责任和义务。双方应当及时为确定派遣的员工办理社会保险关系建立（接续）和档案转移手续。

三、工作时间和休息休假

1. 工作时间：员工在乙方实行工作制。

2.休息、休假：按国家法律法规规定和乙方的有关规章制度执行。

3.乙方负责保障员工享有法定休息休假权利。乙方因工作需要安排员工延长工作时间或在节假日加班的，应当征得员工同意，并直接依法支付加班加点工资。

四、劳动报酬

1.员工享有与乙方同类或相近岗位劳动者同工同酬和福利待遇的权利。工资支（代）付方不得克扣员工的劳动报酬。

2.甲方与乙方商定的员工工资发放日为每月　日，工资发放形式：（由乙方直接发放或委托银行发放）。

3.甲方与乙方协商确定，员工的工资实行月薪制，按照乙方的薪酬支付规定执行，并且不低于当地最低工资标准。员工工资发放标准甲、乙方均应登记造册备查。乙方应当按照国家工资政策和同工同酬的规定，适时为员工调整工资。

五、社会保险

双方商定，员工参加社会保险由甲方负责承办。乙方应于每月　日前把单位和员工应缴纳的社会保险费，足额划入甲方账户。

六、劳动保护、劳动条件和职业危害防护

1.乙方保证执行国家劳动标准，提供相应的劳动条件和劳动保护。甲方协助乙方共同负责教育员工遵守国家劳动安全卫生法规和乙方制定的劳动安全卫生规程。

2.乙方保证安排员工的工作不属于国家规定的有毒、有害、特别繁重或者其他特种作业。如果安排员工从事有职业危害作业的，乙方负责定期为员工进行健康检查，并按有关标准向员工支付岗位津贴（补贴）。

3.乙方及其管理人员负责保障员工在劳动（工作）过程中的生命安全和身体健康。员工有权拒绝乙方管理人员违章指挥、强令冒险作业，并不视为违反本协议。员工对危害生命安全和身体健康的行为，有权提出批评、检举和控告。

4.员工因工作遭受事故伤害或患职业病,甲、乙双方均有负责及时救治、保障员工依法享受各项工伤保险及相关待遇的连带义务。甲方应按规定为员工申请工伤认定和劳动能力鉴定。

5.员工患病或非因工负伤,甲、乙双方共同承担保证其享受国家规定的医疗期和相应的医疗待遇的规定。

七、劳动合同的履行、变更、解除和终止

1.甲、乙方和员工,应按照本协议和劳动合同的约定,全面履行各自的义务。

2.员工按约定在乙方工作期限届满,乙方需要留用的,应当与甲方及员工协商续延工作期限;乙方不留用的,员工由甲方安排,解除或终止劳动关系。

3.乙方未按本协议约定承担对员工的责任和义务,或者出现《劳动合同法》第三十八条情形,致使员工行使单方解除权的,由乙方承担对员工的经济补偿责任。

4.员工因违反《劳动合同法》第三十九条及乙方依法制定的劳动规章,乙方可以将员工退回甲方,由甲方按规定处理;员工因出现《劳动合同法》第四十条、第四十一条有关情形,乙方需退回的,应先与甲方协商确定妥善处理办法。

5.员工有《劳动合同法》第四十二条情形之一的,派遣期间,乙方不得退回甲方,派遣期满的,应当续延至相应的情形消失时终止。

八、本协议履行中相关问题的处理

1.本协议履行过程中,若甲、乙双方或某一方有变更名称、法定代表人或者主要负责人、投资人等事项,不影响本协议履行;若甲、乙双方或某一方发生合并或分立等情况,本协议继续有效,由承继单位继续履行。

涉及劳动者切身利益的条款内容变更时,双方应当协商一致,不得侵害员工合法权益,并将变更内容以书面形式告知员工。

2.本协议的解除或终止,应当在妥善处理好员工合法权益的基础上进行。双方或一方违反法律规定解除或终止本协议,给员工造成损失的,应当按《劳动合同法》第四十八条规定处理。

九、劳务费用结算

1.劳务费用标准:甲方按照派遣员工总数和每人每月　元的标准,收取劳务派遣服务费。

2.费用结算方式:乙方每月　日前从银行足额划付到甲方账户,并提供各项费用结算清单。乙方支付给甲方的劳务费及相关费用,甲方必须开具正式劳务费发票。

3.甲、乙双方均不得向员工收取法律规定之外的费用。

十、其他约定

十一、本协议未尽事宜,法律法规有规定的,按法律法规规定执行;法律法规没有规定的,由双方协商解决;双方协商一致,可以变更本协议。若双方协商不成或者发生争议,应当依法处理。若员工与乙方发生劳动争议,甲方应协助乙方积极协调解决,并依法承担相关连带责任。

十二、本协议一式两份,自双方签字盖章之日起生效;双方各执一份。甲方应按规定建立职工名册备查,向劳动部门办理劳动用工备案手续,并依法将本协议内容告知员工。

甲方(盖章)　　　　　　　　　　　　乙方(盖章)

法定代表人(或负责人):　　　　　　　法定代表人(或负责人):

或委托代理人(签名):　　　　　　　　或委托代理人(签名):

　年　月　日　　　　　　　　　　　　年　月　日

第九章

全日制与非全日制用工

从工作时间角度看，用工形式分为全日制用工和非全日制用工。一些用人单位为了达到减少用工成本可能同时存在以上两种形式的用工方式。这两种形式的用工管理规定有很大区别，用人单位应遵从法律规定规范用工方式。同时，用人单位在进行员工管理时制定的各种规章制度应符合国家相关法律法规。

本章回答以下问题。

什么是全日制用工？什么是非全日制用工？两者的区别是什么？

非全日制用工与全日制用工在合同管理、社会保险办理、报酬支付等方面有哪些不同？

企业制定各种内部员工管理制度的前提条件是什么？

非全日制用工不签订书面劳动合同合法吗？

2011 年 2 月 5 日，小王进入上海某 S 公司从事媒体宣传工作，双方口头约定小王每天只工作 3 小时，劳动报酬为 60 元/小时。工作到 2011 年 10 月 20 日，小王向 S 公司提出其未与自己签订书面劳动合同，按照《劳动合同法》的最新规定，用人单位自用工之日起超过一个月未与劳动者签订书面劳动合同，应当每月向劳动者支付双倍工资。S 公司表示拒绝，小王遂诉诸劳动仲裁，但劳动仲裁结果却是 S 公司的做法并未违法，无需向小王支付未签书面劳动合同的双倍工资。

讨论：为什么说劳动仲裁的结果是 S 公司的做法未违法？

通常，建立劳动关系就应当签订书面的劳动合同，但是也有例外，非全日制用工双方既可以订立口头协议，也可以签订书面劳动合同。《劳动合同法》第 69 条规定，非全日制用工双方当事人可以订立口头协议。近年来，我国非全日制劳动用工由于适应用人单位灵活用工和劳动者自主择业的需要，突破了传统的全日制用工模式，呈现迅速发展的趋势。特别是在餐饮、超市、社区服务等领域，用人单位使用的非全日制用工形式越来越多。越来越多的企业由于经营需要同时选择全日制用工和非全日制用工两种用工形式，但也造成了不少劳动争议。

第一节　全日制用工

一、全日制用工的定义

全日制用工是指以日计酬，在同一用人单位每日工作时间在 5 小时以上、8 小时以下，每周周工作时间不超过 40 小时的劳动者。全日制职工须与用人单位以书面劳动合同形式建立劳动关系。

二、全日制用工的劳动合同

劳动合同是指用人单位与被招聘录用的劳动者两个主体之间依法确立劳动关系，明确双方权利和义务的协议。其法定形式是书面形式。

《劳动法》第 16 条明确规定劳动合同是劳动者与用人单位确立劳动关系、明确双方权利和义务的协议。建立劳动关系应当订立劳动合同。

全日制用工未签订劳动合同是否应给予经济补偿?

【案例介绍】

申请人：王女士

被申请人：北京某汽车有限公司

王女士于 2010 年 1 月 1 日进入北京某汽车有限公司，从事客户服务工作，月薪为 5 000 元。入职以来公司没有同王女士签订书面劳动合同，也没有缴纳社会保险，王女士于 2010 年 12 月 30 日以该用人单位违反《劳动合同法》第 38 条为由快递辞职通知书给公司，要求公司支付 2010 年 12 月的工资，但公司未予理睬。

2011 年 1 月 12 日，王女士对公司提起劳动仲裁，要求公司发放 2010 年 12 月的工资、经济补偿金以及未签订劳动合同的双倍工资。

【案例评析】

根据《劳动合同法》第 10 条规定，"已建立劳动关系，未同时订立书面劳动合同的，应当自用工之日起一个月内订立书面劳动合同"。《劳动合同法》第 82 条规定，用人单位自用工之日起超过 1 个月不满 1 年未与劳动者订立书面合同的，应当向劳动者支付双倍工资。用人单位违反《劳动合同法》第 38 条"未依法为劳动者缴纳社会保险费的"，劳动者提出离职不需要等待 30 天，可以直接离职。依据《劳动合同法》第 46 条第 1 款，劳动者依照本法第 38 条规定解除劳动合同的，用人单位应当向劳动者支付经济补偿。

【处理结果】

北京某区劳动争议仲裁委员会依据《劳动合同法》裁决如下。

（1）北京某汽车有限公司自本裁决生效之日起 5 日内向王女士支付 2010 年 12 月的工资 5 000 元。

（2）北京某汽车有限公司自本裁决生效之日起 5 日内向王女士支付 2010 年 1 月 1 日至 2010 年 12 月 30 日期间未签订书面劳动合同的双倍工资差额 55 000 元。

（3）北京某汽车有限公司自本裁决生效之日起 5 日内向王女士支付解除劳动关系经济补偿金 5 000 元。

三、全日制用工的试用期

试用期是指劳动合同当事人在合同中约定的试用工作的期限。在此阶段，劳动关系处于非正式及不确定状态。在试用期，用人单位对劳动者进行考核，如果发现劳动者不称职，或不符合招工条件，用人单位可以随时解除合同。用人单位在试用期解除合同，需要证明劳动者不符合录用条件，并应当向劳动者说明理由。

在试用期，劳动者对用人单位也进行进一步了解，看目前工作岗位是否合适，自己是否有兴趣并长期从事此项工作。如果与自己的期望不吻合，劳动者也可以随时解除合同。

按照规定，劳动合同中可以约定试用期，也可以不约定试用期。

《劳动合同法》第 19 条规定，劳动合同期限 3 个月以上不满 1 年的，试用期不得超过 1 个月；劳动合同期限 1 年以上不满 3 年的，试用期不得超过 2 个月；3 年以上固定期限和无固定期限的劳动合同，试用期不得超过 6 个月。

同一用人单位与同一劳动者只能约定一次试用期。

以完成一定工作任务为期限的劳动合同或者劳动合同期限不满 3 个月的，不得约定试用期。

试用期包含在劳动合同期限内。劳动合同仅约定试用期的，试用期不成立，该期限为劳动合同期限。

若是全日制用工试用期的约定违反了上述法律规定，应视为无效条款。

与全日制员工如何约定试用期？

【案例介绍】

申请人：王某

被申请人：某网络公司

2009 年 3 月 1 日，王某被一家网络公司聘用，该公司与其签订了为期 1 年的劳动合同，约定试用期为 1 个月。试用期到期前 5 天，公司表示还要对其考察，要求与王某续签 1 个月的试用期。王某虽然对此持有异议，但为了能得到这份工作，遂同意公司的要求。2009 年 4 月 29 日，公司通知王某，认为其在试用期内的工作情况达不到录用条件，故对其不予录用。

王某要求公司补发其 2009 年 4 月的工资，并给予其 1 个月工资的经济补偿金。

【案例评析】

根据《劳动合同法》，案例中单位与王某试用期的约定上存在问题：第一，公司与王某之间为期 1 年的劳动合同中约定的试用期不得超过 1 个月，续签的 1 个月应当视为双方履行正式的劳动合同；第二，《劳动合同法》明确规定，单位与劳动者之间只能约定 1 次试用期，并且对于该试用期内的工资水平作了明确限制，不得低于合同约定工资的 80%或者本单位相同岗位最低档工资。

【处理结果】

鉴于王某也不愿意继续留在该公司，仲裁委员会裁决网络公司支付王某 4 月工资和经济补偿金。

四、全日制用工的终止用工

全日制用工，用人单位可与劳动者协商一致解除劳动合同，也可单方面解除劳动合同，终止用工关系，但要符合《劳动合同法》的相关规定。

有刑事案件背景的，公司是否可以终止用工？

【案例介绍】

申请人：赵某

被申请人：大连某地产公司

赵某曾因盗窃被判处一年有期徒刑，出狱后改过自新。2010 年，赵某应聘到大连某地产公司做销售人员，自入职后表现一直优秀，被提升为业务经理，后经公司同事举报他曾被判过刑，公司向赵某核实后，向赵某发出了一张解除劳动合同通知书。赵某不服，向劳动仲裁委员会提起仲裁，要求公司支付违法解除合同的赔偿金。

【案例评析】

本案中用人单位引用"劳动者被依法追究刑事责任的，用人单位可以与其解除劳动合同"是错误的。用人单位以员工被追究刑事责任为理由与员工解除劳动合同的，这里的"刑事责任"是指劳动者在劳动合同履行期间被追究刑事责任。如果劳动者在签订劳动合同时刑事处罚已经结束，用人单位则不能以此单方面解除劳动合同。

如果公司不想聘用被追究刑事责任的人员，可以在面试表中设计一栏"是否被追究过刑事责任"，如果员工提供虚假信息，公司通过劳动仲裁认定员工采取欺诈行为订立的合同无效，并不需要向劳动者支付经济补偿金。

【处理结果】

仲裁委员会裁决支持赵某的请求。

五、全日制用工的劳动报酬

全日制用工的劳动报酬应当以货币形式按月支付给劳动者本人，不得克扣或者无故拖欠劳动者的工资。此外，劳动者在法定休假日和婚丧假期间以及依法参加社会活动期间，用人单位应当依法支付工资。

国家实行最低工资保障制度。最低工资的具体标准由省、自治区、直辖市人民政府规定，报国务院备案。

六、全日制用工的社会保险

社会保险是指国家通过立法强制建立社会保险基金，对参加劳动关系的劳动者在丧失劳动能力或失业时给予必要的物质帮助的制度。

全日制员工的社会保险通常是指"五险一金"，主要包括养老保险、医疗保险、失业保险、工伤保险、生育保险和住房公积金，由员工缴纳的社会保险费由用人单位代扣代缴。

第二节　非全日制用工

一、非全日制用工的定义

非全日制用工是指以小时计酬为主，劳动者在同一用人单位一般平均每日工作时间不超过 4 小时，每周工作时间累计不超过 24 小时的用工形式。

非全日制用工区别于全日制用工最主要和明显的特点就是每日工作时间。

非全日制职工与全日制职工都是用人单位的职工，都与用人单位存在劳动关系。但两者也存在着较大的区别，主要表现在以下 4 个方面。

1.劳动合同的形式不同

全日制职工应以书面劳动合同建立劳动关系；而非全日制职工除可以书面劳动合同建立劳动关系外，也可以口头合同建立劳动关系。

2.劳动者工作时间不同

全日制职工在同一用人单位每日工作时间在 5 小时以上、8 小时以下，每周工作时间不超过 40 小时；非全日制用工在同一用人单位一般平均每日工作时间不超过 4 小时，每周工作时间累计不超过 24 小时。

3.社会保险缴纳方式不同

全日制职工社会保险须由用人单位向社会保险经办机构办理缴纳手续，职工应承担的费用由用人单位从其工资中代扣代缴；而非全日制职工的社会保险须由个人向社会保险经办机构办理手续，用人单位应承担的费用，在支付工资时一并支付给个人。

4.劳动关系的管理不同

全日制职工只允许建立一个劳动关系，通常用人单位还要求其将档案和社会保险关系转移至指定部门，管理比较严格；而非全日制职工可以建立一个或一个以上的劳动关系，无须转移档案和社会保险关系，管理比较简单。

刘某是全日制用工还是非全日制用工？

【案例介绍】

申请人：刘某

被申请人：烟台开发区某包装公司

刘某于2010年3月到烟台开发区某包装公司工作。因工作性质特殊，双方签订了一份非全日制劳动合同。合同约定：刘某的工作时间平均每日不超过4小时，每周累计不超过24小时；刘某的工作岗位为运行工；劳动报酬按小时计算，结算周期最长不超过15天；合同自2010年3月18日生效。

但实际工作中，刘某每天被安排工作8小时，有时还被安排加班，工资也是一个月才发放一次，而且工资的发放日期同其他全日制职工一样，都是每月的7日。干了半年后，刘某提出要求与其他职工一样的待遇，该公司人事主管答应向领导汇报，但直到年底，也未给刘某明确答复。2011年3月，刘某在咨询律师后依法向当地劳动部门提出申诉，要求该公司像其他职工一样为其缴纳2010年3月以来的各项社会保险费。

【案例评析】

刘某所在的企业与刘某签订的是非全日制劳动合同，私下却按照全日制用工安排刘某的工作时间，发放劳动报酬，目的就在于凭借强势地位规避法定义务。

区别全日制用工与非全日制用工的主要标准是正常工作时间的差异，即非全日制用工的正常工作时间少于全日制用工正常工作时间。本案中，尽管刘某与该公司签订的是非全日制用工合同，但该公司安排刘某每天工作8小时，属于全日制用工时间的范畴，且按月发放工资，经常加班，故应认定刘某与该公司存在全日制用工的劳动关系。根据《劳动法》关于缴纳社会保险费的相关规定，该公司应当依法为刘某缴纳各项社会保险费。

【处理结果】

经过审理，仲裁委员会认为，刘某与该公司虽然签订的是非全日制用工性质的劳动合同，但是实际上却按全日制用工方式履行，刘某与该公司实际形成的是全日制用工劳动关系，该公司应当依法为刘某缴纳各项社会保险费。因此，仲裁委员会依法裁决：该公司为刘某补缴2010年3月以来的各项社会保险费。

二、非全日制用工的劳动合同

鉴于非全日制职工工作时间比较短、流动性大、工作方式灵活等特点，非全日制职工可以订立口头协议。同时，建立非全日制劳动关系，还应注意以下问题。

（1）劳动合同期限在一个月以下的，经双方协商一致，可以订立口头劳动合同。但劳动者提出订立书面劳动合同的，应当以书面形式订立。

（2）劳动者通过依法成立的劳务派遣组织为其他单位、家庭或个人提供非全日制劳动的，由劳务派遣组织与非全日制劳动者签订劳动合同。

（3）非全日制劳动合同的内容由双方协商确定，应当包括工作时间和期限、工作内容、劳动报酬、劳动保护和劳动条件五项必备条款，但不得约定试用期。

（4）非全日制劳动合同的终止条件，按照双方的约定办理。劳动合同中，当事人未约定终止劳动合同提前通知期的，任何一方均可以随时通知对方终止劳动合同；双方约定了违约责任的，按照约定承担赔偿责任。

（5）用人单位招用劳动者从事非全日制工作，应当在录用后到当地劳动保障行政部门办理录用备案手续。

（6）从事非全日制工作的劳动者档案可由本人户口所在地劳动保障部门的公共职业介绍机构代管。

于某可以同时任职两家公司吗？

【案例介绍】

申请人：于某

被申请人：蒙阴县某公司

于某于2009年10月进入蒙阴县某公司从事装卸工作，双方签订了一份非全日制用工劳动合同。该合同约定，每天工作3个半小时，工作时间为下午2点半到6点，每周工作6天。该公司附近同行业的另外一家公司招聘非全日制的绿化工，家庭困难的于某为了多挣点钱，便去应聘并被录用，双方于2010年2月签订了非全日制用工合同。该合同约定，每天工作时间为上午8点到11点，每个月可以休4天。于某找到第二份工作的事情，很快让原公司知道，原公司领导认为，于某到同行业工作给公司造成了不好的影响，告诫于某不应再到同行业从事第二职业，并以此为由与于某解除劳动合同。于某向当地劳动争议仲裁委员会提起仲裁申请，要求原公司恢复劳动合同。

【案例评析】

根据《劳动合同法》第69条规定，从事非全日制用工的劳动者可以与一个或者一个以上用人单位订立劳动合同。但是，后订立的劳动合同不得影响先订立的劳动合同的履行。由于非全日制用工形式的特殊性、灵活性，非全日制就业的人员在一家用人单位往往工作时间短，获得的劳动报酬也非常有限，所以法律允许他们与一家以上的用人单位签订劳动合同。本案例中，原公司不能提供证据证明于某后订立的劳动合同影响了先订立劳动合同的履行，以于某从事第二职业为由，与其解除劳动合同是违法的。于某在不影响先订立的第一份劳动合同履行的情况下，可以与另外的公司签订非全日制劳动合同并为其工作。

【处理结果】

仲裁委员会裁决支持于某的请求。

三、非全日制用工的试用期

《劳动合同法》第 70 条规定，非全日制用工双方当事人不得约定试用期。

鉴于非全日制用工工作时间短、劳动报酬结算周期短等一些不同于全日制职工的特点，非全日制用工无需像全日制用工那样给双方充分的时间进行考察，即没有规定试用期的必要。相反，如果规定了试用期，有的非全日制用工在试用期内就可能结束工作，相当于非全日制职工整个工作都是在试用期内完成的，但试用期的工资、福利保障等待遇不同于正式工作期间内的待遇，不利于维护劳动者合法权益。因此，为了使非全日制职工有效地完成工作任务，更好地保护他们的合法权益，非全日制用工是不应当约定试用期的。

公司与孙某约定的试用期有效吗？

【案例介绍】

申请人：孙某

被申请人：上海某传媒公司

2009 年 4 月 10 日，孙某应聘到上海某传媒公司，并签订了为期 3 年的劳动合同，双方约定孙某的用工方式为非全日制，公司按照每小时 70 元的标准给孙某支付劳动报酬。但是，作为新入职的孙某需要经过 3 个月的试用期方能成为公司的正式员工，在试用期间其工资调整为 60 元/小时。后双方发生争议，孙某提请仲裁要求公司按照正常工资标准补足自己在试用期间的工资差额。

【案例评析】

根据《劳动合同法》关于非全日制用工试用期的相关规定，上海某传媒公司与孙某约定 3 个月的试用期为无效条款，公司应该按照规定补足其工资差额。

【处理结果】

仲裁委员会裁决上海某传媒公司按每小时 70 元的标准为孙某补足工资差额。

四、非全日制用工的终止用工

《劳动合同法》第 71 条规定，非全日制用工双方当事人任何一方都可以随时通知对方终止用工。终止用工，用人单位不向劳动者支付经济补偿。

由于非全日制用工的特殊性，即职工一般从事短期性工作，并不一定天天工作，每天的工作时间也较短，满足了用人单位灵活用工和劳动者自主择业的需要。经济补偿的立法目的是对用工关系中的一方当事人因解除或终止合同有过错时附加的一项义务，那么既然该种用工形式中随时终止用工是合理的，且有利于经济的快速发展，任何一方不存在过错，所以任何一方终止用工后都不必支付经济补偿。

王某的请求能得到支持吗？

【案例介绍】

申请人：王某

被申请人：上海某餐饮服务有限公司

2008 年 9 月，王某与上海某餐饮服务有限公司签订了一份为期一年的非全日制用工劳动合同。工作期间，王某工作一直很努力，但是由于公司业绩下滑，2009 年 4 月公司决定提前终止双方的劳动合同。王某提出当初公司承诺为其提供一年的岗位，现在期限还没有到，并且自己的工作也没有任何差错，所以不同意提前解约。

【案例评析】

根据《劳动合同法》第 71 条，非全日制双方的任何一方都可以随时通知对方终止用工，而不需要遵守任何法定条件或程序。

【处理结果】

仲裁委员会裁决不支持王某的请求。

五、非全日制用工的劳动报酬

《劳动合同法》第 72 条规定，非全日制用工小时计酬标准不得低于用人单位所在地人民政府规定的最低小时工资标准。

非全日制用工劳动报酬结算支付周期最长不得超过 15 日。

1.非全日制用工的工资支付时间

工资支付时间是指用人单位向劳动者支付工资的周期。工资必须在用人单位和劳动者约定的日期支付。如果约定的工资支付日恰遇节假日或休息日，则应提前在最近的工作日支付。

对完成一次性临时劳动或某项具体工作的劳动者，用人单位应按照有关协议或合同规定在其完成任务后即支付工资。劳动关系双方依法解除或终止劳动合同时，用人单位应在解除或终止劳动合同时一次性付清劳动者工资。

用人单位在约定的工资支付日没有向劳动者支付其应得的全部工资，是克扣劳动者工资的行为；用人单位在约定的工资日没有正当理由不向劳动者支付其应得工资，是无故拖欠劳动者工资的行为。这两种行为应予以法律制裁。

2.非全日制用工的工资标准

（1）用人单位应当足额支付非全日制劳动者的工资。用人单位支付非全日制劳动者的小时工资不得低于用人单位所在地人民政府规定的小时最低工资标准。非全日制从业人员的小时工资应包括用人单位支付的小时劳动报酬、用人单位应为非全日制人员缴纳的养老、失业、医疗保险费用和非全日制从业人员本人应该缴纳的养老、失业、医疗保险费用以及风险补偿金。

（2）非全日制用工的小时最低工资标准由省、自治区、直辖市规定，并报劳动保障部门备案。确定和调整小时最低工资标准应当综合参考以下因素：①当地政府颁布的月最低工资标准；②单位应缴纳的基本养老保险费和基本医疗保险费（当地政府颁布的月最低工资标准未包含个人缴纳社会保险费的，还应考虑个人应缴纳的社会保险费）；③非全日制劳动者工作稳定性；④劳动条件和劳动强度；⑤福利。

（3）非全日制用工的工资支付可以以小时、日或周为单位结算，但最长不得超过15日。

3.非全日制用工的加班工资计算

对于非全日制用工来说，由于工作时间有严格的小时界定，因此一般情况下是不进行加班工作的。但在特殊情形下，也不能完全排除加班情形的出现。那么，该如何计算非全日制用工的加班工资呢？而且对于大量使用非全日制用工形式的餐饮业、服务业来说，法定节假日往往是工作最为繁重的时间。

如何解决这一矛盾，《劳动合同法》并没有进行明确规定。在现实中，一些地方采取了规定较高工资的方法来解决这一问题。例如，北京市于2008年下发的《关于调整北京市2008年最低工资标准的通知》中就规定"非全日制从业人员法定节假日小时最低工资标准由20元/小时提高到22元/小时"，远高于当年平日的9.6元/小时，但又未达到300%的工资标准，不失为一种为劳动者和用人单位都能够接受的折中办法。

当然，如果在非法定节假日安排劳动者加班，则应按照规定的相应工资标准给予加班工资报酬。

基于非全日制用工合同的特殊性，不主张用人单位经常性要求劳动者加班。尤其对于那些刻意逃避责任，将全日制用工合同修改为非全日制用工合同，继而采取加班形式弥补工作时间不足的用人单位，更应该严格界定用工形式，以切实保护非全日制从业人员的劳动权益。

六、非全日制用工的社会保险

《关于非全日制用工若干问题的意见》第10条规定，从事非全日制工作的劳动者应当参加基本养老保险，原则上参照个体工商户的参保办法执行。对于已参加过基本养老保险和建立个人账户的人员，前后缴费年限合并计算，跨统筹地区转移的，应办理基本养老保险关系和个人账户的转移、接续手续。符合退休条件时，按国家规定计发基本养老金。第11条规定，从事非全日制工作的劳动者可以以个人身份参加基本医疗保险，并按照待遇水平与缴费水平相挂钩的原则，享受相应的基本医疗保险待遇。参加基本医疗保险的具体办法由各地劳动保障部门研究制定。第12条规定，用人单位应当按照国家有关规定为建立劳动关系的非全日制劳动者缴纳工伤保险费。从事非全日制工作的劳动者发生工伤，依法享受工伤保险待遇；被鉴定为伤残 5~10 级的，经劳动者与用人单位协商一致，可以一次性结算伤残待遇及有关费用。

非全日制劳动者发生工伤时，用人单位应当采取措施，使工伤职工得到及时救治，并应当自事故伤害发生之日起 30 日内，向统筹地区劳动保障行政部门提出工伤认定申请，经劳动能力鉴定后，享受相应的工伤保险待遇。用人单位未给非全日制劳动者缴纳工伤保险费的，由用人单位按照《工伤保险条例》规定的工伤待遇项目和标准支付费用。

非全日制用工王某的工伤待遇申请能得到支持吗？

【案例介绍】

申请人：王某

被申请人：甲公司

王某为高级技工，专门维修数控机床。2008 年 5 月，王某与甲公司订立口头协议。协议约定：王某每周一、五上午各工作三小时，每周共六小时，为公司维修机床，并约定了相应的报酬。同年 9 月，王某在甲公司维修机床时，不幸被扎伤，经住院治疗，花去医疗费 5 000 余元。出院后王某要求享受工伤待遇，甲公司拒绝，辩称非全日制用工不享受工伤待遇。双方协商未果，提请劳动仲裁。

【案例评析】

《劳动合同法》第 69 条规定，非全日制用工双方当事人可以订立口头协议。本案中王某与甲公司订立的是口头协议，王某每周一、五上午各工作三小时，每周共六小时，属于非全日制用工。《关于非全日制用工若干问题的意见》第 12 条规定，用人单位应当按照国家有关规定为建立劳动关系的非全日制劳动者缴纳工伤保险费。从事非全日制工作的劳动者发生工伤，依法享受工伤保险待遇。甲公司应当为王某缴纳工伤保险费，王某在维修机床时被扎伤，根据《工伤保险条例》第 14 条"在工作时间和工作场所内，因工作原因受到事故伤害的，应当认定为工伤"的规定，王某应当被认定为工伤，享受工伤待遇。

【处理结果】

仲裁委员会裁决支持王某的请求。

第三节 用工规章制度

企业劳动用工规章制度是规范企业和劳动者双方行为，维护双方合法权益，构建和发展和谐劳动关系，促进企业健康发展，实现多赢、共赢、全赢的保证。

《劳动合同法》第 4 条规定，用人单位应当依法建立和完善劳动规章制度，保障劳动者享有劳动权利、履行劳动义务。用人单位在制定、修改或者决定直接涉及劳动者切身利益的劳动报酬、工作时间、休息休假、劳动安全卫生、保险福利、职工培训、劳动纪律以及劳动定额管理等规章制度或者重大事项时，应当经职工代表大会或者全体职工讨论，提出方案和意见，与工会或者职工代表平等协商确定。

在规章制度实施过程中，工会或者职工认为用人单位的规章制度不适当的，有权向用人单位提出，通过协商作出修改完善。

用人单位应当将直接涉及劳动者切身利益的规章制度公示，或者告知劳动者。

一、用人单位应依法建立完善劳动规章制度

用人单位的规章制度是用人单位制定的组织劳动过程和进行劳动管理的规则和制度的总和。它也被称为内部劳动规则，是企业内部的"法律"。规章制度内容广泛，主要包括：劳动合同管理、工资管理、社会保险福利待遇、工时休假、职工奖惩，以及其他劳动管理规定。

用人单位制定规章制度，要严格执行国家法律、法规的规定，保障劳动者的劳动权利，督促劳动者履行劳动义务。制定规章制度应当体现权利与义务一致、奖励与惩罚结合，不得违反法律、法规的规定，否则就会受到法律的制裁。

《劳动合同法》第80条规定："用人单位直接涉及劳动者切身利益的规章制度违反法律、法规规定的，由劳动行政部门责令改正，给予警告；给劳动者造成损害的，应当承担赔偿责任。"

二、规章制度和重大事项的内容及制定程序

规章制度的大多数内容与职工的权利密切相关，规章制度的制定程序关键是要保证制定出来的规章制度内容具有民主性和科学性。让广大职工参与规章制度的制定，可以有效地杜绝用人单位独断专行，防止用人单位利用规章制度侵犯劳动者的合法权益。

1.规章制度的内容

企业内部劳动规章制度主要包括直接涉及劳动者切身利益的劳动报酬、工作时间、休息休假、劳动安全卫生、保险福利、职工培训、劳动纪律以及劳动定额管理等规章制度或者重大事项。规章制度如工作时间、休息休假、劳动安全卫生、劳动纪律以及劳动定额管理等，重大事项如劳动报酬、保险福利、职工培训等。

2.具体制定程序

根据劳动合同法的规定，制定规章制度或者决定重大事项，应当经职工代表大会或者全体职工讨论，提出方案和意见，与工会或者职工代表平等协商确定。因此，这个程序分为两个步骤：第一步是经职工代表大会或者全体职工讨论，提出方案和意见；第二步是与工会或者职工代表平等协商确定。

一般来说，企业建立了工会的，与企业工会协商确定；没有建立工会的，与职工代表协商确定。该程序体现"先民主，后集中"的原则。

三、规章制度的异议程序

用人单位的规章制度既要符合法律、法规的规定，也要合理，符合社会道德。实践中有些用人单位的规章制度不违法，但不合理、不适当，如有的企业规章制度规定一顿饭只能几分钟吃完等。这些虽然不违反法律、法规的规定，但不合理，也应当有纠正机制。

一个企业的"家法"

【案例介绍】

申请人：费某

被申请人：苏州工业园区的一家科技有限公司

现年29岁的江苏省苏州市市民费某是一名机械工程师。2009年11月5日，费某进入位于苏州工业园区的一家科技有限公司，从事设备维护工作。2009年11月26日，费某与该公司签订了一份劳动合同，合同期限自2009年11月至2012年11月。合同约定：费某从事设备维护工程师工作，月工资为3 542元。

苏州市的很多企业集中在工业园区内，因此由工业园区往返市区的人流量很大，交通运输十分繁忙。一些私家车车主看到其中的商机，便利用上下班顺路或节假日休息时间，在工业园区至市区线路间揽客挣些额外费用。这些顺路揽客的车辆，因没有取得合法的经营手续，擅自从事道路客运，被老百姓俗称为"黑车"。

考虑到黑车为了逃避执法人员检查，往往会非正常驾车，存在很大的安全隐患，更严重的是一旦发生交通事故，则受伤乘客的合法权益很难得到保护，科技公司为了降低职工在上下班途中发生工伤的风险，于2010年9月8日召开职工代表大会，通过"不允许乘坐黑车，违者以开除论处"的决议。公司定下如此"家法"，让职工大跌眼镜，私下对这个决议议论纷纷，但大多数人并没有当真，认为"谁能知道坐没坐黑车啊？"

2011年4月13日，费某休息。早上8点多，费某因有事，准备从市区去公司宿舍一趟。由于此时正值上班高峰期，车辆十分紧张，费某等了半个多小时也没有等到一辆车，心中十分着急。

就在费某焦急不安的时候，一辆非法营运的小面包车突然停到了费某旁，驾驶员从窗口探出头，低声地问道："去不去工业园区？"

费某心中明白，这就是黑车。如果乘坐黑车就违反了公司的规定，说不定要被除名。费某正准备回绝，但转念又一想，今天自己休息，应该不受公司制度的约束，况且谁能知道自己坐没坐黑车？犹豫了一下，费某便钻进了车内。

上午10点左右，费某乘坐的车辆刚驶进科技公司的宿舍区，就被公司宿舍区警卫人员发现。警卫人员见费某下车前给驾驶员付钱，便断定费某乘坐的是黑车，随即根据公司相关规定进行记录并通报了主管人员。

事情发生后，在如何处理费某违反制度乘坐黑车的事情上，有人向公司领导提议，应当将费某除名，以儆效尤。可是，仅仅是乘坐了一次黑车，就将职工开除，何况费某还是一名技术精湛的工程师，正是公司急需的人才，是不是太严重了？可是，又有人提出，既然公司作出了明确规定，就应当毫无折扣加以执行，不管是什么人，都不能有特权。

公司领导考虑再三，决定将费某除名。于是，2010年4月20日公司以费某乘坐非法营运车辆为由与费某解除劳动合同。

仅仅是乘坐了一次黑车，就把做得好好的工作丢了！这让费某感到十分意外，也觉得该公司没有任何人情味，认为继续在这家公司工作已无实际意义，便同意与公司解除合同，但提出公司应当支付他经济赔偿金。但该公司认为公司未违反劳动合同法规定，故无须支付赔偿金，断然拒绝了费某的请求。

在多次交涉无果的情况下，费某于2010年6月向苏州工业园区劳动争议仲裁委员会申诉，认为自己按劳动合同约定履行了工作职责，而公司以乘坐非法营运车辆为由解除劳动合同的行为无法律依据，属违法解除劳动合同，要求裁决该公司支付他经济赔偿金9 800元。但苏州工业园区劳动争议仲裁委员会却于2010年7月27日作出裁决，驳回了他的全部仲裁请求。

费某不服，决定向法院起诉，来维护自己的合法权益。2010年8月27日，费某到苏州工业园区法院，一纸民事诉状将该公司推上了被告席。

苏州工业园区法院对该案进行了公开开庭审理。法庭上，费某与该公司围绕这家公司依据"严禁乘坐非法营运车辆，违者予以开除处分"这一规章制度来与费某解除劳动关系是否合法的争议焦点，唇枪舌剑，互不相让，展开了激烈的较量。

费某提出，科技公司没有权利禁止员工乘坐非法营运车辆，对员工在工作时间之外的行为，公司没有权力去干涉。而4月13日是他休息时间，不需要遵守公司规章制度，只要遵守法律。如果他有违法行为，应由国家行政机关进行处罚，而不是单位，所以公司和他解除劳动合同违法。

针对费某的起诉，该公司辩称，费某乘坐非法营运车辆至公司宿舍区，被公司宿舍区警卫人员发现后，警卫人员随即根据相关规定进行记录并通报主管人员，在对事件经过进行反复核对查明后，公司立即作出了解除劳动合同的处理，并通知费某办理相应离职手续。但因费某一直不去办理离职手续，公司人事部门于一周后发出"离职通知单"，并完成了后续的离职及退工备案手续。公司认为自己作出的决定合法合理，有根有据，公司未违反劳动合同法规定，故无须支付赔偿金，请求法院驳回费某的诉讼请求。

该公司还提出，他们公司宿舍管理办法针对所有员工，对进入宿舍的员工都有约束力，费某乘坐黑车可能增加工伤危险的发生，公司的规章制度并无不当。

苏州工业园区法院经审理后认为，用人单位的规章制度是用人单位制定的组织劳动过程和进行劳动管理的规则和制度，也称企业内部劳动规则。规章制度既要符合法律、法规的规定，也要合理。该公司有权通过制定规章制度进行正常生产经营活动的管理，但劳动者在劳动过程以及劳动管理范畴以外的行为，用人单位应进行倡导性规定，对遵守规定的员工可给予奖励，但不宜进行禁止性规定，更不能对违反此规定的员工进行惩罚。

该公司以乘坐非法营运车辆存在潜在工伤危险为由，规定员工不允许乘坐黑车，违者开除，该规定已超出企业内部劳动规则范畴。且乘坐非法营运车辆行为应由行政机关依据法律或法规进行规范，由用人单位依据规章制度进行处理不合理、不适当。工伤认定系行政行为，工伤赔偿责任是用人单位应承担的法定责任，该公司通过规章制度的设置来排除工伤责任，不符合法律规定，因此亦属无效规定。故该公司不得依据该规定对员工进行处理，该公司因费某乘坐非法营运车辆而作出解除劳动合同系违法解除，损害了劳动者的合法权益，应当按劳动合同法之规定，向费某支付赔偿金。费某要求科技公司支付赔偿金9 800元，未超过法律规定的赔偿金范围，故法院予以支持。

【案例评析】

企业内部的规章制度必须合法、明确才能对员工产生约束力。

所谓"合法"，指的是内容合法和制定程序合法。一方面，企业自己制定的规章制度不得违反法律、法规的禁止性规定；另一方面，企业内部的规章制度应当经民主程序讨论通过。

所谓"明确"，指的是企业应当将内部的规章制度采取公示、对员工培训、签订合同时告知等方式让员工知晓。有些企业内部制定的奖惩办法，虽然内容不违法，但如果未经民主程序讨论通过，程序上就不合法，如果没有证据证明企业已将该规章制度以一定方式告知员工，就不具有法律效力。

为了防止企业滥用内部规章制度的制定权侵害职工的合法权益，法律对企业规章制度的制定还规定了监督和制裁办法。《劳动法》第30条规定，用人单位解除劳动合同，工会认为不恰当的，有权提出意见。《劳动法》第89条规定："用人单位制定的劳动规章制度违反法律、法规规定的，由劳动行政部门给予警告，责令改正；对劳动者造成损害的，应当承担赔偿责任。"《违反〈中华人民共和国劳动法〉行政处罚办法》第3条规定："用人单位制定的劳动规章制度违反法律、法规规定的，应给予警告，并责令限期改正；逾期不改的，应给予通报批评。"

【处理结果】

苏州工业园区法院依据《劳动合同法》第48条、第87条的规定，作出一审判决，判决该公司向费某支付赔偿金9 800元。

一审判决后，该公司不服，向苏州市中级人民法院提出上诉。在上诉中，公司诉称：首先，公司制定这样的规章制度并未超出劳动过程及劳动管理范畴，据此对员工费某进行处理并无不当；其次，并非利用"严禁乘坐非法营运车辆，违者予以开除处分"这一规章制度来排除工伤。

苏州市中级人民法院经审理后认为，一般情况下，用人单位规章制度是指用人单位依法制定的、仅在本企业内部实施的、关于如何组织劳动过程和进行劳动管理的规则和制度，是用人单位和劳动者在劳动过程中的行为准则，也称企业内部劳动规则。其内容主要包括了劳动合同管理、工资管理、社会保险、福利待遇、工时休假、职工奖惩以及其他劳动管理等。规章制度作为用人单位加强内部劳动管理，稳定、协调劳动关系，保证正常劳动生产秩序的一种管理工具，在日常的劳动秩序中确实发挥着重要作用。但是，规章制度既要符合法律、法规的规定，也要合情合理，不能无限放大乃至超越劳动过程和劳动管理的范畴。此案中，费某乘坐黑车行为发生之日正值其休息之日，劳动者有权利支配自己的行为，公司不能以生产经营期间的规章制度来约束员工休息期间的行为。如果劳动者确有违法之处，也应由国家行政机关等相关机构进行处罚，而不是单位。因此，该公司因费某乘坐非法营运车辆而作出解除劳动合同系违法解除，损害了劳动者的合法权益，应当按劳动合同法之规定，向费某支付赔偿金。

综上所述，该公司的上诉理由不能成立，法院不予采纳。最终，苏州市中级人民法院依据法律的有关规定，作出"驳回上诉，维持原判"的判决。

四、规章制度的告知程序

规章制度是劳动合同的一部分，要让劳动者遵守执行，应当让劳动者知晓。因此，直接涉及劳动者切身利益的规章制度应当公示，或者告知劳动者。规章制度公示方法很多，根据实践经验，实践中一般可采取如下公示方法。

（1）公司网站公布：在公司网站或内部局域网发布进行公示。

（2）电子邮件通知：向员工发送电子邮件，通知员工阅读规章制度并回复确认。

（3）公告栏张贴：在公司内部设置的公告栏、白板上张贴供员工阅读。

（4）员工手册发放：将公司规章制度编印成册，每个员工均发放一本。

（5）规章制度培训：公司人力资源管理部门组织公司全体员工进行公司规章制度的培训，集中学习。

（6）规章制度考试：公司以规章制度内容作为考试大纲，挑选重要条款设计试题，组织员工进行开卷或闭卷考试，加深员工对公司规章制度的理解。

（7）如公司员工不多时，可将规章制度交由员工传阅。

找一个企业相关案例，模拟企业规章制度建立的合法程序，四人扮演公司代表，四人扮演企业工会代表，对企业规章制度的具体内容进行讨论谈判。

案例讨论

刘某的要求是否合理？

申请人刘某于2009年6月1日进入被申请人某公司做清洁工一职，双方约定刘某月工资为600元（6.25元/小时）。双方口头约定：刘某在办公区域做清洁综合服务业务，其中卫生保洁内容和质量要求包括办公区公共场所地面每天打扫不少于2次，楼梯每天打扫1次，电梯每天擦1次，电梯地毯每天更换一次（双休日除外），每天上班前必须将卫生清理完毕；如发现保洁人员责任心不强，保洁质量差，被申请人有权更换保洁人员。该公司于2011年12月20日向刘某出具证明，称刘某保洁工作达不到卫生标准，于2012年2月9日将申请人刘某辞退。

刘某提起仲裁，认为该公司一直未与其签订书面劳动合同、未为其购买社会保险，节假日加班都未得到相应的补休或相应的报酬，无故辞退且未事先通知。故请求依法裁决如下。

（1）确认与被申请人存在劳动关系。

（2）支付申请人刘某2011年12月至2012年2月的工资3700元。

（3）支付申请人刘某2009年6月至2012年2月的加班费2060元（延长工作时间加班费500元、休息日加班费240元、法定节假日加班费1320元）。

（4）支付申请人刘某赔偿金57600元（经济补偿金二倍、未签订劳动合同另一倍工资）。

据此，仲裁庭根据《劳动合同法》、《某省工资支付条例》、《最高人民法院关于民事诉讼证据的若干规定》和《劳动争议调解仲裁法》的规定，裁决如下。

（1）确认申请人刘某与被申请人自 2009 年 6 月 1 日至 2012 年 2 月 9 日间存在非全日制用工关系。

（2）被申请人在裁决书发生法律效力之日起 3 日内，向申请人刘某支付：①2011 年 12 月至 2012 年 2 月期间的工资 3 700 元（劳动报酬，终局裁项）；②2010 年 2 月 9 日至 2012 年 2 月 9 日法定节假日的加班工资 1 320 元（劳动报酬，终局裁项）。

（3）驳回申请人刘某其他申诉请求（经济补偿金和未签订劳动合同另一倍工资）。

思考题

1.本案中非全日制用工是否成立，有什么依据？

2.非全日制用工是否存在加班费？

3.非全日制用工解除是否需要支付经济补偿金？

4.从此案例中你得到什么启示？

➤本章思考题

1.非全日制用工需要约定试用期吗？为什么？

2.建立非全日制劳动关系，要注意哪些问题？

3.根据你的学习，你觉得非全日制用工还有哪些内容有待完善？

参 考 文 献

姜颖.2006.劳动合同法论.北京：法律出版社.

刘冠歧.2011.论非全日制用工劳动合同.法制与社会，（3）：268.

尚春霞.2009.从《劳动合同法》看我国非全日制用工.劳动保障世界，（9）：66-68.

第十章

工作时间与休息休假

工作时间又称法定工作时间，即根据国家法律和法规的规定，在各种类型的组织中劳动者完成本职工作的时间。同时根据实际工作需要，可以在符合法定程序下组织劳动者增加工作时间，并给予劳动者额外报酬；也可因出于保护特殊劳动者群体的需要缩减工作时间。结合法律法规规定和各类工作性质的不同，我国实行多种工时制度。

休息休假是劳动者的基本权利，我国实行多种类型休息休假制度。

本章回答以下问题。

我国法律关于工作时间的主要规定有哪些？

我国常见的多种工时制度有哪些？除8小时工作制以外，还有哪些特殊的工时制度？哪些情况下可以延长工作时间（即加班加点）？加班加点的报酬如何计算？什么情况下要减少工作时间？

我国劳动者享受怎样的休息和休假？如怎样享受探亲假？什么是带薪休假？

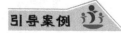

~~~~~~

每周工作时间少于40小时就不能有休息日？

张某是某合资大酒店的服务员，根据该酒店的规定，职工每天工作5小时，没有休息日。1999年9月的第一个星期天，张某因家中有事不能上班，于是提出在休息日休息，未予以批准。张某找到总经理面谈，张某说："别的企业的职工每周都有两个休息日，我觉得我们每周至少也应安排一个休息日。"可总经理却说："你怎么不想想他们每天工作时间是8小时，我们酒店每天的工作时间只有5小时，每周工作时间总和只有35小时，比《国务院关于职工工作时间的规定》中规定的40小时还少5个小时，所以我们不再安排休息日。不信，我可以给你看看有关规定。"最终双方还是未取得一致看法，于是张某向当地劳动争议仲裁委员会提出了申诉，请求酒店给予其享受休息日待遇。

张某是否应该得到一天的休息时间?

第一节　工作时间

一、工作时间概述

1.什么是工作时间

工作时间又称劳动时间,是指法律规定的劳动者在一昼夜和一周内从事劳动的时间。工作时间的长度由法律直接规定,或由集体合同或劳动合同直接规定。用人单位由于生产需要,可以根据法律规定延长或缩短工作时间,劳动者或用人单位不遵守工作时间的规定或约定,要承担相应的法律责任。为了合理安排职工的工作和休息时间,维护职工的休息权利,国务院根据宪法有关规定于1995年2月17日通过并制定了《国务院关于职工工作时间的规定》,并于1995年5月1日起实施。

2.关于加班加点的规定

国家实行劳动者每日工作时间不超过8小时、平均每周工作时间不超过40小时的工时制度。用人单位由于生产经营需要,经与工会和劳动者协商后可以延长工作时间,一般每日不得超过1小时;因特殊原因需要延长工作时间的,在保障劳动者身体健康的条件下延长工作时间每日不得超过3小时,每月不得超过36小时。

根据劳动法的规定,国家采取劳动标准立法的形式,对延长工作时间有以下四个方面的限制。

1）条件限制

用人单位正常情况下,不得延长劳动者的工作时间,只有符合"由于生产经营需要"这一条件的用人单位,才允许按法定程序和时间延长劳动者的工作时间。

2）程序限制

协商是用人单位延长工作时间的法定程序。这一协商包括与工会协商和与劳动者协商两个方面,且两个协商不能相互替代,缺少任何一方面的协商,用人单位均不得自行决定延长工作时间。

3）时间限制

用人单位延长工作时间,一般情况下每日不得超过1小时;因特殊原因需要延长工作时间的,在保障劳动者身体健康的情况下,每日不得超过3小时;另外,延长工作时间的总长度每月不得超过36小时,这一总长度是指这一公历月中全部平日加点的时间、休息日加班时间和法定节假日加班时间的总和。

4）报酬限制

用人单位安排劳动者延长工作时间的,除支付劳动者正常工资外,另需支付高于劳动者正常情况下的延长工作时间的工资报酬。工人职员每天在规定工作时间以外加点，按照本人计时工资标准的 150%发给工资；在公休假日加班，原则上应给予工人同等时间的补休，确实不能补休的，按照本人计时工资标准的 200%发给工资；在法定节日内加班，按照本人计时工资标准的 300%发给工资。

劳动者要求补发加班工资合理吗？

【案例介绍】

申请人：赵某、王某

被申请人：某机械厂

赵某、王某原是某市机械厂车间工人，后被厂里安排到传达室值班，其岗位职责是需要 24 小时值班的门卫工作。赵某、王某只能一个上白班，一个上夜班，没有星期六，也没有星期天，更没有节假日，每人每天工作 12 小时，每人工资 475 元/月。1995 年 5 月 1 日起，机械厂正式实施劳动者每周工作 40 小时的 5 天工作制，而赵某、王某每人每月仅有加班工资 50 元。两人多次向机械厂总经理胡某要求补发加班工资并不再加班，均被拒绝。赵某、王某以侵犯其休息权为由，向某市劳资争议仲裁委员会提起申诉。

【案例评析】

本案中，机械厂违反劳动法规的行为主要是以下几个方面：第一，赵某和王某二人被安排至传达室负责每天 24 小时的门卫值班，连公休假日也不得离岗，其休息权被严重侵犯；第二，除去公休假日外，赵某和王某每天加班各 4 小时，严重超过《劳动法》第 41 条规定的标准；第三，赵某和王某的正常工作时间内的工资都是 475 元/月，而被申请人机械厂支付给他们的加班工资每人每月仅 50 元，也严重违反了《劳动法》第 44 条及《工资支付暂行规定》第 13 条的相关规定。

【处理结果】

某市劳动争议仲裁委员会作出裁决如下：①机械厂应在传达室增加 2~3 人轮流值班，实现每周 40 小时的 5 天工作制；②机械厂应一次性补偿赵某和王某的加班工资。

3.关于缩短工作时间的规定

缩短工作时间是指法律规定的特殊情况下劳动者的工作时间长度少于标准工作时间的工时制度。

（1）从事矿山井下、高温、有毒有害、特别繁重或过度紧张等作业的劳动者，每个工作日要少于 8 小时。

（2）从事夜班工作的劳动者，实行三班制的职工夜班可减少 1 小时并发给夜班津贴。

（3）哺乳期内的女职工，每日在工作时间给予两次哺乳时间，每次 30 分钟。

（4）对未成年工实行缩短工作时间，每日工作时间一般不超过 7 小时。

二、几种常见的工时制度

1.标准工作时间（标准工时）制度

标准工作时间是指法律规定的在一般情况下普遍适用的，按照正常作息办法安排的工作日和工作周的工时制度。

根据国务院《关于修改〈国务院关于职工工作时间的规定〉的决定》（国务院第 174 号令），我国的标准工时为劳动者每日工作 8 小时，每周工作 40 小时，在 1 周内工作 5 天。实行计件工作的劳动者，用人单位应当根据每日工作 8 小时、每周工作 40 小时的工时制度，合理确定其劳动定额和计件报酬标准。

2.特殊工时制度

1）不定时工作制

不定时工作制是指无固定工作时数限制的工时制度。不定时工作制适用于工作性质和职责范围不受固定工作时间限制的劳动者。《关于企业实行不定时工作制和综合计算工时工作制的审批办法》（劳部发〔1994〕503 号）规定，对符合下列条件之一的职工，可以实行不定时工作制。

（1）企业的高级管理人员、外勤人员、推销人员、部分值班人员和其他因无法按标准工作时间衡量的职工。

（2）企业中的长途运输人员、出租车司机和铁路、港口、仓库的部分装卸人员以及因工作性质特殊，需机动作业的职工。

（3）其他因生产特点、工作特殊需要或职责范围的关系，适合实行不定时工作制的员工。

2）综合计算工时工作制

综合计算工作时间又称综合计算工时工作制，是指以一定时间为周期，集中安排并综合计算工作时间和休息时间的工时制度，即分别以周、月、季、年为周期综合计算工作时间，但其平均日工作时间和平均周工作时间应与法定标准工作时间基本相同。《关于企业实行不定时工作制和综合计算工时工作制的审批办法》（劳部发〔1994〕503 号）规定，对符合下列条件之一的职工，可以实行综合计算工时工作制。

（1）交通、铁路、邮电、水运、航空、渔业等行业中因工作性质特殊，需连续作业的职工。

（2）地质及资源勘探、建筑、制盐、制糖、旅游等受季节和自然条件限制的行业的部分职工。

（3）其他适合实行综合计算工时工作制的职工。

3.实行特殊工时制度的程序

《劳动法》第 39 条规定，企业因生产特点不能实行本法第 36 条、第 38 条规定的，经劳动行政部门批准，可以实行其他工作和休息办法。这一审批程序包括以下两个方面。

1）协商程序

根据原劳动部《关于职工工作时间有关问题的复函》，企业实行综合计算工时工作制以及在实行综合计算工时工作中采取何种工作方式，一定要与工会和劳动者协商。

2）批准程序

1994 年，劳动部关于印发《关于企业实行不定时工作制和综合计算工时工作制的审批办法》

的通知第 7 条规定："地方企业实行不定时工作制和综合计算工时工作制等其他工作和休息办法的审批办法，由各省、自治区、直辖市人民政府劳动行政部门制定，报国务院劳动行政部门备案。"

综合计算工时工作制能约定实行吗？

【案例介绍】

申请人：沈某

被申请人：某餐饮公司

2009 年 2 月 1 日沈某到某餐饮公司办公室工作，任普通职员。双方订有劳动合同，期限自 2009 年 2 月 1 日起至 2011 年 1 月 31 日止。该合同约定，沈某月工资 1 500 元，实行综合计算工时工作制，工作时间的计算周期为年。工作期间公司每月按 1500 元给沈某发放工资，但未给沈某缴纳社会保险费；同时，沈某被要求工作日延长工作时间 120 小时，休息日加班 12 天，节假日加班 3 天，但公司未付加班加点工资。2010 年 1 月 31 日，沈某以公司未为其缴纳社会保险费和发放加班加点工资为由提出解除劳动合同，并于当日与公司作了工作交接，但公司未付经济补偿金。沈某向公司交涉未果，诉至劳动争议仲裁机构，要求公司为其补缴工作期间的社会保险费，支付加班加点工资 3 827.61 元（其中延时加点工资 1 551.6 元、休息日加班工资 1 655.28 元、节假日加班工资 620.73 元）和解除劳动合同的经济补偿金 1 500 元。

公司认为根据双方签订的劳动合同的约定，沈某实行的是以年为周期的综合计算工时工作制，不存在加班加点的情况，故不应再付给沈某工资。沈某要求公司出示劳动保障行政部门出具的其岗位实行综合计算工时工作制的批准文件。公司称此为双方约定，无需批件。

【案例评析】

本案争议的焦点是，在无劳动保障行政部门出具批准文件的情况下，劳动合同当事人约定实行综合计算工时工作制是否具有法律效力。

综合计算工时工作制是指分别以周、月、季、年等为周期计算工作时间，其平均日工作时间和平均周工作时间与法定标准工作时间基本相同的一种工作时间制度，是与用人单位普遍实行的每天工作 8 小时、每周工作 40 小时的"二五"制工作日制度相对的一种工作制度。综合计算工时工作制源于原劳动部制定的《关于企业实行不定时工作制和综合计算工时工作制的审批办法》（劳部发〔1994〕503 号）第 3 条，即"企业因生产特点不能实行《中华人民共和国劳动法》第三十六条、第三十八条规定的，可以实行不定时工作制或综合计算工时工作制等其他工作和休息办法"。该办法是根据《劳动法》第 39 条"企业因生产特点不能实行本法第三十六条、第三十八条规定的，经劳动行政部门批准，可以实行其他工作和休息办法"而制定的。由此看出，要实行综合计算工时工作制，在程序上必须经劳动行政部门批准后方可实行。

当然，劳动行政部门必须根据法人的申请，予以审查后才能批准。此符合行政许可的定义内涵，即行政许可是指行政机关根据公民、法人或者其他组织的申请，经依法审查，准予其从事特定活动的行为。因此，实行综合计算工时工作制属行政许可事项。根据《中华人民共和国行政许可法》（简称《行政许可法》）第 81 条"公民、法人或者其他组织未经行政许可，擅自从事依法应当取得行政许可的活动的，行政机关应当依法采取措施予以制止，并依法给予行政处罚；构成犯罪的，依法追究刑事责任"的规定，未经劳动保障行政部门批准，用人单位与劳动者自愿约定实行综合计算工时工作制的行为是一种违法行为，是法律所禁止的行为。

《劳动合同法》第 26 条规定，"违反法律、行政法规强制性规定的"劳动合同是无效合同或部分无效合同。

【处理结果】

在未经劳动保障行政部门批准的情况下，某餐饮公司与沈某在劳动合同中约定实行综合计算工时工作制的条款系无效条款，对沈某不具有约束力裁决。公司应按照加班加点的规定付给沈某加班加点工资，补缴工作期间的社会保险费及支付解除劳动合同的经济补偿金。

三、不受限制的加班情形

根据《劳动法》第 42 条的规定，具备下列情形之一的，延长工作时间不受法律规定的条件、程序和时间的限制。

（1）发生自然灾害、事故或因其他原因，威胁劳动者生命健康和财产安全，需要紧急处理的。这种情况一般是指发生地震、洪水、抢险、交通事故、矿山井下事故抢险等，必须紧急处理的。

（2）生产设备、交通运输线路、公共设施发生故障，影响生产和公众利益，必须及时抢修的。这种情况一般是指企业的生产流水线、企业的主要生产设备发生故障，铁路线路发生故障、公路干线发生交通堵塞，自来水管道、下水管道、煤气管道、供电线路等发生故障，必须及时抢修的。

（3）法律、行政法规规定的其他情形。

根据原劳动部贯彻《〈国务院关于职工工作时间的规定〉的实施办法》第 7 条的规定，除上述情形外，补充规定了以下两种情形。

（1）必须利用法定节日或公休假日的停产期间进行设备检修、保养的。这种情况一般是指钢铁、水、电等必须连续生产的企业和设备，只能在节假日内进行停产检修、保养的。

（2）为了完成国防紧急生产任务，或者完成上级在国家计划外安排的其他紧急生产任务，以及商业、供销企业在旺季完成收购、运销、加工农副产品紧急任务的。

应当强调的是，法律规定的特殊情形下的延长工作时间可不受限制，仅指不受法律规定的条件、程序和时间的限制，但仍然受到工资报酬的限制，企业安排劳动者延长工作时间的，仍应当按照《劳动法》第 44 条规定的标准支付加班加点的工资。

单位安排加班，职工能否拒绝？

【案例介绍】

申请人:王某

被申请人：某供电所

王某是某供电所的维修工，2005 年春节期间某线路经常出问题，王某经过几次维修后，向所领导反映问题，希望能把这段线路的电线换新的，所领导同意了。但因为在春节期间人员及运输等各种问题，该段的电线必须等过了农历正月十五才能换，因此王某要在春节期间加班维护这段线路的正常供电。但王某提出要到岳父家过年，故不能加班，同时王某认为加班加点应征得职工本人同意，最终王某坚持未加班。所领导认为王某拒不服从工作安排，给所里造成了一定的不好影响，供电所为了严肃劳动纪律，给王某以警告处分和扣除全年奖金。王某对此不服，向劳动仲裁提请仲裁。

【案例评析】

（1）我国《劳动法》第42条规定，有下列情形之一的，延长劳动时间不受限制：①发生自然灾害、事故或者因其他原因，威胁劳动者生命健康和财产安全，需要紧急处理的；②生产设备、交通运输线路、公共设施发生故障，影响生产和公众利益，必须及时抢修的；③法律、行政法规规定的其他情形。

表明在上述三种情形下延长工作时间不受每天不能超过3个小时、每月不能超过36个小时的限制。

（2）根据原劳动部贯彻《〈国务院关于职工工作时间的规定〉的实施办法》第7条的规定，有下列四种情形之一的，职工不得拒绝延长工作时间，即不受"任何单位和个人不得擅自延长职工工作时间"的限制。这四种情形是：①发生自然灾害、事故或者因其他原因，使人民的安全健康和国家财产遭到严重威胁，需要紧急处理的；②生产设备、交通运输线路、公共设施发生故障，影响生产和公众利益，必须及时抢修的；③必须利用法定节日或公休假日的停产期间进行设备检修、保养的；④为完成国防紧急任务，或者完成上级在国家计划外安排的其他紧急生产任务，以及商业、供销企业在旺季完成收购、运输、加工农副产品紧急任务的。在上述特殊情况下，用人单位组织职工延长工作时间可不受法律规定的条件限制，但用人单位应当按照法律规定的标准支付延长工作时间的工资。

【处理结果】

本案例中王某所在单位在上述实施办法的第三种特殊情况下，安排王某在春节期间加班，是可以不征求工会意见和不与职工本人协商的，王某在身体健康能够胜任工作的情况下，是不得加以拒绝的。王某应该按照单位要求加班。

四、加班费的计算

1.标准工时制度的加班费计算

按照原劳动部《关于印发〈工资支付暂行规定〉的通知》，应按以下标准支付工资：①用人单位依法安排劳动者在日法定标准工作时间以外延长工作时间的，按照不低于劳动合同规定的劳动者本人小时工资标准的150%支付劳动者工资；②用人单位依法安排劳动者在休息日工作，而又不能安排补休的，按照不低于劳动合同规定的劳动者本人日或小时工资标准的200%支付劳动者工资；③用人单位依法安排劳动者在法定休假节日工作的，按照不低于劳动合同的劳动者本人日或小时工资标准的300%支付劳动者工资。

2.综合计算工时制度的加班费计算

按照原劳动部《关于企业实行不定时工作制和综合计算工时工作制的审批办法》和《关于职工工作时间有关问题的复函》规定，经批准实行综合计算工时工作制的企业，在综合计算周期内的总实际工作时间不应超过总法定标准工作时间，超过部分应视为延长工作时间并按《劳动法》第44条第1款的规定支付工资报酬，其中法定休假日安排劳动者工作的，按《劳动法》第44条第3款的规定支付工资报酬。

3.不定时工时制度的加班费的计算

一般情况下，经批准实行不定时工作制的企业不需要支付加班费。但是应当注意，用人单位在法定节假日安排职工工作的，仍然应当按照不低于本人工资标准的300%支付加班费。

4.实行计件工资制度的加班费计算

实行计件工资的劳动者，在完成计件定额任务后，由用人单位安排延长工作时间的，应根据上述规定的原则，分别按照不低于其本人法定工作时间计件单价的150%、200%、300%支付其工资。

不定时工时制24小时工作也不算加班？

【案例介绍】

申请人：刘某

被申请人：某木材综合加工厂

刘某是某木材综合加工厂的职工。该厂于1997年6月实施人事制度改革，全厂人员竞争上岗，双向选择后人员分流，刘某和张某被安排到了厂传达室负责门卫值班，两人商议后决定白天分别上、下午各半天，晚上则轮流值班。

1997年9月，张某因病住院，传达室门卫仅剩下刘某一人，刘某必须每天24小时值班，每周休息一天也得不到保障。一个星期后刘某便感到体力不支，要求厂里增派人员，不能老让其加班。木材厂却说："门卫值班是不定时工时制，24小时工作也不算加班。"刘某遂向当地劳动仲裁委员会提请仲裁。

【案例评析】

不定时工时制虽不受标准工作时间的限制，但并非对工作时间毫无限制，也不能理解为实行不定时工作制的职工就不享有法定休息的权利。劳动部《关于贯彻执行〈中华人民共和国劳动法〉若干问题的意见》第67条规定，经批准实行不定时工作制的职工，不受《劳动法》第41条规定的日延长工作时间标准的限制，但用人单位应采用弹性工作时间及适当的工作和休息方式，确保职工的休息休假权利和生产、工作任务的完成。因此，企业应根据生产需要，在保障职工身体健康的条件下，合理安排工作，保证劳动者享有休息日，否则就是违法的。

该厂在如何给实行不定时工时制的职工确定工作时间的理解上有误，没有正确运用不定时工作制，把不定时工作制看成没有限制的全日制工作时间制度，让刘某昼夜值班，星期天节假日也不例外，完全剥夺了刘某的休息权，严重侵犯了刘某的合法权益。

【处理结果】

该厂应该增加人员，合理分配上班时间，并支付刘某一定经济补偿。

五、关于工作时间的其他规定

1.制度工作时间和计薪天数问题

劳社部发〔2008〕3 号《关于职工全年月平均工作时间和工资折算问题的通知》，对制度工作时间和计薪天数作出规定。

1）制度工作时间

年工作日：365 天-104 天（休息日）-11 天（法定节假日）=250 天。

季工作日：250 天÷4 季=62.5 天/季。

月工作日：250 天÷12 月=20.83 天/月。

2）计薪天数

按照《劳动法》第 51 条规定，法定节假日用人单位应当依法支付劳动者工资。因此，年计薪天数=365 天－104 天=261 天；月计薪天数=261 天÷12=21.75 天；日工资=月工资收入÷21.75 天；小时工资=日工资÷8 小时。

2.计件工作制的工作时间规定

《劳动法》第 37 条规定：对实行计件工作的劳动者，用人单位要根据标准工时制度合理确定劳动定额和计件报酬标准。这就是说，对劳动者的劳动定额和计件标准，应以劳动者在标准工作时间内的劳动量来确定，不能使劳动定额和计件标准超越标准工作时间内劳动者的劳动能力。对实行计件工作的劳动者，企业应该按照劳动者每日工作时间不超过 8 小时，平均每周不超过 40 小时工时制度的原则，合理确定其劳动定额和计件报酬标准。

3.标准工作时间和周休息规定

我国目前实行劳动者每日工作 8 小时、每周工作 40 小时的标准工时制度。有条件的企业应尽可能实行职工每日工作 8 小时、每周工作 40 小时这一标准工时制度。有些企业因工作性质和生产特点不能实行标准工时制度的，应将贯彻《国务院关于职工工作时间的规定》和贯彻《劳动法》结合起来，保证职工每周工作时间不超过 40 小时，每周至少休息 1 天；有些企业经劳动保障行政部门批准还可以实行不定时工作制、综合计算工时工作制等其他工作和休息办法。

4.延长工作时间的规定

根据《劳动法》第 38 条、第 40 条、第 41 条的规定，劳动者是享有休息权利的，为了保证劳动者的休息时间，对标准工作时间和标准周工作时间作了明确的规定。《劳动法》关于延长工作时间每月不得超过 36 小时的规定，包括正常工作日加点时间，这主要是因为用人单位安排劳动者在法定节假日加班，并不违反《劳动法》关于"用人单位应当保证劳动者每周至少休息 1 日"的规定。

5.实行综合计算工时工作制怎样认定"延长工作时间"

实行综合计算工时工作制的企业，在综合计算周期内，如果劳动者的实际工作时间总数超过该周期内的法定标准工作时间总数，超过部分应视为延长工作时间。如果在综合计算周期内，劳动者的实际工作时间总数不超过该周期内的法定标准工作时间总数，只是在综合计算周期内的某一具体日（或周、或月、或季）超过法定标准工作时间，其超过部分不应视为延长工作时间。

实行综合计算工时制即可随意安排员工工作时间？

【案例介绍】

申请人：胡某等

被申请人：某市第一建筑公司

　　胡某等与某市第一建筑公司签订了一份为期 3 年的劳动合同，合同约定由于公司实行综合计算工时制，不能保证劳动者按照标准工作时间上班，也不能保证每周休息一天。胡某等考虑到当地雨季与霜冻期较长，每年真正能开展工作的时间很少，遂同意了该条款。胡某等也了解到，公司实行的综合计算工时制是经过当地劳动行政部门批准的。于是他们服从了公司分配给他们的司机岗位，负责运送原材料、工人、设备等。

　　可是，当年气候一改往年状况，气温回升很快，雨水也较少，胡某等的工作任务繁重，经常昼夜兼程。入冬前较之往年已经多工作了一个半月左右，但考虑到收入较多，胡某等也未提出任何意见，想着忙完这项工程就可以好好休息一段时间了。

　　往年入冬后是公司的淡季，按审批的综合计算工时制的规定，工人们应集中休息，而这年冬天，公司却在南方承揽了一项工程，领导决定入冬后马上南下。于是胡某等找到领导，提出由于天气变化，在本地已经多干了很多活，现在又要去南方，身体和心理上都很疲惫，希望能够留在本地休息一个月。不料，领导却说："咱们公司实行的是综合计算工时制，这一点，在劳动合同中也有明确规定。白纸黑字，你们也都同意了的，既然是综合计算工时制，就不可能像标准工时那样保证你们的休息。现在公司要求南下，你们必须服从领导安排，不要自以为是，不然公司将按旷工处理你们。"胡某等一批员工遂提请仲裁，请求不参加公司冬季承揽的南方工程，并要求公司支付加班工资。

【案例评析】

　　本案中，这位领导的说法是不负责任的，胡某等早已完成了该工作年度的工作时间。如果再南下，工作时间将大大超过法定标准工作时间。劳动部于 1994 年 12 月 14 日发布的《关于企业实行不定时工作制和综合计算工时工作制的审批办法》（劳部发〔1994〕503 号）中规定："对于实行不定时工作制和综合计算工时工作制等休息办法的职工，企业应根据《中华人民共和国劳动法》第一章、第四章有关规定，在保障职工身体健康并充分听取职工意见的基础上，采用集中工作、集中休息、轮休调休、弹性工作时间等适当方式，确保职工的休息休假权利和生产、工作任务的完成。"

　　实行综合计算工时制后，企业也只能按劳动行政部门审批的相应的周期时间内安排劳动者工作和休息，而无权随意安排员工的工作时间。简言之，不管企业实行何种工时制度都要做到保护劳动者的身心健康，不能以实行综合计算工时制或其他工时制为借口侵犯劳动者的休息权。

【处理结果】

企业应该满足胡某等员工的休息要求，确保员工休息休假的权利，并支付超出年工作量部分的加班工资。

第二节　休息与休假

休息休假是指法律规定劳动者不必进行生产劳动，而由自己自行支配的时间。根据《劳动法》，劳动者享有的休息休假时间主要包括工作日的间歇时间、每周公休假日、法定节假日、职工探亲假、年休假等。

一、休息

《劳动法》第 38 条规定：用人单位应当保证劳动者每周至少休息一日。《国务院关于职工工作时间的规定》规定：国家机关、事业单位实行统一的工作时间，星期六和星期日为周休息日。企业和不能实行前款规定的统一工作时间的事业单位，可以根据实际情况灵活安排休息日。休息包括日休息和周休息两种。

1.日休息

日休息是指劳动者在每昼夜（24 小时）内，除工作时间外，由自己自由支配的时间。

2.周休息

周休息又称公休日，是指劳动者在一周内（7 天），享有连续休息在一天以上的休息时间。

二、休假

1.节日休假

《全国年节及纪念日放假办法》经多次修订，该办法中关于休假的主要规定如下。

1）全体公民放假的节日

（1）元旦，放假 1 天（1 月 1 日）。

（2）春节，放假 3 天（农历正月初一、初二、初三）。

（3）清明节，放假 1 天（农历清明当日）。

（4）劳动节，放假 1 天（5 月 1 日）。

（5）端午节，放假 1 天（农历端午当日）。

（6）中秋节，放假 1 天（农历中秋当日）。

（7）国庆节，放假 3 天（10 月 1 日、2 日、3 日）。

2）节日适逢休息日的处理办法

《全国年节及纪念日放假办法》第 6 条规定，全国公民放假的假日，如果适逢星期六、星期日，应当在工作日补假。部分公民放假的假日，如果适逢星期六、星期日，则不补假。

2.部分公民放假的节日及纪念日

（1）妇女节（3月8日），妇女放假半天。

（2）青年节（5月4日），14周岁以上的青年放假半天。

（3）儿童节（6月1日），不满14周岁的少年儿童放假1天。

（4）中国人民解放军建军纪念日（8月1日），现役军人放假半天。

（5）少数民族习惯的节日，由各少数民族聚居地区的地方人民政府，按照各该民族习惯，规定放假日期。

（6）二七纪念日、五卅纪念日、七七抗战纪念日、九三抗战胜利纪念日、九一八纪念日、教师节、护士节、记者节、植树节等其他节日、纪念日，均不放假。

三八妇女节没有休假能否得到三倍工资？

【案例介绍】

申请人：王女士

被申请人：某私企

王女士在一家私企工作了7年，但是三八妇女节从没有放过假。她以前的同学所在企业三八妇女节都有半天假，只有她所在企业没有，王女士很苦恼，于是向公司提出，国家规定三八妇女节，妇女休假半天，公司没有给予休假，应该支付三倍工资。公司拒绝了王女士的要求，理由是，这又不是国家规定的全民法定节假日，王女士于是请求仲裁机构仲裁。

【案例评析】

本案争议的焦点是，三八妇女节属于部分公民休假，部分公民法定节假日加班是否应该支付三倍工资。2002年2月12日公布的《劳动和社会保障部办公厅关于部分公民放假有关工资问题的函》（劳社厅函〔2000〕18号）规定，在部分公民放假的节日期间，对参加社会或单位组织庆祝活动和照常工作的职工，单位应支付工资报酬，但不支付加班工资。如果该节日恰逢星期六、星期日，单位安排职工加班工作，则应当支付休息日的加班工资。

【处理结果】

王女士不能主张公司支付三倍工资，因为部分公民放假的节日在正常工作日的，劳动者无权主张加班工资。如果适逢周末，可以主张休息日的加班工资。

3.有条件的休假

1）年休假

年休假是国家根据劳动者工作年限和劳动繁重紧张程度，每年给予的一定期间的带薪连续休假。根据《职工带薪年休假条例》，年休假有以下规定。

（1）年休假的使用范围：机关、团体、企业、事业单位、民办非企业单位、有雇工的个体工商户等单位的职工连续工作1年以上的，享受带薪年休假（简称年休假）。单位应当保证职工享受年休假。职工在年休假期间享受与正常工作期间相同的工资收入。

（2）如何计算年休假：职工累计工作已满 1 年不满 10 年的，年休假 5 天；已满 10 年不满 20 年的，年休假 10 天；已满 20 年的，年休假 15 天。国家法定休假日、休息日不计入年休假的假期。

（3）不享受年休假的情形：①职工依法享受寒暑假，且休息天数多于年休假天数的；②员工全年事假累计 20 天以上，且所在单位按规定不扣工资的；③累计工作满 1 年不满 10 年的员工，全年请病假累计 2 个月以上的；④累计工作满 10 年不满 20 年的员工，请病假累计 3 个月以上的；⑤累计工作满 20 年以上的员工，请病假累计 4 个月以上的。

（4）单位根据生产、工作的具体情况，并考虑职工本人意愿，统筹安排职工年休假。

年休假在 1 个年度内可以集中安排，也可以分段安排，一般不跨年度安排。单位因生产、工作特点确有必要跨年度安排职工年休假的，可以跨 1 个年度安排。

单位确因工作需要不能安排职工休年休假的，经职工本人同意，可以不安排职工休年休假。对职工应休未休的年休假天数，单位应当按照该职工日工资收入的 300% 支付年休假工资报酬。

（5）县级以上地方人民政府人事部门、劳动保障部门应当依据职权对单位执行本条例的情况主动进行监督检查。工会组织依法维护职工的年休假权利。

（6）单位不安排职工休年休假又不依照本条例规定给予年休假工资报酬的，由县级以上地方人民政府人事部门或者劳动保障部门依据职权责令限期改正；对逾期不改正的，除责令该单位支付年休假工资报酬外，单位还应当按照年休假工资报酬的数额向职工加付赔偿金；对拒不支付年休假工资报酬、赔偿金的，属于公务员和参照公务员法管理的人员所在单位的，对直接负责的主管人员以及其他直接责任人员依法给予处分；属于其他单位的，由劳动保障部门、人事部门或职工申请人民法院强制执行。

职工必须主动申请才能享受年休假待遇吗？

【案例介绍】

申请人：卢某

被申请人：某纺织品公司

卢某于 2009 年 5 月到某纺织品公司工作。2011 年 4 月，卢某提出辞职。工作期间纺织品公司未安排卢某休带薪年休假。2011 年 5 月 20 日，卢某离开单位办理交接手续后，双方因年休假工资发生争议。卢某于 2011 年 7 月向当地劳动争议仲裁机构提起劳动仲裁，要求纺织品公司给付其 5 天的未休年休假工资差额 825 元。纺织品公司认为，关于年休假工资，并非单位不给，而是因卢某在工作期间未向单位提出休带薪年休假申请。根据单位"休假必须提交申请，否则不予批准或按旷工处理"的规定，卢某不应享受 300% 的年休假工资。

【案例评析】

本案的争议焦点是，享受 300% 的未休年休假工资，是否须在单位批准职工休假申请的情况下才可享受。

《职工带薪年休假条例》第 2 条规定："机关、团体、企业、事业单位、民办非企业单位、有雇工的个体工商户等单位的职工连续工作 1 年以上的，享受带薪年休假。"该条例第 4 条规定："职工有下列情形之一的，不享受当年的年休假：（一）职工依法享受寒暑假，其休假天数多于年休假天数的；（二）职工请事假累计 20 天以上且单位按照规定不扣工资的；（三）累计工作满 1 年不满 10 年的职工，请病假累计 2 个月以上的；（四）累计工作满 10 年不满 20 年的职工，请病假累计 3 个月以上的；（五）累计工作满 20 年以上的职工，请病假累计 4 个月以上的。"

由此可以看出，只要职工不存在《职工带薪年休假条例》第 4 条规定的任一情形，连续工作一年以上即可享受年休假。实践中，这两个条件是用人单位应当掌握、遵守的，且是可以预见的，而不像病假、丧假等私假不可预料。因此，用人单位完全可以根据其掌握的情况确认应享受年休假的职工名单，再结合本单位情况统筹安排职工年休假。

统筹安排职工年休假是单位应尽的义务。《职工带薪年休假条例》第 5 条第 1 款规定："单位根据生产、工作的具体情况，并考虑职工本人意愿，统筹安排职工年休假。"可见，年休假的安排，单位起主导作用，由其根据生产、工作情况统筹安排，同时在条件允许的情况下考虑职工意愿。《企业职工带薪年休假实施办法》第 10 条第 2 款规定："用人单位安排职工休年休假，但是职工因本人原因且书面提出不休年休假的，用人单位可以只支付其正常工作期间的工资收入。"因此，单位要免除支付职工未休年休假天数的额外工资部分，必须拿出两方面的证明材料：一是单位对职工年休假已作出了安排；二是职工不休年休假是其本人原因。这进一步说明了单位在年休假安排中所起的主导作用。因此，单位不予批准职工提出的休年休假申请，不能作为职工享受未休年休假工资的条件。

【处理结果】

单位确因工作需要不能安排职工休年休假的，经职工本人同意，可以不安排职工休年休假。对职工应休未休的年休假天数，单位应当按照该职工日工资收入的 300% 支付年休假工资报酬。仲裁委员会裁决支持卢某请求。

2）婚丧假

婚丧假是指劳动者本人结婚以及劳动者的直系亲属死亡时依法享受的假期。婚丧是每个劳动者都会遇到的情况，劳动者婚丧期间，给予一定的假期，并由用人单位如数支付工资，使劳动者有闲暇处理相关事务，这是对劳动者的精神抚慰，体现了政府对劳动者的福利政策，也是对其权益的保护，对于调动劳动者的积极性具有重要意义。

（1）享有婚丧假应具备的条件。《中华人民共和国婚姻法》（简称《婚姻法》）规定，结婚年龄，男不得早于 22 周岁，女不得早于 20 周岁。晚婚晚育应予鼓励。因此，职工享受婚假的前提是达到上述法律规定的结婚年龄，且与配偶正式办理了结婚登记手续。丧假享有的条件是职工的直系亲属死亡。所谓直系亲属，是指职工的父母、配偶、子女。此外，对请丧假范围的划定，有的地方规定除直系亲属死亡时可给丧假外，岳父母和公婆死亡时也可给予丧假。

（2）婚丧假的期限。根据 1980 年 2 月 20 日国家劳动总局、财政部发布的《关于国营企业职工请婚丧假和路程假问题的通知》的规定，职工的直系亲属（父母、配偶和子女）死亡时，可以根据具体情况，给予 1~3 天的婚丧假；职工在外地的直系亲属死亡时需要本人去外地料理丧事的，可以根据路程远近，另给予路程假，但是途中的车船费等，全部由职工自理。

3）病假

病假即因疾病或伤残而缺勤的期间。

根据《企业职工患病或非因工负伤医疗期规定》（劳部发〔1994〕479 号）等有关规定，任何企业职工因患病或非因工负伤，需要停止工作医疗时，企业应该根据职工本人实际参加工作年限和在本单位工作年限，给予一定的医疗期。

医疗期是指企业职工因病或非因工负伤停止工作治病时，企业不得解除劳动合同的时限，也就是患病或非因工负伤职工的病假假期。根据《企业职工患病或非因工负伤医疗期规定》第 2 条，医疗期是企业不得因员工生病或其他法定原因而不再雇佣的保护期限。这个期限与劳动者的实际工龄以及在本企业的工龄有关。依据工龄的长短，劳动者可以享受到 3 个月到 24 个月的医疗期。

4）探亲假

探亲假是指职工享有保留工作岗位和工资，而同分居两地又不能在公休日团聚的配偶或父母团聚的假期。它是职工依法探望与自己不住在一起，又不能在公休假日团聚的配偶或父母的带薪假期。《国务院关于职工探亲待遇的规定》是 1981 年出台的，探亲假是指职工与配偶、父母团聚的时间，根据实际情况可以给予路程假。

根据《国务院关于职工探亲待遇的规定》，享受探亲假必须具备以下条件。

（1）主体条件。只有在国家机关、人民团体和全民所有制企业、事业单位工作的职工才可以享受探亲假待遇。

（2）时间条件。工作满一年的职工才可以享受探亲假。

（3）事由条件。一是与配偶不住在一起，又不能在公休假日团聚的，可以享受探望配偶的待遇；二是与父亲、母亲都不住在一起，又不能在公休假日团聚的，可以享受探望父母的待遇。"不能在公休假日团聚"是指不能利用公休假日在家居住一夜和休息半个白天。职工与父亲或与母亲一方能够在公休假日团聚的，不能享受本规定探望父母的待遇。需要指出的是，探亲假不包括探望岳父母、公婆和兄弟姐妹。新婚后与配偶分居两地的从第二年开始享受探亲假。此外，学徒、见习生、实习生在学习、见习、实习期间不能享受探亲假。

5）公假

公假指的是按照国家规定必须履行的义务及接受参加政府机构或其他机构所举办会议或活动者，若在工作时间请假去参加，经申请批准，在此期间不扣薪水。

6）产期陪护假

丈夫休护理假受是否晚育及所在省份的规定所限制。大多数省份《人口与计划生育管理条例》中都规定了晚育者丈夫休护理假的时间，一般在 7~10 天。

7）女职工休假

（1）产假。产假是指在职妇女产期前后的休假待遇，一般从分娩前半个月至产后两个半月，晚婚晚育者可前后长至 4 个月，女职工生育享受不少于 90 天的产假。

根据《女职工劳动保护规定》，女职工生育享受不少于 90 天的产假，包括 15 天的预产假。已婚妇女 23 周岁以上生育第一个子女为晚育，实行晚育的，增加产假 30 天，难产（剖宫产以及产程中使用吸宫器、产钳等非正常顺产）增加产假 15 天，多胞胎生育的，每多生育一个婴儿增加产假 15 天。2012 年 4 月，我国开始实施《女职工劳动保护特别规定》，女职工正常产假规定为 98 天（14 周）。

预产期推迟导致产假超过 90 天怎么算?

【案例介绍】

申请人：侯某

被申请人：某公司

2010 年 5 月，某公司行政人员侯某临近预产期。遵医嘱，在预产期前 15 天经公司批准开始休产假。不想侯某 30 天后才产下一男婴，比预产期整整晚了 15 天。产后第 60 天，侯某的产假已经休了 90 天，公司发通知要其上班，并称如到期不上班将按旷工处理。侯某接通知后没去上班，公司作出违纪辞退的决定。侯某认为，产假 90 天，其中产前休假 15 天，产后休假 75 天，现在其产后假未休满 75 天，所以没去上班不能认定其为旷工。公司则认为，产假总共 90 天，侯某已休满，且在接到单位通知后仍不上班，按照公司规章制度，连续旷工 3 天可以辞退。

【案例评析】

《女职工劳动保护规定》第 8 条规定："女职工产假为 90 天，其中产前休假 15 天。难产的，增加产假 15 天。"对此，原劳动部又作出进一步解答："女职工产假 90 天，分为产前假、产后假两部分，即产前假 15 天，产后假 75 天。若孕妇提前生育，可将不足的天数和产后合并使用；若孕妇推迟生育，可将超出的天数按病假处理。"

【处理结果】

侯某由于超过预产期生产，虽然总的时间已满 90 天，但产后假未满 75 天，根据原劳动部的规定，可将超出部分按病假处理；其公司将其超出部分算作旷工是不合法的。

（2）流产假期。现行规定女职工怀孕流产的，其所在单位应当根据医务部门的证明，给予一定时间的产假。妊娠 4 个月以内流产的，产假 15 天；妊娠 4 个月以上，产假 42 天。

（3）哺乳假。《女职工劳动保护特别规定》第 9 条规定："对哺乳未满 1 周岁婴儿的女职工，用人单位不得延长劳动时间或者安排夜班劳动。用人单位应当在每天的劳动时间内为哺乳期女职工安排 1 个小时哺乳时间；女职工生育多胞胎的，每多哺乳 1 个婴儿每天增加 1 小时哺乳时间。"

角色扮演

应某于 1993 年 9 月被录用为某服装工业公司工人，双方签订有为期 6 年的劳动合同。1997 年 4 月，服装工业公司接到一份来料加工订单：加工丝绸和亚麻衬衣各 4 万件，时间为 3 个月，到期按样验收出口。厂长宋某感到压力很大，遂未与厂工会协商，就在厂门口贴出告员工通知：即日起全厂生产职工每天加班 4 小时，周日不休息，苦干 60 天，顺利完成来样加工任务，每日每人定额补助加班费 12 元。应某与其他生产职工一样在头一个月一直按要求每日加班加点，周日亦未休息，定额领取加班费。但每天连续数小时的加班，应某甚感身体不适，要求隔日加班，以便身体能稍有恢复。厂方不同意，但应某决定不再连续加班。数日后公司以应某不服从用人单位安排，拒绝参加单位紧急生产劳动，对全厂正常生产秩序造成极坏影响为由，经厂务会议决定，对其作出除名处理。

练习：

将班上同学分为两组，一方代表应某也就是员工方，另一方代表公司，就上述案例中的问题展开协商讨论，应用所学知识，为自己所在方争取最大的利益。

案例讨论

职工如何休探亲假？

张某从北京某大学毕业后便留在了北京，先是在某大型国有企业工作了几年，然后又"跳槽"到了某外资企业工作。

张某来到外资企业后发现，这是一个比较遵守中国法律法规的公司。公司根据国家的规定，同意让她每年享受一次探亲假，去探望远在四川的父母。对此，张某还挺满意。但是后来张某在北京结了婚，公司人事部又通知她："由于你现在已婚，根据国家的规定公司决定将以前给予你的每年一次探亲假，减少为每四年一次。"

通过向朋友咨询，证实公司的这个决定也是符合国家政策规定的，因此张某只好遵照执行了。

不久张某与丈夫办理了离婚手续，领着女儿住进了公司的集体宿舍。五一节前，张某突然又向公司提出要休探亲假，回四川探望生病的母亲。人事经理对她说道："已婚员工应该四年休一次探亲假，你去年三月刚休过一次，今年不能再休了。"

"可是，我已经离婚了，就不能再按已婚的标准（每四年一次），而应该按未婚的标准，每一年享受一次了。"张某提出了自己的观点。

思考题

1.本案例当中，劳资双方争议的焦点是什么？

2.你认为离婚后该怎样享受探亲假？

▶**本章思考题**

1.实行非标准工作时间制度的岗位如何安排休息休假？请结合具体岗位加以讨论。

2.结合我国的二胎政策，试分析产假的合理程度。

参 考 文 献

法律出版社法规中心.2010.新编劳动法小全书.北京：法律出版社.

高翔.2008.人力资源管理法规与案例.北京：清华大学出版社.

沈水生，孙蔚青.2001.工时与休息休假权益维护.北京：中国劳动社会保障出版社.

第十一章

薪酬管理

　　劳动报酬是劳动者付出体力或脑力劳动所应得的回报，从法律角度看待薪酬管理与从管理角度有很大不同。本章所讨论的主要问题是法律层面的劳动者报酬支付。

　　本章回答以下问题。

　　劳动者的劳动报酬与存在劳动合同是否有关？

　　劳动报酬的形式有哪些？

　　经济性报酬在支付过程中有哪些规定？

　　怎样才是合法地支付了劳动者工资？劳动者节假日加班工资如何计算？

~~~~~~

事实劳动关系也应给付劳动报酬吗？

　　胡某 5 年前到某有限责任公司工作，双方没有签订书面劳动合同。工作当年，胡某任有限责任公司下属五金厂负责人，每月工资 1 500 元。2000 年 10 月，有限责任公司与工贸公司合作开办五金厂，有限责任公司口头任命胡某为合办厂副厂长。此外，有限责任公司与工贸公司协商约定，由有限责任公司每月给胡某工资 600 元，工贸公司每月给胡某工资 900 元。但直至 2001 年年初，合办厂仍没有投入生产，胡某一直在有限责任公司做临时性工作。有限责任公司没有与胡某协商重新确定工资数额。2001 年 8 月，胡某向有限责任公司提出辞职，双方解除了劳动关系，有限责任公司按每月 600 元给胡某结算工资至 8 月止。11 月，胡某起诉至人民法院，要求有限责任公司按每月 1 500 元给付 1 月至 8 月的尚欠工资 7 200 元。有限责任公司认为如约履行了按月给付胡某 600 元工资的协议内容，并不拖欠他的工资。最终法院支持了胡某的诉讼请求。

　　思考：事实劳动关系下，如何更好地维护劳动者的劳动报酬权？

~~~~~~

第一节　工资

一、工资的定义

工资是指用人单位依据国家有关规定和劳动关系双方的约定，以货币形式支付给员工的劳动报酬，如月薪酬、季度奖、半年奖、年终奖。

我国《劳动法》对工资的主要规定如下。

工资分配应当遵循按劳分配原则，实行同工同酬。工资水平在经济发展的基础上逐步提高。国家对工资总量实行宏观调控。

用人单位根据本单位的生产经营特点和经济效益，依法自主确定本单位的工资分配方式和工资水平。

国家实行最低工资保障制度。最低工资的具体标准由省、自治区、直辖市人民政府规定，报国务院备案。用人单位支付劳动者的工资不得低于当地最低工资标准。

《工资支付暂行规定》也作了有关规定，该规定所称工资是指用人单位依据劳动合同的规定，以各种形式支付给劳动者的工资报酬。

在政治经济学中，工资本质上是劳动力的价值或价格。工资是生产成本的重要部分，是指企业在全面测评职工潜在形态劳动的基础上，结合职工所在岗位或所任职务，在劳动前为职工预先确定报酬标准，供劳动后实际支付工资时依据的包括工资等级、工资标准、等级升级、工资调整、支付形式等一系列制度规定的综合。总结实践的经验，基本工资制度一般有岗位技能工资制、基数等级工资制、岗位工资制、岗位等级工资制、职务等级工资制、多元结构工资制和薪点工资制等几种。因工种、岗位制宜，选择适合其劳动特点的基本工资制度，是企业贯彻按劳分配原则和具体组织工资分配的起点和基础。基本工资制度中规定的工资标准，只是对职工提供的定额劳动所支付的报酬。在实际支付工资时，必须在考核职工实际提供的劳动量后，运用不同的支付形式予以浮动地兑现。当职工在定额劳动之上提供了超额劳动时，除工资之外，还应另外支付超额劳动的报酬，即奖金；当其完不成定额劳动时，则要扣减相应部分的工资。

二、工资支付

工资支付就是工资的具体发放办法。工资应当以法定货币支付，不得以实物或有价证券替代货币支付。工资发放办法包括如何计发在制度工作时间内职工完成一定的工作量后应获得的报酬，或者在特殊情况下的工资如何支付等问题。

工资支付的项目，一般包括计时工资、计件工资、奖金、津贴和补贴、延长工作时间的工资报酬以及特殊情况下支付的工资。但劳动者的以下劳动收入不属于工资范围。

（1）单位支付给劳动者个人的社会保险福利费用，如丧葬抚恤救济费、生活困难补助费、计划生育补贴等。

（2）劳动保护方面的费用，如用人单位支付给劳动者的工作服、解毒剂、清凉饮料费用等。

（3）按规定未列入工资总额的各种劳动报酬及其他劳动收入，如根据国家规定发放的创造发明奖、国家星火奖、自然科学奖、科学技术进步奖、合理化建议和技术改进奖、中华技能大奖等，以及稿费、讲课费、翻译费等。

《工资支付暂行规定》第4条规定，工资支付主要包括工资支付项目、工资支付水平、工资支付形式、工资支付对象、工资支付时间以及特殊情况下的工资支付。

《工资支付暂行规定》第5条规定，工资应当以法定货币支付，不得以实物及有价证券替代货币支付。

三、加班工资的含义

加班工资是指劳动者按照用人单位生产和工作的需要在规定工作时间之外继续生产劳动或工作所获得的劳动报酬。劳动者加班，延长了工作时间，增加了额外的劳动量，应当得到合理的报酬。对劳动者而言，加班费是一种补偿，因为其付出了过量的劳动；对于用人单位而言，支付加班费能够有效地抑制用人单位随意地延长工作时间，保护劳动者的合法权益。

根据规定，平时晚上的加班费是本人工资的150%，双休日是200%，国家法定休假日是300%。但这只是国家规定的比例，加班费发放额的关键是工资基数。

职工加班费的基数可以由企业和职工协商来确定，否则企业应按照劳动者本人正常劳动应得的工资确定。企业计算加班工资的工资基数，首先应当按照劳动合同约定的劳动者本人所在岗位相对应的工资标准确定。如果劳动合同、集体合同没有约定的，职工代表可与用人单位通过工资集体协商确定，协商结果应签订工资集体协议（用人单位经批准实行不定时工作制度的，则不执行上述规定）。

计算加班加点工资应按照劳社部发〔2008〕3号文件规定的月计薪天数21.75天折算日工资、小时工资标准，即

$$日工资 = 月工资收入 ÷ 21.75 天$$
$$小时工资 = 月工资收入 ÷ (21.75 天 × 8 小时)$$

《工资支付暂行规定》第7条规定，工资必须在用人单位与劳动者约定的日期支付。如遇节假日或休息日，则应提前在最近的工作日支付。工资至少每月支付一次，实行周、日、小时工资制的可按周、日、小时支付工资。

经劳动行政部门批准实行综合计算工时工作制的，其综合计算工作时间超过法定标准工作时间的部分，应视为延长工作时间，并应按本规定支付劳动者延长工作时间的工资。

实行不定时工时制度的劳动者，不执行上述规定。

如何确定加班工资计算基数？

【案例介绍】

马珍珍在一家私营服装企业从事缝纫工作，公司对缝纫岗位实行的是综合计算工时工作制和计件工资制度，规定职工轮班作业，每做好一件服装发给工资20元。马珍珍一般每月工资为1 200元左右，效率高时可以得到1 600元左右。在2008年3月，公司由于需要赶制一批时装，在马珍珍已经达到规定工作时间的情况下，经与工会和职工本人协商，安排马珍珍等在休息日加班。之后，公司以马珍珍每月工资1 200元为基数，折算出其平均小时工资标准，并据此向其发放加班工资。马珍珍觉得公司的做法不合理，因为在加班期间，她急公司之所急，工作十分努力，工作效率与平时最高相仿，因此，她认为公司应该以每月1 600元为基数计算加班工资，或者至少以平均月工资1 400元为基数。为此，马珍珍向有关机构咨询，希望了解公司的做法是否合理，应该如何确定她的加班工资计算基数。

【案例评析】

关于计算加班加点工资的基数问题，原劳动部颁布的《工资支付暂行规定》（劳部发〔1994〕489号）第13条作了明确规定，用人单位在劳动者完成劳动定额或规定的工作任务后，根据实际需要安排劳动者在法定标准工作时间以外工作的，应按以下标准支付工资。

（1）用人单位依法安排劳动者在日法定标准工作时间以外延长工作时间的，按照不低于劳动合同规定的劳动者本人小时工资标准的150%支付劳动者工资。

（2）用人单位依法安排劳动者在休息日工作，而又不能安排补休的，按照不低于劳动合同规定的劳动者本人日或小时工资标准的200%支付劳动者工资。

（3）用人单位依法安排劳动者在法定休假节日工作的，按照不低于劳动合同规定的劳动者本人日或小时工资标准的300%支付劳动者工资。

实行计件工资的劳动者，在完成计件定额任务后，由用人单位安排延长工作时间的，应根据上述规定的原则，分别按照不低于其本人法定工作时间计件单价的150%、200%、300%支付其工资。经劳动行政部门批准实行综合计算工时工作制的，其综合计算工作时间超过法定标准工作时间的部分，应视为延长工作时间，并应按本规定支付劳动者延长工作时间的工资。实行不定时工时制度的劳动者，不执行上述规定。

马珍珍所在公司对其实行的是计件工资制度，但是在发放加班工资时，却改为按照计时工资制度计算，已是错误；而且，在确定计算基数时，公司不顾马珍珍实际的工作效率情况，以其效率较低时的工资收入为基数，变相减少其加班工资，更是错上加错。

【处理结果】

公司应该根据马珍珍在加班期间的实际产量，按照计件单价20元/件的200%的标准，向其支付加班工资。

四、工资总额

根据规定，加班费应以在岗职工的工资总额为基数计算。工资总额包括基本工资、奖金、津贴和补贴等所有劳动者的收入。

工资总额是指各单位在一定时期内直接支付给本单位全部职工的劳动报酬总额。

工资总额的计算应以直接支付给职工的全部劳动报酬为根据。工资总额具体包括以下内容。

1.计时工资

计时工资是指按计时工资标准（包括地区生活费补贴）和工作时间支付给个人的劳动报酬。计时工资包括：①对已做工作按计时工资标准支付的工资；②实行结构工资制的单位支付给职工的基础工资和职务（岗位）工资；③新参加工作职工的见习工资（学徒的生活费）；④运动员体育津贴。

2.计件工资

计件工资是指对已做工作按计件单价支付的劳动报酬。计件工资包括：①实行超额累进计件、直接无限计件、限额计件、超定额计件等工资制，按劳动部门或主管部门批准的定额和计件单价支付给个人的工资；②按工作任务包干方法支付给个人的工资；③按营业额提成或利润提成办法支付给个人的工资。

实行计件工资制如何计算加班工资?

【案例介绍】

申请人：王某

被申请人：某机械厂

王某于 2007 年到苍山县某机械厂工作，签订劳动合同时规定：该厂实行计件工资，每完成 1 个标准件发给 20 元工资，月标准为 60 件。2009 年 5 月，工厂接受大批业务，厂方征得工会同意后要求王某等加班。王某等同意了厂方的加班要求，并在 2009 年 5 月至 8 月完成正常定额 1 倍以上的工作量，但厂方却一直按正常计件标准支付王某的工资。王某认为自己在正常工作期间以外加班超额完成定额，在加班工作期间，厂方应支付加班费。厂方却以"加班工资支付规定不适于计件工资制度"为由予以拒绝。王某不服，遂到当地劳动争议仲裁委员会提起申诉，要求厂方支付其在加班完成定额工作以外加班的加班工资。

【案例评析】

《劳动法》第 37 条规定，对实行计件工资的劳动者，用人单位应当根据工时制度合理地确定其劳动定额和计件报酬标准。《工资支付暂行规定》第 13 条规定，实行计件工资的劳动者，在完成计件定额任务后，由用人单位安排延长工作时间的，应分别按照不低于其本人法定工作时间计件单价的 150%、200%、300%支付其工资。这就是说，用人单位安排劳动者延长工作时间的，支付不低于工资的 150%的工资报酬；休息日安排劳动者工作又不能安排补休的，支付不低于工资的 200%的工资报酬；法定休假日安排劳动者工作的，支付不低于工资的 300%的工资报酬。

【处理结果】

本案中，王某超额完成定额是在法定工时外完成的，在法定工时外完成的，就应认定为加班，加班自然应当支付加班工资。仲裁委员会遂裁决：用人单位补发王某的加班工资。王某的每月工作量定额为 60 件，实际完成了 120 件，用人单位应发给王某定额工资 20×60=1 200(元/月)，同时应发给加班工资 20×60×1.5=1 800(元/月)，用人单位加班期间每月一共应发给王某3000元工资。

3.奖金

奖金是指支付给职工的超额劳动报酬和增收节支的劳动报酬。奖金包括：①生产奖；②节约奖；③劳动竞赛奖；④机关、事业单位的奖励工资；⑤其他奖金。

4.津贴和补贴

津贴和补贴是指为了补偿职工特殊或额外的劳动消耗和因其他特殊原因支付给职工的津贴，以及为了保证职工工资水平不受物价影响支付给职工的补贴。

（1）津贴。津贴包括补偿职工特殊或额外劳动消耗的津贴、保健性津贴、技术性津贴、年功性津贴及其他津贴。

（2）补贴。补贴包括为保证职工工资水平不受物价上涨或变动影响而支付的各种补贴，如副食品价格补贴、房贴等。

5.加班加点工资

加班加点工资是指用人单位按规定支付给职工的加班工资和加点工资。

6.特殊情况下支付的工资

特殊情况下支付的工资包括：①根据国家法律、法规和政策规定，因病、工伤、产假、计划生育假、婚丧假、事假、探亲假、定期休假、停工学习、执行国家或社会义务等原因按计时工资标准或计时工资标准的一定比例支付的工资；②附加工资、保留工资。

月工资、假期工资一个都不能少

【案例介绍】

申请人：盛某

被申请人：某电力科技公司

盛某于2012年10月15日入职某电力科技公司，双方签订了三年期劳动合同，约定试用期3个月，盛某担任项目经理职务，工资每月3000元。双方另外又签订了一份补充协议，约定公司每月支付盛某现场补贴17833元。盛某每月实发工资为20833元。2013年9月，盛某以调休的名义向公司请假，请假时段为2013年9月9日至9月22日，获批准。此前，双方因工资发放、请假扣款等问题产生矛盾，多次沟通未果。假期结束后，盛某欲继续请假，未获批准。2013年9月23日，公司要盛某回来上班，盛某要求公司发放2013年8月的工资，双方未达成一致，盛某未去上班。2013年10月16日，公司以连续旷工、严重违纪为由解除了双方的劳动合同，向盛某邮寄了解除劳动合同的通知。盛某2013年8月、9月的工资，公司未予支付。盛某为主张劳动报酬等权益申请劳动争议仲裁。

【案例评析】

盛某离职前提供了正常劳动，于2013年9月9日至9月22日调休请假获批，公司应支付盛某相应的劳动报酬。盛某调休后，未去工作，公司作出解除双方劳动合同的决定并无不妥。

【处理结果】

根据《劳动争议调解仲裁法》第 42 条、《劳动法》第 50 条和第 51 条等规定,仲裁裁决如下:公司自本裁决生效之日起 7 日内支付盛某 2013 年 8 月工资 20 833 元,2013 年 9 月 1 日至 9 月 22 日工资 15 325.40 元(20 833 元/月÷21.75 天×16 天),以上共计 36 158.40 元。

五、停工停产工资发放标准

《工资支付暂行规定》第 12 条规定:"非因劳动者原因造成单位停工、停产在一个工资支付周期内的,用人单位应按劳动合同规定的标准支付劳动者工资。超过一个工资支付周期的,若劳动者提供了正常劳动,则支付给劳动者的劳动报酬不得低于当地的最低工资标准;若劳动者没有提供正常劳动,应按国家有关规定办理。"

从该规定可以看出,单位在停工停产期间的工资支付应视具体员工而定。所谓一个工资支付周期,在我国大多数企业采取月薪制,也意味着大多数情况下,停工停产一个月内的,用人单位仍按照劳动合同约定的标准支付工资。超出一个月的,则可以分两种情况发放工资:若劳动者提供了正常劳动,则支付给劳动者的劳动报酬不得低于当地最低工资标准;若没有提供正常劳动,则可以按低于最低工资标准的水平发放工资。

六、社会平均工资

社会平均工资通常是指某一地区或国家一定时期内(通常为一年)全部职工工资总额除以这一时期内职工人数后所得的平均工资,通过该时期该范围全体职工的工资总额与职工人数之比而得到。社会平均工资可以反映出职工的工资水平和生活水平,为计算报酬、计算赔偿额等提供一些参考。社会平均工资通常分为年平均工资和月平均工资(统计部门以在岗职工平均工资核算,简称社平工资)。

七、最低工资标准

最低工资保障制度适用于在中华人民共和国境内的企业、民办非企业单位、有雇工的个体工商户(以下统称用人单位)和与之形成劳动关系的劳动者,国家机关、事业单位、社会团体和与之建立劳动合同关系的劳动者。最低工资保障制度的实施,对促进劳动力市场的发育,促进工资管理和工资支付的法制化,加强企业工资收入的宏观调控,制止部分企业过分压低职工工资,保护劳动者合法权益,发挥了积极作用。

最低工资标准是指劳动者在法定工作时间或依法签订的劳动合同约定的工作时间内提供了正常劳动的前提下,用人单位依法应支付的最低劳动报酬。最低工资标准一般采取月最低工资标准和小时最低工资标准两种形式,月最低工资标准适用于全日制就业劳动者,小时最低工资标准适用于非全日制就业劳动者。最低工资标准一般包括奖金和一些补贴。最低工资标准每两年至少调整一次。

最低工资不包括加班工资和特殊工作环境、特殊条件下的津贴，也不包括劳动者保险、福利待遇和各种非货币的收入。

《劳动法》第5章明确规定，国家实行最低工资保障制度，用人单位支付的劳动者的工资不得低于当地最低工资标准。确定和调整月最低工资标准，应参考当地就业者及其赡养人口的最低生活费用、城镇居民消费价格指数、职工个人缴纳的社会保险费和住房公积金、职工平均工资、经济发展水平、就业状况等因素。确定和调整小时最低工资标准，应在颁布的月最低工资标准的基础上，考虑单位应缴纳的基本养老保险费和基本医疗保险费因素，同时还应适当考虑非全日制劳动者在工作稳定性、劳动条件和劳动强度、福利等方面与全日制就业人员之间的差异。

最低工资标准的确定和调整方案，由省、自治区、直辖市人民政府劳动保障行政部门会同同级工会、企业联合会/企业家协会研究拟订，并将拟订的方案报送劳动保障部。方案内容包括最低工资确定和调整的依据、适用范围、拟订标准和说明。劳动保障部在收到拟订方案后，应征求全国总工会、中国企业联合会/企业家协会的意见。劳动保障部对方案可以提出修订意见，若在方案收到后14日内未提出修订意见的，视为同意。

最低工资要求有效吗？

【案例介绍】

申请人：黄某

被申请人：梧州市某化工厂

梧州市某化工厂与黄某签订了无固定期限劳动合同一份，明确约定了劳动者黄某在该厂从事的工种。2007年5~7月，由于单位承接业务有限，开工不足，该单位按时薪制支付工资给黄某，该单位每月少支付黄某工资总额的25%，低于该市在职职工最低工资标准，三个月共计拖欠1 200多元。黄某要求该单位支付被拖欠工资未果，即向市劳动仲裁委员会申请仲裁，要求该化工厂按最低工资标准补足拖欠黄某的工资。

【案例评析】

化工厂和黄某签订了劳动合同，明确了双方的权利和义务，化工厂应按合同约定安排黄某的工作，并按不低于当地当年最低工资标准支付工资给黄某。由于化工厂的原因未能安排黄某正常工作，亦未按最低工资标准发放工资给黄某显属不当。申请人要求被申请人按最低工资标准发放其工资的意见合法有理，应予以支持。

【处理结果】

仲裁委员会裁决该化工厂支付黄某少付的报酬1 200多元，维护了劳动者合法权益。

八、年休假工资

年休假是国家根据劳动者工作年限和劳动繁重紧张程度每年给予的一定期间的带薪连

续休假。

国家法定休假日、休息日不计入年休假的假期。我国的法定假日包括元旦、春节、清明节、国际劳动节、端午节、中秋节、国庆节以及法律法规规定的其他休假节日。

年休假工资基本规定是在一般情况下职工享受年休假期间可以获得与日常工作期间相同的工资，其具体计算公式为职工本人月工资÷月计薪天数。年休假所依据的月工资标准与《劳动合同法实施条例》第 27 条规定的经济补偿月工资标准基本一致，即前 12 个月应得工资总额−前 12 个月加班工资总额后的月平均工资。如职工在本单位工作时间不满 12 个月的，按实际月计算月平均工资。

未休的年假可以索求工资吗？

【案例介绍】

申请人：高女士

被申请人：武汉某物业公司

高女士于 2011 年 12 月初入职武汉某物业公司，工作于洪山区某小区，担任秩序维护员。双方签订了劳动合同，合同期至 2014 年 7 月 1 日。公司未为高女士参加社会保险，高女士自行在流动窗口缴纳养老、医疗保险费等核定为 17 675 元。公司未安排高女士年休假，也未支付相应的劳动报酬。2014 年 5 月 20 日，公司因停止该小区物业工作，通知高女士离职，高女士离职前 12 个月平均工资为 1750 元。

高女士于 2014 年 5 月 23 日向洪山区劳动争议仲裁委员会申请劳动争议仲裁，请求裁决被申请人：①支付申请人 2011 年 12 月至 2014 年 5 月工作期间 30 个月的社会基本养老、医疗保险费 23 352 元；②支付申请人工作期间未休年休假工资 2 850 元；③支付申请人因突然中止劳动合同经济补偿金 5 000 元。

【案例评析】

武汉某物业公司因自身原因停止洪山区某小区的物业工作，通知高女士离职，实为解除其劳动合同，应依法支付高女士经济补偿；公司未为高女士参保，高女士自行在流动窗口缴纳的养老、医疗保险费，扣除高女士应承担的保险个人部分外，余下费用公司承担；公司未安排高女士工作满一年后的年休假，应支付高女士未休年休假相应的劳动报酬。

【处理结果】

经仲裁委员会主持调解，双方未能达成调解协议。根据《劳动争议调解仲裁法》第 42 条，《劳动合同法》第 40 条第 3 项、第 46 条第 3 项和第 47 条等规定，仲裁委员会裁决如下。

（1）公司支付高女士解除劳动合同经济补偿 4 375 元（1 750 元/月×2.5 个月）。

（2）公司支付高女士自行缴纳的养老、医疗保险费等 17 675 元，并补缴高女士在物业公司工作期间企业应缴的社会保险费。

（3）公司支付高女士未休年休假工资 804.60 元。

九、公假工资

公假指的是按照国家规定必须履行的义务及接受参加政府机构或其他机构所举办会议或活动者，若在工作时间请假去参加，经申请批准，在此期间不扣薪水。

十、婚丧假工资

职工本人结婚或职工的直系亲属（父母、配偶和子女）死亡时，可以根据具体情况，由本单位行政领导批准，给予1~3天的婚丧假。

职工结婚时双方不在同一地方工作的，职工在外地的直系亲属死亡时，可根据路程远近，给予路程假。在批准的婚丧假和路程假期间，职工的工资照发。

十一、工伤期间工资

职工因工作遭受事故伤害或者患职业病需要暂停工作接受工伤医疗的，在停工留薪期内，原工资福利待遇不变，由所在单位按月支付。停工留薪期一般不超过12个月。伤情严重或者情况特殊，经社区的市级劳动能力鉴定委员会确认，可以适当延长，但延长不得超过12个月。工伤职工评定伤残等级后，停发原待遇，按照有关规定享受伤残待遇。工伤职工在停工留薪期满后仍需治疗的，继续享受工伤医疗待遇。

生活不能自理的工伤职工在停工留薪期需要护理的，由所在单位负责。

工伤期间的工资待遇如何计算?

【案例介绍】

申请人：王某

被申请人：某物业公司

王某于2011年8月入职武汉某物业公司从事保洁工作，双方未参加社会保险，双方签订了劳动合同。2012年10月29日15时30分左右，王某在武汉某小区上班期间不慎摔倒受伤，经送医院治疗，诊断为右胫骨骨折，行内固定术，住院治疗22天后，于2012年11月20日出院，其医疗费已由公司承担，公司还承担了5天的住院护理费。2013年5月15日，法医司法鉴定所鉴定王某伤残等级为九级，王某支付鉴定费1 000元。2013年11月4日，应王某申请，武汉市某区劳动仲裁委员会认定申请人为工伤。2013年12月25日，劳动能力鉴定委员会鉴定申请人致残程度为九级，王某垫付了鉴定费222元。王某受伤后，公司仅支付了3 600元工资。申请人每月平均工资1 400元左右。王某提起仲裁要求享受工伤一切应有待遇。

【案例评析】

双方存在劳动合同关系，根据《劳动法》第72条的规定，双方应依法参加社会保险。因公司未为王某办理社会保险，应承担王某养老保险、工伤保险、医疗保险和失业保险等社会保险损失，故对王某主张工伤保险待遇、养老保险损失、失业保险损失和医疗保险损失的仲裁请求，仲裁委员会予以支持。王某住院期间伙食费按 30 元/日计发，护理费按 50 元/日计发；其停工留薪期按 9 个月计算；其医疗保险个人账户损失按现行医疗保险缴费最低标准 1 921.2 元（3 202 元/月×60%）应划入个人账户的 3.7%计发；其养老保险损失按每年支付两个月解除前月平均工资标准计发。王某未能提供交通费、轮椅费、打印费的有效票据，其请求的误工费、人员误工费、精神损失费于法无据。

【处理结果】

根据《劳动争议调解仲裁法》第 42 条，《社会保险法》第 36 条、第 38 条、第 39 条，《工伤保险条例》第 30 条，《湖北省工伤保险实施办法》第 34 条，《湖北省工伤职工停工留薪期管理暂行办法》，《关于审理劳动争议案件若干问题处理意见》（鄂人社发〔2009〕35 号）等规定，仲裁裁决如下。

（1）公司支付王某护理费 850 元（17 日×50 元/日）、住院期间伙食费 660 元、停工留薪期工资 12 600 元（1 400 元/月×9 个月）。

（2）公司支付王某鉴定费 1 222 元、一次性伤残补助金 19 893.6 元（3 684 元/月×60%×9 个月）、一次性医疗补助金 36 840 元（3 684 元/月×10 个月）、一次性就业补助金 44 208 元（3 684 元/月×12 个月）。

（3）公司支付王某养老保险损失 4 400 元（1 100 元/月×2 个月/年×2 年）、医疗保险个人账户损失 2 204.30 元（1 921.8 元/月×3.7%×31 个月）、失业保险损失 4 550 元（910 元/月×5 个月）。

十二、产假待遇

1.产假工资

产假工资以女职工参加社会保险的缴费工资为基数拨付，标准为 98 天。属晚婚晚育的，增加产假 60 天；怀孕 7 个月以上流产的，产假为 42 天；属多胞胎生育的，每增加一胎，增加产假 15 天。

2.哺乳期工资

哺乳期是指女员工在生孩子之后的一年时间内，每天一小时的哺乳时间。有的公司会让员工在休完产假以后多休一个月，就不再安排每天一小时的假期了，但是大部分公司都是每天安排一小时的哺乳假。女员工可以直接请哺乳假，工资不低于休假前的 70%。

3.产期陪护假工资

生育独生子女的，男方有 10 天陪护假，工资照发，不影响福利和全勤。孩子出生后 3 个月内未办独生子女证的，已休的产假按事假处理。

十三、职工病假工资

职工病假在 6 个月以内的，按其连续工龄的长短发给病假工资。其标准为：连续工龄不满 10 年的，为本人工资（不包括加班加点工资、奖金、津贴、物价生活补贴，下同）的 50%；连续工龄满 10 年不满 20 年的，为本人工资的 60%；连续工龄满 20 年不满 30 年的，为本人工资的 70%；连续工龄满 30 年以上的，为本人工资的 80%。

职工因病或非因工负伤，连续病假在 6 个月以上的，按其连续工龄的长短改发疾病救济费。其标准为：连续工龄不满 10 年的，为本人工资的 40%；连续工龄满 10 年不满 20 年的，为本人工资的 50%；连续工龄满 20 年不满 30 年的，为本人工资的 60%；连续工龄满 30 年以上的为本人工资的 70%。

职工因病或非因工负伤，在病假期间，物价补贴照发。如发生职工的病假工资与物价生活补贴之和低于最低工资标准 80% 的，按当地最低工资标准的 80% 发给。疾病救济费与物价生活补贴之和低于当地城镇企业职工基本生活费标准的，按当地城镇企业职工基本生活费标准发给。

十四、事假工资

月计薪天数=（365 天–104 天）÷12 月=21.75 天。
事假工资=月度薪资÷21.75×事假天数。

十五、旷工期间工资

月计薪天数=（365 天–104 天）÷12 月=21.75 天。
旷工期间扣除工资=月度薪资÷21.75×旷工天数。
具体扣除程度视不同公司而定。

第二节　法定福利

一、五险一金

法定福利是指有关法律和政策强制规定的、企业必须支付的福利开支。法定应提供的福利有各种因失业、养老及工作条件等方面的保险。法定福利主要包括以下内容。

1.养老保险

养老保险制度是国家和社会根据一定的法律和法规，为解决劳动者在达到国家规定的解除劳动义务的劳动年龄界限，或因年老丧失劳动能力退出劳动岗位后的基本生活而建立的一种社会保险制度。它具有强制性、互济性、储备性、社会性等特点。目前世界上实行养老保险制度的国家可分为三种类型，即投保资助型（也称传统型）养老保险、强制储蓄型养老保险（也称公积金模式）和国家统筹型养老保险。

2.失业保险

失业保险我国过去称待业保险，是指劳动者因失业而暂时中断生活来源的情况下，在法定期间从国家和社会获得物质帮助的一种社会保险制度。失业保险制度的类型包括国家强制性失业保险制度、非强制性失业保险制度、失业补助制度、综合性失业保险制度等。

3.医疗保险

医疗保险是指国家立法规定并强制实施的、在人们生病或受伤后由国家或社会给予一定的物质帮助，即提供医疗服务或经济补偿的一种社会保险制度。医疗保险具有与劳动者的关系最为密切、和其他人身保险相互交织、存在独特的第三方付费制、享受待遇与缴费水平不是正相关等特点。

4.工伤保险

工伤保险又称职业伤害保险或伤害赔偿保险，是指依法为在生产工作中遭受事故伤害和患职业性疾病的劳动者及其亲属提供医疗救治、生活保障、经济补偿、医疗和职业康复等物质帮助的一种社会保险制度。我国现行的《工伤保险条例》从2004年1月1日开始执行。工伤保险制度有三条实施原则，即无过失补偿原则，风险分担、互助互济原则，个人不缴费原则。

5.生育保险

生育保险是指妇女劳动者因怀孕、分娩而暂时中断劳动时，获得生活保障和物质帮助的一种社会保险制度。实行生育保险是对妇女生育价值的认可，对于保证生育女职工和婴儿的身体健康，促进优生优育，真正实现男女平等具有十分重大的意义。

6.住房公积金

住房公积金的含义是指国家机关、国有企业、城镇集体企业、外商投资企业、城镇私营企业及其他城镇企业、事业单位、民办非企业单位、社会团体及其在职职工缴存的长期住房储金。住房公积金是国家推行的一项住房保障制度，它实质上是劳动报酬的一部分，是归属职工个人所有的、专项用于解决职工住房问题的保障性资金。

《劳动法》规定国家发展社会保险事业，建立社会保险制度，设立社会保险基金，使劳动者在年老、患病、工伤、失业、生育等情况下获得帮助和补偿。

劳动者在下列情形下，依法享受社会保险待遇：①退休；②患病、负伤；③因工伤残或者患职业病；④失业；⑤生育。

劳动者死亡后，其遗属依法享受遗属津贴。劳动者享受社会保险待遇的条件和标准由法律、法规规定。劳动者享受的社会保险金必须按时足额支付。

二、高温津贴

高温津贴是为保证炎夏季节高温条件下经济建设和企业生产经营活动的正常进行，保障企业职工在劳动生产过程中的安全和身体健康。国家规定，用人单位安排劳动者在高温天气下（日最高气温达到35℃以上），露天工作以及不能采取有效措施将工作场所温度降低到33℃以下的，应当向劳动者支付高温津贴。

以北京市为例，2014年6月起，室外露天作业人员按每人每月不低于180元的标准发放津贴；不能采取有效措施将室内工作场所温度降低到 33℃ 以下的（不含 33℃），按每人每月不低于 120 元的标准发放。

能够领取高温津贴者必须是在高温下工作的岗位职工，包括建筑工人、无空调的公交车司机、露天环卫工人等。

高温下工作应发放高温补贴，高温补贴不得列入最低工资中。按照国家规定，当气温超过 35℃ 时，企业应依据劳动合同中签订的内容，视工种和工作环境的不同，向职工发放高温补贴。但目前有个别企业在发工资时虽然名义上发放了高温补贴，但却将高温补贴金额计入最低工资中，侵害了职工利益。

三、夜班津贴

夜班津贴是企业自主设定和发放的，没有国家法律规定一定要发。

按照目前结构性工资的设定，一般企业会对有夜班的员工设立该津贴，但是没有强制规定。企业设立的工资（不含加班费）不低于市最低工资标准就不算违法。

国家只是对工作时间提出了要求，不分白班和夜班，要求工作时间每天（24 小时）不超过 8 小时，每周不超过 40 小时，超过部分要支付加班费，这是有法律规定的。

四、独生子女费

凡领取了《独生子女父母光荣证》的夫妻，从领证之月起到子女 14 周岁止，每年可领取独生子女费。

独生子女保健费发放责任单位的确定。夫妻双方有单位的，由双方单位各发放一半；一方有单位，另一方无单位，由有单位的一方单位发放全部。单位聘用一个月以上的临时工，由单位按月发放一半；下岗未再就业职工由原单位发放；解除人事关系的职工，其独生保健费由原单位发放到子女 14 周岁止；劳动合同未到期的职工，单位提前解除关系的，独生子女保健费发放到合同期止；夫妻双方为农村居民或城镇未从业的，由户籍所在地乡（镇）人民政府或者街道办事处发放。

五、非因工死亡丧葬费

工人职员因病或非因工负伤死亡时、退职养老后死亡时或非因工残废完全丧失劳动力退职后死亡时，根据《劳动保险条例》第 14 条乙款的规定，由劳动保险基金项下付给本企业的平均工资 1 个月作为丧葬补助费。

六、非因工死亡遗属待遇

在职人员供养直系亲属死亡时，供养直系亲属丧葬补助费调整为按当月本企业养老保险人均缴费工资 1 个月的标准发给；离退休人员供养直系亲属死亡时，供养直系亲属丧葬补助费调整为按当月离退休人员基本养老金 1 个月的标准发给。并按下列规定由劳动保险基金项下一次付给供养直系亲属救济费：其供养直系亲属 1 人者，为死者本人工资 6 个月；2 人者，为死者本人工资 9 个月；3 人或 3 人以上者，为死者本人工资 12 个月。

第三节 个人所得税

一、个人所得税定义

个人所得税是调整征税机关与自然人（居民、非居民）之间在个人所得税的征纳与管理过程中所发生的社会关系的法律规范的总称。

居民纳税义务人是指在中国境内有住所，或者无住所而在境内居住满一年的个人，从中国境内和境外取得的所得，都要在中国缴纳个人所得税。

非居民纳税人是指在中国境内无住所又不居住或者无住所而在境内居住不满一年的个人，从中国境内取得的所得，都要向中国缴纳个人所得税。

《中华人民共和国个人所得税法》（简称《个人所得税法》）第 1 条规定，在中国境内有住所，或者无住所而在境内居住满一年的个人，从中国境内和境外取得的所得，依照本法规定缴纳个人所得税。

在中国境内无住所又不居住或者无住所而在境内居住不满一年的个人，从中国境内取得的所得，依照本法规定缴纳个人所得税。

个人所得税的征缴情况分析

【案例介绍】

中国公民赵某是某公司高级工程师，2012 年 3 月取得收入情况如下。

（1）工资收入 5 400 元，季度奖 4 000 元；取得 2011 年年终奖 12 000 元。

（2）接受某公司邀请担任技术顾问，当月取得收入 35 000 元，从中拿出 9 000 元通过希望工程基金会捐给希望工程。

（3）撰写的一本专著由境外某出版社出版，稿酬 36 000 元，已在境外缴纳所得税 3 000 元。

（4）2010 年购入 1 000 份债券，每份买入价 10 元，购进过程中支付的税费共计 150 元。本月以每份 15 元的价格卖出其中 600 份，支付卖出债券的税费共计 110 元。

根据赵某的具体情况，回答以下问题。

（1）取得工资和各项奖金收入应缴纳的个人所得税是多少？

（2）担任技术顾问应缴纳的个人所得税是多少？

（3）出版专著取得收入应在我国补缴的个人所得税是多少？

（4）售出债券应缴纳的个人所得税是多少？

【案例评析】

（1）劳务报酬所得、稿酬所得、特许权使用费所得、财产租赁所得，每次收入不超过4 000元的，减除费用800元；4 000元以上的，减除20%的费用。其余额为应纳税所得额。

（2）个人将其所得通过中国境内的社会团体、国家机关向教育和其他社会公益事业以及遭受严重自然灾害地区、贫困地区捐赠，捐赠额未超过纳税义务人申报的应纳税所得额30%的部分，可以从其应纳税所得额中扣除。

（3）劳务报酬所得，不超过20 000元的适用比例税率20%。

（4）根据本案例实际情况：①赵某应缴纳当日薪酬个人所得税。②赵某应缴纳担任技术顾问获得报酬的个人所得税，捐赠部分可扣除。③稿酬所得，适用税率为20%，并按应纳税额减征30%，故其实际税率为14%。税法规定，纳税义务人从中国境外取得的所得，准予其在应纳税额中扣除已在境外缴纳的个人所得税税额，但扣除额不得超过该纳税人境外所得依照我国税法规定计算的应纳税额。④根据《个人所得税法》及有关规定，个人通过招标、竞拍或其他方式购置债权以后，通过相关司法或行政程序主张债权而取得的所得，应按照"财产转让所得"项目缴纳个人所得税。财产转让所得，以转让财产的收入额减除财产原值和合理费用后的余额，为应纳税所得额。

【处理结果】

（1）应纳税所得额为5 400+4 000–3 500=5 900（元），查看税率表缴纳个人所得税为5 900×20%–555=625（元）；将雇员个人当月内取得的全年一次性奖金，按规定的适用税率和速算扣除数计算征税。12 000÷12=1 000（元），12 000×3%=360（元），360+625=985（元）。

（2）接受某公司邀请担任技术顾问。35 000×（1–20%）×30%=8 400（元），应纳税所得额为35 000×（1–20%）–8 400=19 600（元），应缴纳个人所得税为19 600×20%=3 920（元）。

（3）撰写的一本专著由境外某出版社出版，应纳税额为36 000×（1–20%）×14%–3 000=1 032（元）。

（4）当次处置债权成本费用=（1 000×10+150）×（600÷1 000）=6 090（元），应缴纳的个人所得税=（600×15–6 090–110）×20%=560（元）。

二、应纳所得税的范围

《个人所得税法》第2条规定下列各项个人所得，应纳个人所得税：①工资、薪金所得；②个体工商户的生产、经营所得；③对企事业单位的承包经营、承租经营所得；④劳务报酬所得；⑤稿酬所得；⑥特许权使用费所得；⑦利息、股息、红利所得；⑧财产租赁所得；⑨财产转让所得；⑩偶然所得；⑪经国务院财政部门确定征税的其他所得。

三、免征个人所得税的情形

《个人所得税法》第 4 条规定，下列各项个人所得，免纳个人所得税。

（1）省级人民政府、国务院部委和中国人民解放军军以上单位，以及外国组织、国际组织颁发的科学、教育、技术、文化、卫生、体育、环境保护等方面的奖金。

（2）国债和国家发行的金融债券利息。

（3）按照国家统一规定发给的补贴、津贴。

（4）福利费、抚恤金、救济金。

（5）保险赔款。

（6）军人的转业费、复员费。

（7）按照国家统一规定发给干部、职工的安家费、退职费、退休工资、离休工资、离休生活补助费。

（8）依照我国有关法律规定应予免税的各国驻华使馆、领事馆的外交代表、领事官员和其他人员的所得。

（9）中国政府参加的国际公约、签订的协议中规定免税的所得。

（10）经国务院财政部门批准免税的所得。

有下列情形之一的，经批准可以减征个人所得税：①残疾、孤老人员和烈属的所得；②因严重自然灾害造成重大损失的；③其他经国务院财政部门批准减税的。

四、个人所得税税率表及计算方法

根据《个人所得税法》，应纳税所得额的计算如下。

（1）工资、薪金所得，以每月收入额减除费用 3 500 元后的余额，为应纳税所得额。

（2）个体工商户的生产、经营所得，以每一纳税年度的收入总额减除成本、费用以及损失后的余额，为应纳税所得额。

（3）对企事业单位的承包经营、承租经营所得，以每一纳税年度的收入总额，减除必要费用后的余额，为应纳税所得额。

（4）劳务报酬所得、稿酬所得、特许权使用费所得、财产租赁所得，每次收入不超过4 000元的，减除费用 800 元；4 000 元以上的，减除 20%的费用，其余额为应纳税所得额。

（5）财产转让所得，以转让财产的收入额减除财产原值和合理费用后的余额，为应纳税所得额。

（6）利息、股息、红利所得，偶然所得和其他所得，以每次收入额为应纳税所得额。

个人将其所得对教育事业和其他公益事业捐赠的部分，按照国务院有关规定从应纳税所得中扣除。

对在中国境内无住所而在中国境内取得工资、薪金所得的纳税义务人和在中国境内有住所而在中国境外取得工资、薪金所得的纳税义务人，可以根据其平均收入水平、生活水平以及汇率变化情况确定附加减除费用，附加减除费用适用的范围和标准由国务院规定。

资料导读

费用减除标准提高，工资、薪金所得如何适用新老税法的规定？

某企业职工王某2011年8月、9月分别取得单位支付工资、奖金等5 000元（已扣除五险一金）。王某在计算8月工资薪金所得个人所得税时，应按照老税法的规定，适用2 000元的费用扣除标准，以5 000-2 000=3 000（元）为纳税税所得额，计算缴纳个人所得税。王某在计算9月工资薪金所得个人所得税时，应按照新税法的规定，适用3 500元的费用扣除标准，以5 000-3 500=1 500（元）为应纳税所得额，计算缴纳个人所得税。

工薪薪金所得个人所得税税负是否降低？

仍以王某8月、9月工资薪金所得个人所得税计算为例，8月王某需要缴纳的个人所得税：应纳税所得额3 000元按照老税法适用15%税率和125元速算扣除数，需要缴纳个人所得税3 000×15%-125=325（元）；9月王某需要缴纳的个人所得税：应纳税所得额1 500元按照新税法适用3%税率和0元速算扣除数，需要缴纳个人所得税1 500×3%-0=45（元）。相比较而言，新税法实施后王某工资收入相同情况下直接减少税款280元，个人所得税税负明显降低。

企事业单位的承包经营、承租经营所得和个体工商户生产经营所得个人所得税政策是否进行了调整？

某个体餐饮企业账证健全，使用查账征收方式，若2011年全年取得营业收入600 000元，采购菜、肉、米、面等原料费为300 000元，缴纳水电煤气费、房租等100 000元，缴纳其他税费合计36 000元；雇佣员工4人，每月工资1 500元。该个体餐饮企业2011年度个人所得税应分段计算：①全年应纳税所得额=600 000-300 000-100 000-36 000-1 500×4×12-（2 000×8+3 500×4）=62 000（元）；②前8个月应纳税额=（62 000×35%-6 750）×8/12=9 966.67（元）；③后4个月应纳税额=（62 000×30%-9 750）×4/12=2 950（元）；④全年应纳税额=9 966.67+2 950=12 916.67（元）。

减除费用标准调整对外籍个人的个人所得税是否有影响？

某外商投资企业外籍总经理史密斯先生在中国境内任职未满90天，2011年8月、9月均取得来源于中国境内的工资薪金所得20 000元。

史密斯先生在计算8月个人所得税时，应按照老税法的规定，使用2 000元的费用扣除标准和2 800元附加减除费用，以20 000-（2 000+2 800）=15 200（元）为应纳税所得额，适用老税率和速算扣除数计算缴纳个人所得税：15 200×20%-375=2 665（元）。

史密斯先生在计算9月个人所得税时，应按照新税法的规定，使用3 500元的费用扣除标准和1 300元附加减除费用，以20 000-（3 500+1 300）=15 200（元）为应纳税所得额，适用新税率和速算扣除数计算缴纳个人所得税：15 200×25%-1 005=2 795（元）。

角色扮演

本实训项目由任课教师提前准备关于薪酬管理的案例，并将学员分成若干组，每组中的成员分别担任案例中涉及的纠纷双方利益成员，由各自负责扮演的角色阐述各方观点，任课教师最后对各方观点进行点评总结，通过此项目的训练提高学员对薪酬管理相关法规制度的理解和记忆，并提升实践及运用能力。

案例讨论

职工带薪年休薪酬争议多

刘冬自 1997 年 7 月开始工作，于 2001 年 8 月 13 日进入上海一家外资医药公司（简称医药公司）从事销售工作。根据医药公司 2008 年版《员工手册》的规定，刘冬自 2008 年起将享受 15 天年休假，其中 10 天是法定年休假，5 天是公司福利性质的年休假。2008 年刘冬休了 9 天法定年休假，2009 年法定年休假未休。2009 年 4 月 3 日，医药公司以严重违纪为由解除了刘冬的劳动合同。由于刘冬 2008 年有 1 天、2009 年有 10 天法定带薪年休假未休，解除劳动合同前刘冬 12 个月的月平均工资为 14 501 元，因此医药公司向刘冬支付了 11 天未休年休假的折薪 4 000 元。

刘冬不服，于 2009 年 7 月 9 日向劳动争议仲裁委员会提起仲裁，要求医药公司支付未休年休假补偿，2001 年 8 月至 2009 年 4 月 3 日每年未休 15 天的年休假补偿 84 240 元。

思考题

1.你如何定性刘冬要求的年休假补偿？

2.作为一个人力资源管理者，你如何看待上述劳资争议？请给出合理建议。

➤本章思考题

1.最低工资的含义是什么？我国现阶段各地最低工资标准能否满足低收入人群的基本生活需求？

2.你认为我国现有个人所得税税率结构存在哪些问题？

参 考 文 献

付勇，刘韬，余清泉.2011.企业人力资源管理法规速查大全.北京：中国法制出版社.

高翔.2008.人力资源管理法规与案例.北京：清华大学出版社.

人力资源和社会保障部法规司.2009.劳动和社会保障政策法规汇编 2008.北京：中国劳动社会保障出版社.

王瑞永.2009.人力资源管理适用法律法规全案.北京：人民邮电出版社.

第十二章

劳动争议概述

劳动争议又称劳动纠纷，是现实中较为常见的纠纷。用人单位与劳动者建立劳动关系后一般能履行合同，但因各种原因产生纠纷也是难以避免的。产生劳动争议不仅使劳动关系难以维护，还会导致双方利益受损，不利于社会稳定。

本章回答以下问题。

什么是劳动争议？如何认定劳动争议？

劳动争议的常规处理程序是什么？

劳动争议有哪些特点？

处理劳动争议应遵循怎样的原则？

引导案例

东航飞行员"集体返航"

2008年3月31日，中国东方航空云南分公司（简称东航）的14个从昆明西双起飞至不同目的地的航班，在同一天出现了临时返航事件。14个航班分别飞往大理、丽江、西双版纳、芒市、思茅和临沧等地，这些航班在到达目的地的上空后，乘客被告知无法降落并折回昆明，导致昆明机场更多的航班延误。被耽搁行程的旅客，在昆明机场对此表示极为不满，纷纷要求退票或改签。

东航有关部门相关人士表示当天确实共有14个航班返航，原因是天气不稳定，航路遭遇紊流，因此被迫返航。但一些旅客表示，同样是昆明飞往这些目的地的其他航空公司的航班则顺利到达，为何东航的航班却要临时返航？对于这一疑问，东航相关人士没有给出解释。

一位接近此次返航飞行员的律师证实，这些飞行员是因为"对公司的管理问题不满意"而最终导致了集体返航事件。据《南方都市报》报道，事发前该公司飞行员宿舍中流传了一份公开信，历数了飞行员的不满原因，其中包括待遇偏低，针对飞行员的检查使"飞行员的自尊心受到了巨大的伤害"，工资和补贴标准没有与税收标准接轨，认为飞行员辞职遭天价索赔是不公平之举。

3月31日集体返航事件发生以后，民航系统的网络论坛出现了激烈的争论。一些民航人士认为，这是飞行员争取正当权益之举。反对意见则认为"飞行员流动不应以牺牲安全和公众利益为代价"，并认为飞行员队伍的不稳定，将增加飞行的危险性，呼吁尽快建立飞行员依法流动的有序机制，完善飞行员流动的法律法规。

引导问题：

（1）你认为东航的飞行员和管理层的劳动争议的焦点是什么？

（2）你如何看待东航的飞行员"集体返航"行为？

第一节　劳动争议的含义、认定范围及特征

一、什么是劳动争议

劳动争议又称劳动纠纷，是劳动关系双方当事人之间因实现劳动权利与履行义务发生分歧而引起的纠纷。劳动争议主要分为两种，即既定权利的争议和要求新的权利而出现的争议。既定权利的争议，即因适用劳动法和劳动合同、集体合同的既定内容而发生的争议；要求新的权利而出现的争议，是因制定或变更劳动条件而发生的争议。

二、劳动争议的当事人

劳动争议的当事人是指劳动关系当事人双方——职工和用人单位（包括自然人、法人和具有经营权的用人单位），即劳动法律关系中权利的享有者和义务的承担者。

三、劳动争议的处理途径

西方国家对劳动争议的处理，有的由普通法院审理，有的由特别的劳工法院处理。我国劳动纠纷在企事业单位时常发生。劳动纠纷发生后，当事人双方可以通过协商、调解、仲裁和诉讼等程序依序进行，若在某一程序双方达成一致，劳动争议解决。

《劳动争议调解仲裁法》第4条规定：发生劳动争议，劳动者可以与用人单位协商，也可以请工会或者第三方共同与用人单位协商，达成和解协议。

《劳动争议调解仲裁法》第5条规定：发生劳动争议，当事人不愿协商、协商不成或者达成和解协议后不履行的，可以向调解组织申请调解；不愿调解、调解不成或者达成调解协议后不履行的，可以向劳动争议仲裁委员会申请仲裁；对仲裁裁决不服的，除本法另有规定外，可以向人民法院提起诉讼。

四、劳动争议的认定范围

《劳动争议调解仲裁法》第2条规定，中华人民共和国境内的用人单位与劳动者发生的下列劳动争议，使用本法。

（1）因确认劳动关系发生的争议。

（2）因订立、履行、变更、解除和终止劳动合同发生的争议。

（3）因除名、辞退和辞职、离职发生的争议。

（4）因工作时间、休息休假、社会保险、福利、培训以及劳动保护发生的争议。

（5）因劳动报酬、工伤医疗费、经济补偿或者补偿金等发生的争议。

（6）法律、法规规定的其他劳动争议。

以下哪两者之间纠纷可认定为劳动争议？

【案例介绍】

申请人：赵某

被申请人：某工厂

赵某为某工厂调度组调度员，在工厂工作三年。2010年10月13日，赵某因工作事由与调度主管王某发生争执。当日下班途中，王某相遇赵某之夫周某并与其发生口角，随后周某殴打王某，该事件经派出所介入当天处理结束。数日后，公司公布一份员工工作奖惩公告。公告称，赵某指使丈夫周某辱骂、殴打王某，违反了工厂《员工手册》相关规定："员工或员工家属对公司同事或同事家属施加暴力、威胁或重大侮辱行为，予以开除。"因此，工厂决定扣除赵某三个月的奖金，并解除与赵某的劳动关系。

赵某不服，向当地劳动争议仲裁委员会了解相关法规，称自己没有指使丈夫与任何人发生冲突，公司以员工之夫的个人行为辞退员工于法无据，系违法解除劳动关系，拟向当地劳动争议仲裁委员会申请仲裁，请求裁决公司按照双倍经济补偿金标准向其支付赔偿金。

【案例评析】

案例中赵某为工厂的正式员工，工厂辩称赵某对其丈夫进行了指使，但不能举证证实，周某作为完全民事行为能力人，其行为后果自然不能由其配偶赵某承担。从另一个角度来说，若公司直接以周某殴打王某和周某系赵某配偶为由辞退赵某，亦会因该条制度的不合法而不能被支持。

【处理结果】

根据《劳动争议调解仲裁法》第2条之规定，赵某与某工厂之矛盾确属于劳动争议。同时根据《劳动合同法》

第 39 条之规定，赵某并未违反合同，因此某工厂解除其与赵某的劳动关系并不合法，裁决解除劳动合同无效。

五、劳动争议的特征

1.劳动纠纷是劳动关系当事人之间的争议

劳动关系当事人，一方为劳动者，另一方为用人单位。劳动者主要是指与在中国境内的企业、个体经济组织建立劳动合同关系的职工。用人单位是指在中国境内的企业、个体经济组织。不具有劳动法律关系主体身份者之间所发生的争议，不属于劳动纠纷。如果争议不是发生在劳动关系双方当事人之间，即使争议内容涉及劳动问题，也不构成劳动争议。

2.劳动纠纷是为实现劳动关系而产生的争议

劳动关系是劳动权利义务关系。如果劳动者与用人单位之间不是为了实现劳动权利和劳动义务而发生的争议，就不属于劳动纠纷的范畴。劳动权利和劳动义务的内容非常广泛，包括就业、工资、工时、劳动保护、劳动保险、劳动福利、职业培训、民主管理、奖励惩罚等。

3.劳动纠纷表现形式为非对抗性矛盾和对抗性矛盾

劳动纠纷既可以表现为非对抗性矛盾，也可以表现为对抗性矛盾，两者在一定条件下可以相互转化。在一般情况下，劳动纠纷表现为非对抗性矛盾。在劳动纠纷发展到一定程度时，它会给社会和经济带来较大的消极影响。

六、劳动争议与民事争议的区别

1.争议的主体不同

民事争议的主体是公民与公民，法人与法人，或者公民与法人；而劳动争议的主体是特定的，就是用人单位与劳动者，他们之间存在着一种管理与被管理的隶属关系。

2.争议的内容不同

民事争议是发生在公民之间、法人之间以及公民与法人之间的财产权益、人身权益方面的纠纷；而劳动争议则是劳动关系双方主体在劳动过程中因劳动权利、义务发生的纠纷。

3.争议的表现形式不同

民事争议一般局限于争议主体范围之内，影响面较小；而劳动争议有时以怠工、罢工、示威等形式出现，涉及面广、社会影响大。这是劳动争议区别于民事争议的一个重要特征。

劳动争议与民事争议的"分界线"

【案例介绍】

申请人：陈某

被申请人：某物资回收站和甘某

某物资回收站具有工商部门登记的营业执照，主要经营各类废品物资的回收。1995 年 3 月，回收站负责人黄某将废纸收购项目分给个体劳动者甘某经营，甘某使用回收站的营业执照和账户，租用回收站的工作场地，双方没有任何协议，只是甘某每月向回收站交纳场租费 7 000 元。1995 年 8 月 30 日，甘某因人手不够，雇用肖某等 5 人为其打工，并以回收站的名义为其办理暂住证，但未签劳动合同。1995 年 11 月 28 日，肖某在堆码废纸包时，被一个重 300 千克的废纸包从升降机上掉下来砸死。同年 12 月死者之妻陈某向深圳市劳动局劳保处投诉，因无法确认是否是工伤，劳保处没有受理。12 月 28 日，陈某向深圳市仲裁委员会申请，由主任批示立案，经多次调解，终于达成协议，回收站一次性支付申请人丧葬费、抚恤金、供养直系亲属生活补助费共 72 000 元；回收站与甘某双方商定分担工亡赔偿比例。

【案例评析】

民事争议与劳动争议有三大区别：①争议主体不同。②争议内容不同。③争议表现形式不同。《关于确立劳动关系有关事项的通知》第 1 条规定，用人单位招用劳动者未订立书面劳动合同，但同时具备下列情形的，劳动关系成立。

（1）用人单位和劳动者符合法律、法规规定的主体资格。

（2）用人单位依法制定的各项劳动规章制度适用于劳动者，劳动者受用人单位的劳动管理，从事用人单位安排的有报酬的劳动。

（3）劳动者提供的劳动是用人单位业务的组成部分。

本案例中的甘某雇佣肖某等 5 人已构成劳动关系，双方的争议应是劳动争议，不是民事争议。劳动争议的主体是肖某之妻陈某和某物资回收站及甘某，被申请人应是该物资回收站和甘某。

【处理结果】

回收站一次性支付申请人丧葬费、抚恤金、供养直系亲属生活补助费共 72 000 元；回收站与甘某双方商定分担工亡赔偿比例。

七、劳动争议的种类

划分劳动争议的标准不同，劳动争议的种类也不同。

1.个人争议和集体争议

依据劳动争议当事人的数量不同，可分为个人劳动争议和集体劳动争议。个人劳动争议是劳动者个人与用人单位发生的劳动争议。集体劳动争议是指劳动者一方当事人在 3 人以上且有共同劳动争议理由与用人单位发生的劳动争议。

2.权利争议和利益争议

按照涉及的劳动关系，争议可分为权利争议和利益争议。权利争议是指劳资双方依据法律、集体合同、劳动合同的规定，当事人主张权利存在与否或有无受到侵害或有无履行债务等发生的争议。利益争议是指因确定或变更劳动者的权利义务而发生的劳动争议。

3.用人单位或企业劳动争议、区域劳动争议和行业劳动争议

用人单位或企业劳动争议是指企业和职工的合法权益受到外力的不正当制约，出现有碍于维护正常的生产经营秩序、发展良好的劳动关系、促进改革开放的顺利发展的争议。区域劳动

争议是指区域市场经济过程中出现的集体性的危害或潜在存在的危害当事人的合法权益的争议。行业劳动争议是指劳动行业关系当事人之间因劳动的权利与义务发生分歧而引起的争议。

4.劳动争议的其他种类

劳动争议按内容可分为：因履行劳动合同发生的争议；因履行集体合同发生的争议；因企业开除、除名、辞退职工和职工辞职、自动离职发生的争议；因执行国家有关工作时间和休息休假、工资、保险、福利、培训、劳动保护的规定发生的争议等。

按照当事人国籍的不同，劳动争议可分为国内劳动争议与涉外劳动争议。国内劳动争议是指我国的用人单位与具有我国国籍的劳动者之间发生的劳动争议；涉外劳动争议是指具有涉外因素的劳动争议，包括我国在国（境）外设立的机构与我国派往该机构工作的人员之间发生的劳动争议、外商投资企业的用人单位与劳动者之间发生的劳动争议。

第二节　劳动争议处理的基本原则及其特点

央视"编外"员工劳动争议由谁负责？

2003年3月，中央电视台近万名职工依旧匆忙地上班、下班，而他们中很多人都不知道，在一场平静中酝酿的编外人员人事改革即将来临。当时，中央电视台人事管理十分混乱的局面依然存在，在人事办公室的档案中除了2 400名正式编制人员和广电部批准的600个聘用人员的档案内容比较准确详细之外，其余大部分员工的档案都很不完善。央视的一位人事干部戏称：中央电视台员工的数量，中央情报局来也不一定能查清。

长期以来，央视人员的聘用都是通过部聘、组聘来进行，这些人员在央视大都属于临时人员，能干几个月他们自己根本不知道。这些人员在给央视带来巨大劳动力资源的同时，也带来了不少令央视高层头疼的问题。其一，"假记者"问题，一些通过部聘、组聘进来的临时人员，冒充央视记者，利用"话语权"的优势，进行欺诈活动，给央视带来了很大负面影响；其二，央视作为国家级电视台是一个事业单位，其正式职工在参保时，依照事业单位参保标准管理，而数量庞大的临时员工的社会保险该如何管理，高层内部分歧也较大；其三，如此不正规的用工方式，也带来了很多劳动关系纠纷。很多人往往在辛苦几个月后，领不到应得的工资报酬。这些矛盾的日益突出，促使央视高层下定决心进行人事"瘦身"制度改革。

2003年8月，作为中国国际电视总公司下属的北京中视劳务派遣中心有限公司（现更名为北京中视汇才文化发展有限公司）成立，并于2004年1月1日正式挂牌。央视通过劳务派遣的方式，对近万名由各类临时人员组成的"编外人员"进行管理。按照最初计划，北京中视劳务派遣中心有限公司成立后，央视的"编外"员工将分批与新公司签订劳动合同，工作岗位仍维持原来在央视的情况，员工的工资和社会保险费也都由劳务派遣公司代发，而央视也将为每位托管在劳务派遣公司的员工付出每月 100 元的管理费。据知情人士透露，目前央视已有 4500 名左右的"编外"员工与北京中视劳务派遣中心有限公司签订了合同。久悬未决的央视"编外"员工的人事管理问题终于得到了解决。

思考：本案例"编外"员工劳动争议主体发生了怎样的变化？

一、劳动争议处理的基本原则

劳动争议处理需要遵循合法原则、公正原则、及时处理原则和着重协商调解原则。

1.合法原则

在处理劳动争议时，劳动争议调解委员会、劳动争议仲裁委员会和人民法院必须对争议的事实进行深入、细致、客观的调查分析，同时要依据相关法律法规规定对劳动争议进行处理，处理程序与处理结果必须合法。

2.公正原则

在处理劳动争议时，劳动争议双方当事人的法律地位是平等的，任何一方都没有超越另一方当事人的权利。在遵循公正原则的同时，由于劳动者在与用人单位发生劳动争议时，劳动者往往处于弱势，所以在处理劳动争议时也应当适度对劳动者进行必要的帮助以维护其正当合法的权益。

3.及时处理原则

劳动争议当事人在劳动争议发生时应当及时协商或者及时申请调解仲裁，避免因超过仲裁申请时效而丧失申请仲裁的权利。同时，劳动争议调解委员会、劳动争议仲裁委员会和人民法院在劳动争议案件处理过程中，必须按照法律规定及时行使权力、履行职责。

4.着重协商调解原则

当事人在发生劳动争议之后首先应当向企业劳动争议调解委员会申请调解，在互谅互让的基础上达成协议。当调解无效时才由仲裁机构解决。当然，调解需要在自愿的前提下进行，调解协议的内容还必须符合有关法律法规的规定。

劳动争议首选调解

【案例介绍】

老吴是北京某国有钢铁制造公司工作了十几年的老工程师了，也是公司每年评选的劳动模范，但最近公司的一项决定让老吴心情不太好。公司最近在核定按照国家新规定的《职工带薪年休假条例》的假期天数，给老吴规定的年休假比他自己认为的天数少了 5 年的假期。原来，老吴在工作期间，曾经被公司外派到外地的某下属公司工作了 5 年，而此次公司在核定工龄时，没有计算他外派期间的工龄。老吴向公司行政部的福利主管小王反映情况，然而小王说这个核定办法是公司总经办下达的，公司所有的外派工龄都不予承认，所以此次核定的工龄不好更改。

老吴本想去公司总经办反映，但考虑到自己是公司劳模，公司每年都给自己发特别津贴，尽管是为自己争取合法权益，但还是不好意思找公司领导开口。正好当天晚上，任公司工会主席的老钱串门，老吴把自己的真实想法给老钱讲了，表明自己的难处。老钱一口答应，说会给争取的。后来，经过老钱的反映和交涉，公司修订了类似老吴这样的情况，对原来的工龄认定办法进行了补充修改。

【案例评析及处理结果】

本案例比较特殊，如果老吴不和老钱讲这个情况，或许会有其他员工反映，就可能突发劳动争议。针对这种预发生的劳动争议，员工本人或工会等第三方都可以和用人单位进行交涉，协商调解，达成和解协议从而解决纠纷。

二、劳动争议处理基本原则的特点

从对劳动争议处理的概念、特征和分类的分析中，以及国际上劳动争议处理发展的实践中，我们可以看到劳动争议处理基本原则主要有以下几个特点。

1.实行三方原则

所谓三方原则，是指在劳动工作领域中，由政府、工会、雇主协会三方的代表共同参与制定政策、决策问题的一项原则。在劳动争议处理基本原则中普遍贯彻了这一原则，主要体现在劳动争议处理机构的人员组成等方面。例如，我国的劳动争议仲裁委员会是由劳动行政部门、同级工会、用人单位方面三方的代表组成。实行三方原则的劳动争议处理有以下两个优点：一是给劳动争议当事人以公平感，从而赢得其信任；二是三方成员具有各自的劳动关系专业的知识，有利于争议及时、公正地解决。

2.自愿与强制原则并存

自愿原则主要是指劳动争议处理机构受理案件，必须是以该案件双方当事人自愿达成协议，一方或双方提出申请为前提，否则不予受理。强制原则主要分为两种情况：一是无须劳动争议双方当事人达成协议，只要有一方申请调解或仲裁，劳动争议处理机构就予受理；二是当劳动争议一旦蔓延开来，危及经济发展和社会安定时，无论当事人意愿如何，国家有关方面有权将争议提交劳动争议处理机构处理。从目前来看，我国的劳动争议处理基本原则中，企业劳动争议调解实行的是自愿原则，而劳动争议仲裁实行的是强制原则。

3.处理程序简便、灵活

从国际上看，处理劳动争议有的建立调解基本原则，有的建立仲裁基本原则，也有的建立劳动法院的诉讼基本原则。因此，劳动争议处理程序，不像司法部门那样复杂、烦琐。就我国的情况来说，无论企业调解基本原则，还是地方仲裁基本原则，都只就一般处理程序作了较原则的规定，调解员、仲裁员可根据案情需要灵活选用。对处理职工一方在30人以上的集体劳动争议，仲裁基本原则又专门规定了具有更大灵活性的特别审理程序。这些规定是劳动争议的特殊性所需，也是为了方便当事人参加仲裁活动，利于工作人员迅速、及时查清事实，妥善、公正处理争议。

4.处理案件迅速、及时

劳动争议处理基本原则的这一特点，不仅是由其处理程序简便、灵活所致，更主要的是为了适应劳动争议特殊的要求。例如，我国的企业调解基本原则规定调解委员会调解劳动争议，应当自当事人申请调解之日起 30 日内结束；劳动争议仲裁基本原则规定仲裁庭处理劳动争议，应当自组成仲裁庭之日起 60 日内结束，仲裁庭处理集体劳动争议（职工一方在 30 人以上的），应当自组成仲裁庭之日起 15 日内结束。这些时效规定大大短于诉讼基本原则的规定，使劳动争议处理基本原则具备了处理案件迅速、及时的特点。

5.处理方式注重调解

劳动争议处理不好，极易激化矛盾。以调解方式解决劳动争议，气氛比较平和，效果比较好。因此，各国的劳动争议处理基本原则都很注重调解的方式。我国尤其强调这一点，在《企业劳动争议处理条例》中明确规定了处理劳动争议应遵循的原则之一，就是着重调解，及时处理。无论是企业劳动争议调解委员会，还是劳动争议仲裁委员会和人民法院，都包含着调解的程序，都遵循上述原则，处理中尽可能首先采用调解的方式化解矛盾。可以说，调解是处理劳动争议的基本手段，并贯穿于处理劳动争议的全过程。

6.处理结果行之有效

从国际上看，劳动争议的最终结果，无论是调解书、裁决书，还是判决书，都是具有法律效力的。在我国，除了企业劳动争议调解委员会制作的调解协议书以外，仲裁委员会和法院制作的调解书、裁决书和判决书也是具有法律效力的，虽然当前还存在一些仲裁文书和司法文书执行难的问题，但是从总体上看还是行之有效的。

角色扮演

本实训项目由任课教师提前准备关于对劳动争议的基本含义及产生因素基本认识的案例，并将学员分成若干组，每组中的成员分别担任案例中涉及的纠纷双方利益成员、争议裁决机构成员，由各自负责扮演的角色阐述各方观点，任课教师最后对各方观点进行点评总结，通过此项目的训练提高学员对劳动争议产生原因的认识和了解。

案例讨论

因不符合聘用条件而引发的争议

某机械设备厂欲招聘一名机械设计师。王某（男，37 岁）应聘后，与厂方签订了为期 3 年的劳动合同，未约定试用期。一个月后，厂方发现王某根本不能胜任工作，便书面通知与其解除劳动合同。王某不服，诉至劳动争议仲裁委员会，要求仲裁。经劳动争议仲裁机构调查：当时该机械设备厂因生产需要，遂招聘一名有机床设计工作经验，且掌握机床电气原理和机床维修知识的机械设计师。王某得知此事后，遂到该厂应聘。当时他自称自己完全符合该厂所提出的招聘条件，不但具有 8 年从事机床设计工作的经验，而且精通各种机床的电气原理和维修知识。厂方听了王某的自我介绍后，便与其签订了为期 3 年的劳动合同，约定的工作岗位为机械设计师。一个月后，厂方在工作中发现，王某不但不能胜任机床设计工作，而且连进行该项工作的基本常识都不懂。于是，厂方便怀疑王某应聘时的自荐材料。经过调查得知，王某的自荐材料纯属虚构，他高中毕业后，一直在一家国有企业当机床维修工人，并不懂机械设计。进该机械设备厂前，他刚刑满释放，在社会上闲荡。厂方在获悉了王某的真实情况后，决定与其解除劳动合同。

思考题

    1.你认为经仲裁后哪方会胜诉，胜诉的原因是什么？

    2.在处理劳动争议时应遵循哪些原则？

➤**本章思考题**

    1.劳动争议的实质是什么？重点发生在哪些领域？

    2.国有企业和私营企业劳动争议各有哪些特点？

参 考 文 献

顾占忠.2011.我国劳动争议处理机制之完善.吉林大学硕士学位论文.

李亦中，瞿栋.2006.论劳动争议仲裁与民事诉讼的协调.中南财经政法大学研究生学报,（6）：114–117.

王丽娜.2010.论我国劳动争议分类处理机制.青岛大学硕士学位论文.

信春鹰.2008.关于《中华人民共和国劳动争议调解仲裁法（草案）》的说明——2007 年 8 月 26 日在第十届全
    国人民代表大会常务委员会第二十九次会议上.中华人民共和国全国人民代表大会常务委员会会报，
    （1）:23–26.

熊亚娜.2010.劳动争议诉前调解制度研究.华东政法大学硕士学位论文.

张美莲，吴桂宏，闫华.2008.《劳动合同法》下的企业管理.中国水电医学，（5）：311–313.

张需聪.2008.中美劳动争议仲裁制度比较研究.中国海洋大学硕士学位论文.

朱香艳.2011.我国劳动争议非诉讼解决机制研究.华北电力大学硕士学位论文.

第十三章

劳动争议调解

处理劳动争议首选调解，调解可以避免矛盾升级。调解可以在内部进行，也可以由第三方（如劳动争议仲裁庭）介入完成。

本章回答以下问题。

什么是劳动争议调解？劳动争议调解能起到什么作用？

劳动争议调解机构有哪些？

劳动争议调解应遵循怎样的程序？

劳动争议调解结果具有怎样的效力？

引导案例

~~~~~~

经仲裁程序达成的调解协议可以反悔吗？

刘某某因副食品公司终止其合同产生争议，申请仲裁。经过调查核实，刘某某于 2002 年 7 月与副食品公司签订了为期 5 年的劳动合同。在合同期内，刘某某不安心在公司工作，经常请假与他人合伙做生意。副食品公司因当时经营不景气，对此并没有追究。2004 年后公司业务量大增，人手紧张，刘某某又向公司请假，公司经理季某没有同意，刘某某与季经理发生争吵。鉴于此，经理作出终止公司与刘某某的劳动合同，将刘某某辞退的决定。对此刘某某不服，向仲裁委员会申请仲裁。

劳动争议仲裁委员会受理了这一案件，并组成仲裁庭先行调解。刘某某考虑到在副食品公司经济收入并不高，且与经理不和，不如辞职自己经商，于是与公司达成协议。刘某某与副食品公司解除原劳动合同，公司补发辞退期间的工资，仲裁费双方负担。达成调解协议 7 天后，双方在调解协议书上签了字，仲裁委员会根据双方的协议制作了仲裁调解书，双方也均予以签收。不久副食品公司与外商合资经营，效益明显增加，而刘某某的生意却很不景气。于是刘某某又找仲裁委员会要求仲裁，请求恢复与副食品公司的劳动合同，结果被仲裁委员会驳回，刘某某又找到法院，法院也不予受理。

思考：

（1）劳动争议调解有哪些优点？

（2）刘某的二次仲裁请求能达成吗？

第一节　劳动争议调解的概念和作用

一、劳动争议调解的概念

劳动争议调解是指在企业与员工之间由于社会保险、薪资、福利待遇、劳动关系等发生争议时，通过劳动争议调解的方式，由第三方（如专业性的人才机构、争议调解中心等）进行调解。

根据对劳动争议调解的概念分析，可以将劳动争议调解划分为三类。

1.劳动争议调解委员会进行的调解

劳动争议调解委员会的调解，是由在本单位的劳动争议调解委员会或者调解小组负责进行。调解组织由本单位的职工代表、企业（单位）代表以及本单位的工会代表三方人员组成。

2.劳动争议仲裁委员会主持的调解

劳动争议仲裁委员会的调解则由各级劳动争议仲裁委员会主持，实行仲裁管辖，受理本辖区内的劳动争议案件。仲裁委员会由政府劳动行政主管部门的代表、工会代表及政府指定的经济管理部门的代表组成，具体由劳动仲裁庭负责调解。

3.人民法院主持的调解

人民法院主持的劳动争议调解，是在人民法院的法庭主持下进行，代表国家对劳动案件予以调解。

上述三类调解均属于劳动争议调解的范畴，是解决劳动争议的重要方式。

二、劳动争议调解的作用

劳动争议是基于劳动关系发展的纠纷。劳动者与用人单位建立劳动关系之后，劳动者成为用人单位机构中的一员，具有隶属关系，应接受用人单位的领导与指挥。在《企业劳动争议处理条例》的第4条中，把着重调解作为解决劳动争议的第一项原则，意味着在解决劳动争议时应坚持调解为主，将调解作为解决劳动争议的重要方式。劳动争议调解的作用在于有利于构建和谐的劳动关系。

1.调解促进团结合作

由有关机构主持调解，宣传法律知识，使劳动关系双方消除对抗情绪，增强劳动法制观念，依法保护当事人的合法权益。

劳动争议双方在自愿的基础上进行民主协商，有利于建立平等的、互相尊重的合作关系，推动社会安定团结。在劳动争议中，如果对簿公堂，不论哪方胜诉，随之而来的往往也是劳动关系的终止。如果更多地采用调解方式解决劳动争议，更有利于存续双方的劳动关系。

2.调解避免矛盾激化

由有关机构主持调解，可以使矛盾的双方各抒己见，消除误解，在互让互谅的基础上达成一致意见，不至扩大矛盾和激化矛盾。

根据我国《劳动争议调解仲裁法》和《企业劳动争议处理条例》的规定，发生劳动争议之后，当事人首先可向劳动争议调解委员会申请调解。由于调解委员会设于企业之中，由本单位的职工代表、企业（单位）代表以及本单位的工会代表三方组成，对劳动争议的事由和当事人熟悉，调解容易成功，并可节省大量人力、物力、财力。

正因为劳动争议调解委员会在处理劳动争议方面有以上的优越性和作用，所以在我国劳动争议处理程序中它被列为第一道程序，居于重要的地位。

劳动合同、社会保险、经济补偿金的调解

【案例介绍】

申请人：陈某

被申请人：武汉市某食品有限公司

2013年6月，武汉市某食品有限公司聘请陈某从事公司经营的各大超市业务联络工作，工资奖金及提成合计约3 500元/月，但双方直至2014年3月才补签了劳动合同并开始交社会保险，且只交了5个月的保险，之前的保险并未缴纳。由于该公司不能及时发放工资，陈某于2014年6月辞职，办理业务交接手续后公司不但不补缴之前的保险，反而扣押了陈某1个多月工资未发放。因此，陈某向劳动仲裁委员会提出申请，要求公司补缴2013年6月至2014年4月共14个月的社会保险费和2014年5月的工资及提成奖金3 700元。

【案例评析】

《劳动合同法》第17条规定，劳动合同应具备社会保险这一条款。《劳动法》第50条规定，工资应当以货币形式按月支付给劳动者本人。不得克扣或者无故拖欠劳动者的工资。

【处理结果】

经劳动争议仲裁委员会调解，双方自愿达成以下协议：双方解除劳动关系，被申请人在7个工作日内，一次性补偿申请人6 000元。此后双方再无任何关系，申请人不再向被申请人主张任何权利。

第二节　劳动争议调解组织和调解员

一、劳动争议调解组织

《劳动争议调解仲裁法》第 10 条规定，发生劳动争议时，当事人可以到下列调解组织申请调解：①企业劳动争议调解委员会；②依法设立的基层人民调解组织；③在乡镇、街道设立的具有劳动争议调解职能的组织。

劳动争议调解委员会是劳动争议调解组织的重要形式。按照《企业劳动争议处理条例》的规定，劳动争议调解委员会在企业中建立，负责调解本企业发生的劳动争议。

企业劳动争议调解委员会由职工代表和企业代表组成。职工代表由工会成员担任或者由全体职工推举产生，企业代表由企业负责人指定。企业劳动争议调解委员会主任由工会成员或双方推举的人员担任。但是在一些小型非公有制企业和外商投资企业中，因为职工人数少或工会组织不健全，难以在企业中建立劳动争议调解委员会，根据客观上的需要，在一些未建立企业劳动争议调解委员会的单位组建了一批区域性、行业性的劳动争议调解组织，是近年来劳动争议调解工作的新的发展。这些区域性、行业性的劳动争议调解委员会承担了法定的职责，适应了调解劳动争议的要求，有利于及时解决劳动争议和扩大劳动争议调解工作的覆盖面，对区域性、行业性劳动争议调解组织应予以关注和扶持，使其发挥更大的作用。

劳动争议调解委员会的中心任务是以调解方式处理劳动争议，拥有以下职责。

1.负责调解本企业发生的劳动争议

劳动争议调解委员会为了工作需要，加强调查研究，了解企业和职工双方的意见和要求，促成内部民主对话与沟通，促使当事人各方在合法、自愿、平等、友好协商下达成和解，签订调解协议书。

2.进行劳动法制教育，做好预防工作

劳动争议调解委员会负责对当事人进行宣传教育工作，提高其法制观念，尽量减少劳动争议的发生。

3.做好劳动法律的咨询工作

劳动争议调解委员会负责为企业和职工提供劳动法律及相关法律的咨询，增强双方当事人的法律意识与法律水平。

4.严格遵守法律、法规及企业内部规章，正确执法

劳动争议调解委员会既要积极支持企业正确行使经营管理的决策权和生产经营的指挥权，拒绝职工的不合理要求，又要坚决反对企业违法侵犯职工合法权益的行为，积极支持职工的合理要求。

5.不断总结本企业劳动争议调解的工作经验和教训

劳动争议调解委员会应吸收其他企业劳动争议调解的有益做法，加强调解委员会的日常工作，提高劳动争议调解员的业务素质和工作能力。

《劳动法》与《企业劳动争议处理条例》的出台，促进了我国劳动争议调解工作的不断发展，企业劳动争议调解委员会在调解劳动争议中作了许多工作，成为最受职工欢迎的劳动争议解决方式。

二、劳动争议调解员

《劳动争议调解仲裁法》第 11 条规定，劳动争议调解组织的调解员应当由公道正派、联系群众、热心劳动争议调解工作，并且应该由具有一定劳动保障法律知识、政策水平、文化水平和实际工作能力的成年公民担任。

劳动争议调解组织应制定调解员名册，调解员可以从街镇乡、社区符合条件的劳动关系协调员和其他符合条件的人员中聘任。

调解员应当参加必要的专业知识培训。人力资源和社会保障行政部门、工会组织和企业代表组织应当加强对调解员的法律、法规、规章、政策及调解业务知识培训，提高调解员素质和调解工作质量。

第三节　劳动争议调解程序

一、调解的申请和受理

劳动争议发生后，当事人如果认为需要通过调解方式解决劳动争议，就应当向所在企业的劳动争议调解委员会明确提出调解申请。调解委员会只有在接到当事人的申请后，才能考虑是否受理。

申请调解是当事人的一项权利，任何人不得对此进行非法干涉、限制和剥夺。当事人申请调解，应当自知道或者应当知道其权利被侵害之日起 30 日内，以口头或书面形式向调解委员会提出申请，并填写《劳动争议调解申请书》。当事人申请调解的方式可以是书面的，也可以是口头的。不管采取何种方式，必须符合三个条件：申请人必须与本争议有直接的利害关系；有明确的相对人，即申请人必须说明与谁发生了争议，在哪些问题上发生了争议；有具体的调解请求和事实、理由。

《劳动争议调解仲裁法》第 12 条规定：当事人申请劳动争议调解可以书面申请，也可以口头申请。口头申请的，调解组织应当当场记录申请人基本情况、申请调解的争议事项、理由和时间。

申请人以书面或口头形式向企业劳动争议调解委员会提出申请后，调解委员会应当依法进行审查，然后根据不同情况，分别作出决定。调解委员会进行审查，主要应从以下几个方面着手：审查申请调解的争议是否属于劳动争议，不是劳动争议的，不予受理；审查调解申请人是否合格；审查申请调解的劳动争议是否符合劳动争议调解委员会接受申请的范围和条件。调解委员会接到调解申请后，应征询对方当事人的意见，对方当事人不愿调解的，应做好记录，在3 日内以书面形式通知申请人；审查申请调解的劳动争议是否已经经过仲裁裁决或法院判决。对已经通过仲裁裁决或法院判决的，调解委员会不应受理，应当告知当事人按照申诉办理。调解委员会应在 4 日内作出受理或不受理申请的决定，对不受理的，应向申请人说明理由。调解劳动争议，应当充分听取双方当事人对事实和理由的陈述，耐心疏导，帮助其达成协议。

二、调解前的准备工作

调解前的准备工作主要包括以下内容。

（1）弄清争议的基本事实。争议的基本事实，即劳动争议产生的原因、发展过程、争议的焦点等。

（2）了解与争议有关的劳动法律法规及劳动合同的规定。了解有关争议的法律法规及合同规定，为判断争议的是非曲直和确定当事人的责任提供准确的法律依据。

（3）分析调查材料。对调查得到的材料进行综合分析研究，并结合劳动法规的有关规定，判明是非，分析双方各自应承担的责任，拟定调解方案和调解意见。

（4）召开调解员会议。通报调查情况，讨论确定调解方案，在统一认识的基础上确定调解意见。

（5）与劳动争议当事人谈话。指定调解委员会成员与劳动争议当事人谈话，宣传有关劳动法律法规，提出正确对待调解的要求，通过宣传法律知识及对当事人做耐心细致的思想工作，为调解奠定良好的思想基础。

三、实施调解

劳动争议的调解一般分为以下几个步骤：调解委员会主任宣布申请人请求调解的争议事项、调解纪律、当事人应持的态度；听取当事人意见；说明调解委员会对争议的调查结果和调解意见；当事人协议。

四、调解的终结

调解终结的具体方式包括：①当事人自行协调。在调解或仲裁过程中，当事人双方可以自行协商，达成协议，劳动争议的调解即行结束。②当事人撤回申请。如果当事人在调解过程中撤回自己的调解申请，调解委员会应当准许，并终结调解。③当事人拒绝调解。在调解过程中，当事人有权拒绝调解，这时调解委员会应当尊重当事人的权利，终止调解。④当事人达成调解协议。经调解达成调解协议的，制作调解协议书，各方当事人应当自觉履行。当事人在法定期限内未能达成调解协议，调解委员会调解劳动争议，应当自当事人申请调解之日起 15 日内结束。自劳动争议调解组织收到调解申请之日起 15 日内未达成调解协议的，当事人可以依法申请仲裁。调解不成的，应作记录并在调解意见书上说明情况，由调解委员会主任签名、盖章，并加盖调解委员会印章，调解协议书一式 3 份（争议双方当事人、调解委员会各一份）。

《劳动争议调解仲裁法》第 14 条规定：经调解达成协议的，应当制作调解协议书。调解协议书由双方当事人签名或者盖章，经调解员签名并加盖调解组织印章后生效，对双方当事人具有约束力，当事人应当履行。

第四节　劳动争议调解协议效力

一、调解协议具有劳动合同的效力

劳动争议调解协议属于非规范性法律文件。从理论上看，调解协议是劳动者与用人单位就劳动争议所涉及的权利义务作出的新安排，是对立的意思表示一致，具有双方法律行为的显著特点。因此，从根本上说调解协议属于双方法律行为，即民事合同行为，适用《民法通则》与《合同法》的相关规定。只要符合合同生效的要件就具有"合同效力"，既适用合同无效或可撤销制度，也适用合同的解除制度等，具有证据力、间接强制执行力和可诉性。劳动争议调解协议主要是对劳动争议相关的劳动权利义务的安排，是一种在劳动关系方面的合意，是双方劳动法律行为，应适用《劳动合同法》的有关规定。只要符合劳动合同生效要件就应具有"劳动合同效力"，既适用劳动合同无效的制度，也适用劳动合同的解除制度。在适用层级上，根据特殊优于一般的原则，当三者规定不一致时，应首先适用《劳动合同法》，再适用《合同法》，最后适用《民法通则》。

从实践中看，劳动争议调解工作基础薄弱，调解申请率低、成功率低、协议履行率低的"三低"现象十分突出。其中，劳动争议调解协议的性质不明确是最重要的原因之一，已成为推动劳动争议调解工作、改变劳动争议调解薄弱现状的主要障碍。为了及时高效彻底地解决劳动争议，真正坚持"着重调解"原则，推动劳动争议调解工作的大力发展，以"部门规章"的形式明确劳动争议调解协议的劳动合同效力、统一劳动争议调解仲裁机构在这一问题上的法律适用既非常必要也十分紧迫。一方面，这符合法律解释的权限；另一方面，强化调解协议的效力是大势所趋，既能与审判机关的相关规定保持一致、完善裁审衔接，也能从根本上推动劳动争议调解工作的真正有效开展。

二、部分调解协议具有强制执行力

虽然劳动争议调解协议在本质上具有劳动合同效力，没有直接的强制执行力，但是当事人可以根据具体情况选择增强其效力，使之具有强制执行力，这是当前调解制度的重大创新。

《劳动争议调解仲裁法》第 15 条规定：达成调解协议后，一方当事人在协议约定期限内不履行调解协议的，另一方当事人可以依法申请仲裁。

《劳动争议调解仲裁法》第 16 条规定：因支付拖欠劳动报酬、工伤医疗费、经济补偿或者赔偿金事项达成调解协议，用人单位在协议约定期限内不履行的，劳动者可以持调解协议书依法向人民法院申请支付令。人民法院应当依法发出支付令。

仲裁调解书具有何等效力？

【案例介绍】

申请人：张某

被申请人：某国有企业

张某与某国有企业签订了为期 5 年的劳动合同，合同期自 2002 年 5 月起至 2007 年 4 月止。2005 年以来，张某开始在外搞兼职，不安心本职工作。2006 年单位发现张某整天在忙自己的事，造成单位工作停滞不前，给单位带来了不小的损失。经单位劝告后，张某仍以兼职为主，于是单位作出开除的决定。张某不服，向当地劳动争议仲裁委员会提出申诉。仲裁委员会受理了此案，在调查取证及进行调解时，张某提出先由用人单位收回开除的决定，而后自己提出辞职请求的主张，用人单位表示同意。双方协商一致，由仲裁委员会制作了仲裁调解书，各自在调解书上签了字。事后，张某反悔，又找到劳动争议仲裁委员会要求恢复与用人单位的劳动关系，结果要求被驳回。张某又上诉至当地人民法院。

【案例评析】

《劳动争议调解仲裁法》第 15 条规定，达成调解协议后，一方当事人在协议约定期限内不履行调解协议的，另一方当事人可以依法申请仲裁。《关于审理劳动争议案件适用法律若干问题的解释（三）》第 11 条规定："劳动人事争议仲裁委员会作出的调解书已经发生法律效力，一方当事人反悔提起诉讼的，人民法院不予受理；已经受理的，裁定驳回起诉。"

【处理结果】

本案中，张某与用人单位经过仲裁程序的调解，双方已自愿达成了协议，仲裁委员会据此制作并送达调解书，是符合法律法规和有关规定的。张某在仲裁调解书生效后，要求仲裁委员会和人民法院重新审理没有任何法律根据，因而最终法院不予受理。

劳动争议调解协议具有劳动合同的效力，也就是说只具有间接的执行力，那么如何才能进一步强化调解协议的效力，使其具有强制执行力呢？在现有的法律框架内，主要有以下三种途径。

一是司法确认。双方当事人可以根据司法确认的有关规定共同申请人民法院赋予调解协议书强制执行效力。

二是仲裁置换。双方当事人共同申请仲裁委员会根据调解协议书制作仲裁调解书。经劳动争议调解组织调解达成协议后，双方当事人可以共同向仲裁委员会提出置换仲裁调解书申请，由调解组织将置换申请连同调解协议一并递交仲裁委员会审查后，由仲裁委员会制作仲裁调解书送达双方当事人，仲裁调解书经双方当事人签收后，产生法律效力。

三是进行公证。双方当事人可以按照《中华人民共和国公证法》（简称《公证法》）的有关规定共同申请公证机关依法赋予具有给付内容的调解协议书强制执行效力。

需要指出的是，上述劳动争议调解协议效力的增强都是当事人自愿选择的"强制执行力"。也就是说，劳动争议调解协议在本质上具有劳动合同效力，没有直接的强制执行力，但是当事人可以根据具体情况选择增强其效力，使之具有强制执行力，这是当前调解制度的重大创新。

本实训项目由任课教师提前准备关于劳动争议调解的案例，并将学员分成若干组，每组中的成员分别担任案例中涉及的纠纷双方利益成员、争议调解机构成员，由各自负责扮演的角色阐述各方观点，任课教师最后对各方观点进行点评总结，通过此项目的训练提高学员对劳动争议调解仲裁法的理解和记忆，并提升实践及运用能力。

案例讨论

实习生小李该如何面对与用人单位发生的纠纷？

小李是应届大学毕业生，A公司与小李于2012年4月签订了实习协议，协议声明小李实习期结束与之订立劳动合同。同年6月底小李如期毕业，口头要求与A公司签订劳动合同，但A公司却一直未回应。10月15日小李未办理请假事宜离开公司后一直未上班。11月5日，A公司以小李严重违反公司纪律为由作出解除小李劳动合同的决定并书面通知小李。由于公司发薪日为次月20号，小李9月、10月工资尚未领取。小李决定找公司相关部门讨要说法（注明：A公司内部设立有劳动争议调解委员会）。

思考题

你认为双方应如何协调解决此次劳动争议？

本章思考题

1.现阶段我国劳动争议调解的主要机构有哪些？

2.你认为针对我国劳动争议的现状可以进行哪些方面的调解方式创新？

参 考 文 献

常凯.2006.劳资冲突处理法制化：构建和谐劳动关系中一项急迫的政治任务.中国党政干部论坛，（12）：18–21.

董保华.2008.论我国劳动争议处理立法的基本定位.法律科学，（3）：148–155.

苏慧文，刘洁.2008.新形势下劳务派遣的问题和发展对策分析.中国海洋大学学报，（3）：40–43.

王长城.2006.中国劳动关系变化中的问题与改进对策.中南财经政法大学学报，（1）：28–32.

第十四章

劳动争议仲裁

劳动争议仲裁是指劳动争议仲裁委员会根据当事人的申请，依法对劳动争议在事实上作出判断、在权利义务上作出裁决的一种法律制度。

本章回答以下问题。

仲裁组织的设立条件有哪些？应履行哪些职责？仲裁员应具备什么条件？

劳动争议仲裁的步骤有哪些？

劳动争议仲裁具备怎样的法律效力？

劳动合同经济补偿金分段计算

刘某是某商场仓库管理员，2011 年 9 月 30 日刘某与商场签订的劳动合同到期。由于商场效益下滑，决定不再与刘某签订劳动合同。刘某要求商场支付解除劳动合同的经济补偿金。刘某是 2004 年 2 月 30 日进入商场工作的，按照刘某每个月 1 500 元的工资计算，刘某要求商场支付 8 个月的经济补偿金 12 000 元，遭到商场拒绝，刘某遂向辖区劳动仲裁委员会提起仲裁。

思考：你认为刘某的申请是否能得到支持？仲裁委员会将作出怎样的仲裁结果？

第一节　劳动争议仲裁一般规定

一、劳动争议仲裁委员会的设立

《劳动争议调解仲裁法》第 17 条规定：劳动争议仲裁委员会按照统筹规划、合理布局和适应实际需要的原则设立。省、自治区人民政府可以决定在市、县设立；直辖市人民政府可以决定在区、县设立。直辖市、设区的市也可以设立一个或者若干个劳动争议仲裁委员会。劳动争议仲裁委员会不按行政区划层层设立。

油田能否设立劳动争议仲裁委员会？

【案例介绍】

位于中部某省的某油田单位通过相关主管机关向该省劳动厅提交了《关于在油田设立劳动争议仲裁委员会的请示》。该文件充分阐释了在油田设立劳动仲裁委员会的理由：该油田有 25 万名职工，有一整套独立、完备、健全的管理系统，有工会组织、公安、通信、供电、工商、税务等相关部门。总之，除了法院和检察院外，其他几乎无所不包，俨然一个小社会。同时，该油田远离邻近的县城，和驻地的相关联系也比较少。省劳动厅安排仲裁处负责处理此事，仲裁处钱处长召集有关人员开了一个简短的会议，征求大家的意见。有部分人认为应设，也有部分人认为不应设。经过充分讨论后，钱处长最后决定还是不应设，于是在文件上批示："根据现行规定，暂不同意在该油田设立劳动争议仲裁委员会。"

【案例评析】

根据《劳动争议调解仲裁法》第 17 条以及相关法律规定，可以判定，劳动争议仲裁委员会是县级以上人民政府建立的、专门处理本辖区劳动争议的机构，由同级劳动行政部门代表、同级工会代表和企业方面的代表组成，其办事机构设在同级政府劳动行政主管部门内。油田虽然各方面组织体系健全，在某些方面也确实实行一些政府职能，但油田毕竟是个企业，而不是一级政府，省劳动厅不同意在油田设立劳动争议仲裁委员会的意见是正确的。况且，由油田设立劳动仲裁委员会，如何体现三方性原则以及如何处理常设办事机构也是问题。

【处理结果】

某油田不应设立劳动争议仲裁委员会，而应设立劳动争议调解委员会。

二、劳动争议仲裁委员会的组成与职责

劳动争议仲裁委员会由劳动行政部门代表、工会方面和企业方面代表组成。劳动争议仲

裁委员会组成人员应当是单数。

　　劳动争议仲裁委员会依法履行下列职责：①聘任、解聘专职或者兼职委员会；②受理劳动争议案件；③讨论重大或者疑难的劳动争议案件；④对仲裁活动进行监督。

　　劳动争议仲裁委员会下设办事机构，负责办理劳动争议仲裁委员会日常工作。

三、政府的职责

　　国务院劳动行政部门依照《劳动争议调解仲裁法》有关规定制定仲裁规则。省、自治区、直辖市人民政府劳动行政部门对本行政区域的劳动争议仲裁工作进行指导。

四、劳动争议仲裁案件的管辖

　　劳动争议仲裁委员会负责管辖本区域内发生的劳动争议。

　　劳动争议由劳动合同履行地或者用人单位所在地的劳动争议仲裁委员会管辖。双方当事人分别向劳动合同履行地和用人单位所在地的劳动争议仲裁委员会申请仲裁的，由劳动合同履行地的劳动争议仲裁委员会管辖。

五、劳动争议仲裁案件的关系人

　　1.当事人

　　发生劳动争议的劳动者和用人单位为劳动争议仲裁案件的双方当事人。

　　劳务派遣单位或者用工单位与劳动者发生劳动争议的，劳务派遣单位和用工单位为共同当事人。

　　2.第三人

　　与劳动争议案件的处理结果有利害关系的第三人，可以申请参加仲裁活动或者由劳动争议仲裁委员会通知其参加仲裁活动。

　　3.代理人及亲属

　　当事人可以委托代理人（如律师）参加仲裁活动。委托代理人参加仲裁活动，应向劳动争议仲裁委员会提交委托书。

　　丧失或者部分丧失民事行为能力的劳动者，由其法定代理人代为参加仲裁活动；无法定代理人的，由劳动争议仲裁委员会为其指定代理人。劳动者死亡的，由其近亲属或者代理人参加仲裁活动。

劳动纠纷的"共同当事人"原则

【案例介绍】

申请人：小宋

被申请人：上海大河公司、某劳务派遣公司

　　上海大河公司经营玩具承销业务，在北京设立办事处销售产品。该公司为降低成本，便与一家劳务派遣公司签订了劳务派遣协议，实行派遣形式用工。根据公司的要求，库管员小宋与派遣公司签订了劳动合同。公司在一次盘点中发现库存玩具与账面记载不符，公司以小宋失职为由，将小宋退回劳务派遣公司，并拒付小宋当月的工资。小宋回到劳务派遣公司后，要求劳务派遣公司支付当月工资，劳务派遣公司称："你是上海大河公司招聘的，工资是他们定的，现在上海大河公司拒付工资，你去找他们要吧。"小宋又找到上海大河公司，该公司表示"你与我们没有劳动关系，我们没有支付你工资的义务，你与谁有劳动关系找谁去"。小宋遂以劳务派遣公司为被申请人申请了劳动仲裁。在劳动争议仲裁委员会对该案进行审理的过程中，仲裁机构依法追加上海大河公司为共同被告，裁决由劳务派遣公司支付小宋当月工资，上海大河公司负连带责任。

【案例评析及处理结果】

　　根据《劳动争议调解仲裁法》第22条规定，在本案中，正是由于这种派遣关系的存在，所以上海大河公司和劳务派遣公司被列为共同被申请人，同时就损害劳动者权益的部分承担连带赔偿责任。

妻子替亡夫追讨工伤保险待遇

【案例介绍】

申请人：李女士

被申请人：山东省青岛市某公司

　　2008年4月5日，山东省青岛市某区的王某外出给公司办事时被违章的机动车撞击死亡。公司及时通知了王某的妻子李女士进行后事处理。但是，当李女士向公司提出要求享受工伤保险待遇时，公司却选择了逃避，因为公司根本没有为王某缴纳工伤保险，也不想承担对其家属的赔偿责任。于是，李女士准备通过仲裁的方式向公司主张权利。但是，在填写仲裁申请表时，李女士犯难了：是填写自己为申请人还是填写自己的丈夫为申请人呢？以自己为申请人，自己与丈夫的公司并无劳动关系；而填写丈夫为申请人，丈夫已经过世。带着这个疑问，李女士来到了当地劳动争议仲裁委员会，负责接待的小张告诉她，其作为王某的妻子，是王某的近亲属，可以直接以当事人的身份参与仲裁。

【案例评析】

　　根据《劳动争议调解仲裁法》第25条的规定，劳动者死亡的，由其近亲属或者代理人参加仲裁活动。在本案例中，王某在服从公司安排外出时因工死亡，其妻子作为王某工伤赔偿待遇的利害关系人，可以以近亲属的身份作为申请人，直接参加劳动争议仲裁活动。

【处理结果】

由于王某已亡，王某妻子可以以王某近亲属的身份直接参与仲裁。

六、劳动争议仲裁申请

1.仲裁时效

《劳动争议调解仲裁法》第 27 条规定：劳动争议申请仲裁的时效期间为一年。仲裁时效期间从当事人知道或者应当知道其权利被侵害之日起计算。

前款规定的仲裁时效，因当事人一方向对方当事人主张权利，或者向有关部门请求权利救济，或者对方当事人同意履行义务而中断。从中断时起，仲裁时效期间重新计算。

因不可抗力或者有其他正当理由，当事人不能在本条第 1 款规定的仲裁时效期间申请仲裁的，仲裁时效中止。从中止时效的原因消除之日起，仲裁时效期间继续计算。

劳动关系存续期间因拖欠劳动报酬发生争议的，劳动者申请仲裁不受本条第 1 款规定的仲裁时效期间的限制；但是，劳动关系终止的，应当自劳动关系终止之日起一年内提出。

2.仲裁申请书

申请人申请仲裁应当提交书面仲裁申请，并按照被申请人人数提交副本。

仲裁申请书应当载明下列事项：①劳动者的姓名、性别、年龄、职业、工作单位和住所，用人单位的名称、住所和法定代表人或者主要负责人的姓名、职务；②仲裁请求和所根据的事实、理由；③证据和证据来源、证人姓名和住所。

书写仲裁申请确有困难的，可以口头申请，由劳动争议仲裁委员会记入笔录，并告知当事人。

七、劳动争议仲裁受理

1.受理期限

劳动争议仲裁委员会收到仲裁申请之日起 5 日内，认为符合受理条件的，应当受理，并通知申请人；认为不符合受理条件的，应当书面通知受理人不予受理，并说明理由。对劳动争议仲裁委员会不予受理或者逾期未作出决定的，申请人可以就劳动争议事项向人民法院提起诉讼。

劳动争议仲裁委员会受理申请后，应当在 5 日内将仲裁申请书副本送达被申请人。

2.应诉期限

被申请人收到仲裁申请书副本后，应当在 10 日内向劳动争议仲裁委员会提交答辩书。劳动争议仲裁委员会收到答辩书后，应当在 5 日内将答辩书副本送达申请人。被申请人未提交答辩书的，不影响仲裁程序的进行。

被申请人未递交答辩书不影响仲裁程序进行

【案例介绍】

申请人：肖女士

被申请人：某贸易公司

肖女士与某贸易公司发生劳动争议，向所在地劳动争议仲裁委员会提交了仲裁申请书。劳动争议仲裁委员会在受理案件后，向该贸易公司发出了应诉通知书，并转交了肖女士提供的申请书副本。应诉通知书中特别告知，该贸易公司应在 10 日内向劳动争议仲裁委员会提交答辩书。10 日后，该贸易公司并未向劳动争议仲裁委员会提交答辩书，劳动争议仲裁委员会决定在 5 日后开庭。正式开庭时该贸易公司向仲裁员质疑：本公司的答辩书尚未提交，答辩权没有得到应有的尊重。仲裁员告诉该贸易公司的代理人，法律授予被申请人有答辩的权利，但是也有相应的期限和程序约束，10 日内不提交答辩书的，仲裁机构有权择日开庭，而不必等到提交答辩书。

【案例评析及处理结果】

根据《劳动争议调解仲裁法》第 30 条的规定，在本案例中，该贸易公司答辩权的行使，实际上并未受到特别的影响，其答辩依然可以在庭审时进行。法律在程序上作出提交答辩书的时限要求，其主要目的在于尽快解决劳动争议，提高劳动仲裁效率，同时通过时限的限定也可以进一步保护劳动者权益。

第二节　劳动争议仲裁裁决

一、劳动争议仲裁庭及组成

劳动争议仲裁委员会裁决劳动争议案件实行仲裁庭制。仲裁委员会决定受理的劳动争议案件，应自立案之日起 7 日内按《劳动争议仲裁委员会组织规则》组成仲裁庭。仲裁庭由一名首席仲裁员、两名仲裁员组成。简单案件，仲裁委员会可以指定一名仲裁员独任处理。仲裁委员会处理集体争议案件，应当组成特别仲裁庭，由三名以上仲裁员单数组成。

《劳动争议调解仲裁法》第 20 条规定：劳动争议仲裁委员会应当设仲裁员名册。

仲裁员应当公道正派并符合下列条件之一：①曾任审判员的；②从事法律研究、教学工作并具有中级以上职称的；③具有法律知识、从事人力资源管理或者工会等专业工作满 5 年的；④律师执业满 3 年的。

劳动争议仲裁委员会应当在受理仲裁申请之日起 5 日内将仲裁庭的组成情况书面通知当事人。

仲裁员有下列情形之一，应当回避，当事人也有权以口头或者书面方式提出回避申请。

（1）是本案当事人或者当事人、代理人的近亲属的。

（2）与本案有利害关系的。

（3）与本案当事人、代理人有其他关系，可能影响公正裁决的。

（4）私自会见当事人、代理人，或者接受当事人、代理人的请客送礼的。

（5）劳动争议仲裁委员会对回避申请应当及时作出决定，并以口头或者书面方式通知当事人。

仲裁庭应当在开庭 5 日前，将开庭日期、地点书面通知双方当事人。当事人有正当理由的，可以在开庭 3 日前请求延期开庭。是否延期，由劳动争议仲裁委员会决定。申请人收到书面通知，无正当理由拒不到庭或者未经仲裁同意中途退庭的，可以视为撤回仲裁申请。被申请人收到书面通知，无正当理由拒不到庭或者未经仲裁同意中途退庭的，可以缺席裁决。

以下情形可以缺席裁决吗？

【案例介绍】

申请人：某副总经理

被申请人：某民营包装加工公司

《劳动合同法》实施后，江苏省某市民营包装加工公司接到劳动仲裁委员会送达的一份应诉通知书。原来，此次与公司打官司的是该公司的一位副总经理，由于与总经理存在矛盾，故而以没有依法支付加班费为由提出解除劳动合同，并要求公司依法支付经济补偿金。当总经理办主任通知总经理收到应诉通知书的时候，总经理非常生气，并且跟总经理办主任讲："这个人我们不要理他，让他自己去折腾好了。"开庭当日该公司总经理没有到庭，也没有指派相关代表到庭。仲裁员试着联系该公司到庭，但是无法联系上，并且在审理后的一段时间内也没能联系上该公司，于是直接作出缺席裁决，裁决支持了申请人的全部请求。

【案例评析及处理结果】

根据《劳动争议调解仲裁法》第 36 条的规定，在本案中，该公司无正当理由拒不到庭，予以缺席裁决处理。因此，对于仲裁当事人而言，应依法积极参与仲裁过程。

二、劳动争议鉴定与举证

仲裁庭对专门性问题认为需要鉴定的，可以交由当事人约定的鉴定机构鉴定；当事人没有约定或者无法达成约定的，由仲裁庭指定的鉴定机构鉴定。根据当事人的请求或者仲裁庭的要求，鉴定机构应当派鉴定人参加开庭。当事人经仲裁庭许可，可以向鉴定人提问。当事人提供的证据经查证属实的，仲裁庭应当将其作为认定事实的根据。

劳动者无法提供由用人单位掌握管理的与仲裁请求有关的证据，仲裁庭可以要求用人单位在指定期限内提供。用人单位在指定期限内不提供的，应当承担不利后果。

超过时限仍不举证的应承担不利后果

【案例介绍】

申请人：蔡经理

被申请人：浙江温州某制鞋公司

浙江温州某制鞋公司一直以来都是实行保密工资制，也就是说，员工的工资构成和数额只有公司总经理和财务人员知晓，其他员工不相知，公司也不允许相互之间打探和透露工资。与此同时，公司也不向员工出具工资清单。技术部蔡经理由于工作能力突出，工资由原来约定的3 000元迅速提高到5 000元。

环保部门来公司检查，蔡经理实事求是地将公司相关环保措施执行情况介绍给环保部门，并准备根据环保部门出具的相关意见进行整改。不过，蔡经理的这个做法引起了公司总经理的极度不满，认为蔡经理不应该向政府部门泄露真实的环保情况，于是准备降低他的工资。在接下来的两个月内，蔡经理的工资一下子从5 000元减少到4 000元和3 000元，蔡经理不明就里，找到总经理寻求答案。总经理直截了当地告诉他之所以减少工资是因为其在接待环保部门检查时有不当行为，并表示以后其工资按3 000元处理。蔡经理向当地劳动争议仲裁委员会提出申请，要求公司按照原来5 000元工资支付劳动报酬，补齐最近两个月的工资差额。仲裁委员会受理了此案。公司认为，蔡经理如果认为其工资为5 000元，应该提供相关证据证明。蔡经理向仲裁委员会说明，其工资为保密工资，既无劳动合同工资变更条款，也无业务工资清单，自己无法举证，而公司作为管理方，应由公司提供相关证据。仲裁庭根据劳动争议举证规定，要求公司提供工资清单，但是公司拒绝提供。法定的举证期限届满后，仲裁员作出了支持蔡经理全部请求的裁决。

【案例评析及处理结果】

劳动者无法提供由用人单位掌握管理的与仲裁请求有关的证据，仲裁庭可以要求用人单位在指定期限内提供。用人单位在指定期限中无法提供的，应当承担不利后果。

三、劳动争议仲裁程序

开庭审理的程序主要包括以下几个步骤。

（1）由书记员查明双方当事人、代理人及有关人员是否到庭，宣布仲裁庭纪律。

（2）首席仲裁员宣布开庭，宣布仲裁员、书记员名单，告知当事人享有的仲裁权利和义务，询问当事人是否申请回避并宣布案由。

（3）听取申请人及其代理人的申请和被申请人及其代理人的答辩。

（4）仲裁员以询问方式，对需要进一步了解的问题进行当庭调查，仲裁庭调查时可出示证据（包括书证、物证、证人证言、调查笔录、勘验笔录等），根据需要也可以传证人到庭，并告之证人的权利和义务。当事人对自己的主张有举证责任和义务；在有些情况下，企业应承担提供有关证据的主要责任。

（5）首席仲裁员许可，可以向鉴定人、勘验人发问；当事人要求重新进行调查、鉴定或者勘验的，是否准许，由仲裁庭决定。

（6）根据当事人的意见，当庭进行调解；当庭达成调解协议的，应由双方当事人在调解协议上签字。仲裁委员会应当根据双方达成的调解协议制作调解书送达当事人。

（7）不宜进行调解或调解达不成协议时，应及时休庭合议并作出裁决；裁决结果应记录在案，由仲裁员署名。

（8）仲裁庭复庭，由首席仲裁员宣布仲裁裁决。

（9）对于需要补充调查取证的案件，必须到庭的当事人和其他仲裁参加人有正当理由没有到庭的，以及仲裁庭难作结论或需提交仲裁委员会决定的疑难案件，仲裁应当宣布延期裁决。

（10）首席仲裁员宣布闭庭。

（11）仲裁庭闭庭后，书记员应将仲裁庭庭审记录交双方当事人和其他仲裁活动参加人校阅、签名。当事人认为自己的陈述和意见有遗漏和差错的，有权申请补正。最后，仲裁庭庭审记录应由仲裁员、书记员签名。对事实清楚、案情简单，适用法律、法规明确的案件，可由仲裁委员会或办事机构指定一名仲裁员按本规程独任处理。

四、劳动争议仲裁和解与调解

1.仲裁和解

仲裁和解是指仲裁当事人通过协商，自行解决已提交仲裁的争议事项的行为。仲裁和解是仲裁当事人行使处分权的表现。

《劳动争议调解仲裁法》第 41 条规定，当事人申请劳动争议仲裁后，可以自行和解。达成和解的，可以撤回仲裁申请。

当事人达成和解协议的，可以请求仲裁庭根据和解协议作出裁决书，也可以撤回仲裁申请。如果当事人撤回仲裁申请后反悔的，则仍可以根据仲裁协议申请仲裁。

2.仲裁调解

仲裁调解是指在仲裁庭主持下，仲裁当事人在自愿协商、互谅互让的基础上达成协议。

当事人自愿调解的，仲裁庭应当调解。调解不成的，仲裁庭应当及时作出裁决。

经仲裁庭调解，双方当事人达成协议的，仲裁庭应当制作调解书。调解书要写明仲裁请求和当事人协议的结果，并由仲裁员签名，加盖仲裁委员会印章。仲裁调解书经双方当事人签收后即发生法律效力。如果在调解书签收前当事人反悔的，仲裁庭应当及时作出裁决。仲裁庭除了可以制作仲裁调解书之外，也可以根据协议的结果制作裁决书。调解书与裁决书具有同等的法律效力。

根据法律规定仲裁庭在作出裁决前，应当先行调解。调解达成协议的，仲裁庭应当制作调解书。调解书应当写明仲裁请求和当事人协议的结果。调解书由仲裁员签名，加盖劳动争议仲裁委员会印章，送达双方当事人。调解书经双方当事人签收后，发生法律效力。调解不成或者调解书送达前，一方当事人反悔的，仲裁庭应及时作出裁决。

调解协议书送达前可以反悔

【案例介绍】

申请人：赵女士

被申请人：上海某合资生物制药公司

赵女士是湖北某高校生物系的高才毕业生，与上海某合资生物制药公司签订了5年的劳动合同，成为该公司研发部的研发工程师。当时，公司正处于某系列产品的研发阶段，需要高层次的研发人才，公司发现赵女士研发能力很强，于是公司给她安排了大量的研发业务工作，赵女士常常需要加班才能完成工作任务。随着时间的推移，赵女士开始向公司提出希望减少自己的工作量，并说明了理由，但遭到公司的拒绝。经过双方的沟通，仍未达成一致意见。

此后一段时间，赵女士8小时工作时间后不再加班，未完成的工作顺延至第2天进行。公司对此很不满意，此后不久便解除了与赵女士的劳动合同。于是赵女士申请劳动仲裁。开庭审理时，仲裁员征求双方意见是否愿意调解。公司方自觉理亏，同意调解，赵女士觉得找工作不易，也同意调解，双方愿意恢复劳动关系。仲裁庭决定庭审结束，不日将作出调解书。赵女士考虑到工作的连续性，主动联系公司，希望继续延续原来的项目，公司给出的回应却是："回来后，先不跟项目，反省一段时间再说。"赵小姐对公司的行为感到气愤，并立即打电话给仲裁庭，表示自己反悔，无意与公司进行调解，无须送达调解书，并要求仲裁庭依法裁决公司行为违法，并依法支付双倍的经济补偿金。仲裁庭接受了赵小姐的意见，继续受理此案。

【案例评析及处理结果】

依据《劳动争议调解仲裁法》第42条规定，调解书经双方当事人签收后发生法律效力。调解书送达前，一方当事人反悔的，仲裁庭应及时作出裁决。

五、劳动争议仲裁裁决

仲裁裁决是指仲裁庭对当事人之间所争议的事项进行审理后所作出的终局权威性判定。仲裁裁决的作出，标志着当事人之间纠纷的最终解决。

1.仲裁裁决作出的方式

仲裁裁决是由仲裁庭作出的。独任仲裁庭进行的审理，由独任仲裁员作出仲裁裁决；合议仲裁庭进行的审理，则由三名仲裁员集体作出仲裁裁决。根据《中华人民共和国仲裁法》（简称《仲裁法》）的规定，由合议仲裁庭作出仲裁裁决时，根据不同的情况，采取不同的方式。

1）按多数仲裁员的意见作出仲裁裁决

按多数仲裁员的意见作出仲裁裁决是裁决的一项基本原则，即少数服从多数的原则，也是仲裁实践通常适用的方式。所谓多数仲裁员的意见，是指仲裁庭的三名仲裁员中至少有两名仲裁员的意见一致，如果三名仲裁员各执己见，无法形成多数意见时，即无法以此种方式作出仲裁裁决。

2）按首席仲裁员的意见作出仲裁裁决

按首席仲裁员的意见作出仲裁裁决是在仲裁庭无法形成多数意见的情况下所采用的作

出仲裁裁决的方式。

《劳动争议调解仲裁法》第 45 条规定，裁决应当按照多数仲裁员的意见作出，少数仲裁员的不同意见可以记入笔录。仲裁庭不能形成多数意见时，裁决应当按照首席仲裁员的意见作出。

2.仲裁裁决的几种方式

1）先行裁决

先行裁决是指在仲裁程序进行过程中，仲裁庭就已经查清的部分事实所作出的裁决。《劳动争议调解仲裁法》第 43 条规定，仲裁庭裁决劳动争议案件，应当自劳动争议仲裁委员会受理仲裁申请之日起 45 日内结束。案情复杂需要延期的，经劳动争议仲裁委员会主任批准，可以延期并书面通知当事人，但是延长期限不得超过 15 日。逾期未作出仲裁裁决的，当事人可以就该劳动争议事项向人民法院提起诉讼。

仲裁庭仲裁劳动争议案件时，其中一部分事实已经清楚，可以就该部分先行裁决。

2）最终裁决

最终裁决即通常意义上的仲裁裁决，它是指仲裁庭在查明事实，分清责任的基础上，就当事人申请仲裁的全部争议事项作出的终局性判定。

《劳动争议调解仲裁法》第 47 条规定，下列劳动争议，除本法另有规定外，仲裁裁决为终局裁决，裁决书自作出之日起发生法律效力：①追索劳动报酬、工伤医疗费、经济补偿或者补偿金，不超过当地月最低工资标准 12 个月金额的争议；②因执行国家的劳动标准在工作时间、休息休假、社会保险等方面发生的争议。

终局裁决的情形

【案例介绍】

申请人：张某

被申请人：上海 A 企业

张某 2007 年 4 月 16 日进入上海 A 企业工作，劳动合同有效期至 2008 年 4 月 15 日届满。双方约定税后工资 6 500 元/月。2007 年 7 月 10 日因张某向单位反映加班太多而被被申请人以口头方式辞退，A 企业于 2007 年 7 月 13 日为申请人办理了退工手续。张某曾于 2007 年 1 月 30 日生育，被解除劳动关系时尚在哺乳期。张某认为，被申请人以申请人反映加班太多为由而单方面解除与申请人的劳动合同无法律依据，且申请人尚处于哺乳期，依法不应被解除劳动合同，故提出如下仲裁请求。

（1）请求裁决撤销被申请人解除与申请人劳动关系的决定，恢复双方劳动关系。

（2）请求裁决被申请人 A 企业补发相应全部工资（按税后 6 500 元/月标准）。

（3）请求裁决 A 企业支付相应工作日加班费。

而 A 企业认为没有证据证明是企业方提出解除劳动合同，事实上是申请人自 2007 年 7 月 10 日起即擅自旷工，且被申请人从来不知道申请人处于哺乳期，故不同意恢复劳动关系，也不同意补发工资。双方之间劳动合同明确规定申请人实行的是不定时工作制，因此被申请人无须支付申请人加班工资，请求驳回申请人的全部仲裁请求。

【案例评析】

追索劳动报酬等和因执行国家的劳动标准在工作时间、休息休假、社会保险等方面发生的争议的判决为最终裁决。

【处理结果】

经双方辩解和举证，最终劳动争议仲裁委员会支持了张某的仲裁请求。被申请人在收到裁决书后 15 日内没有提起诉讼，裁决生效。

上述案例的整个过程属于典型的终局裁决的仲裁裁决类型。在整个案例过程中可以看出，鉴于双方的现实状况和事实依据，劳动争议仲裁委员会作出的最终裁决是正确的。

3）裁决先予执行

《劳动争议调解仲裁法》规定仲裁庭对追索劳动报酬、工伤医疗费、经济补偿或者赔偿金的案件，根据当事人的申请，可以裁决先予执行，移送人民法院执行。

仲裁庭裁决先予执行的，应当符合下列条件：①当事人之间权利义务关系明确；②不先予执行将严重影响申请人的生活。

劳动者申请先予执行的，可以不提供担保。

4）合意裁决

合意裁决即仲裁庭根据双方当事人达成协议的内容作出的仲裁裁决。它既包括根据当事人自行和解达成的协议而作出的仲裁裁决，也包括根据经仲裁庭调解双方达成的协议而作出的仲裁裁决。

3.仲裁裁决书

仲裁裁决书是仲裁庭对仲裁纠纷案件作出裁决的法律文书。裁决书应当载明仲裁请求、争议事实、裁决理由、裁决结果和裁决日期。裁决书由仲裁员签名，加盖劳动争议仲裁委员会印章。对裁决持不同意见的仲裁员，可以签名，也可以不签名。

4.仲裁裁决的纠正

当事人对仲裁裁决不服向人民法院提起诉讼的，依照《劳动争议调解仲裁法》的有关规定进行。

有证据证明仲裁裁决有下列情形之一，可以自收到仲裁裁决书之日起 30 日内向劳动争议仲裁委员会所在地的中级人民法院申请撤销裁决：①使用法律、法规有错误的；②劳动争议仲裁委员会无管辖权的；③违反法定程序的；④裁决所根据的证据是伪造的；⑤对方当事人隐瞒了足以影响公正裁决的证据的；⑥仲裁员在仲裁该案时有索贿受贿、徇私舞弊、枉法裁决行为的。

人民法院经组成合议庭审查核实裁决有前款规定情形之一的，应当裁定撤销。仲裁裁决被人民法院裁定撤销的，当事人可以自收到裁定书之日起 15 日内就该劳动争议事项向人民法院提起诉讼。

当事人一方对裁决不服如何处理？

【案例介绍】

申请人：陈某

被申请人：华东某餐饮连锁企业

陈某是华东某餐饮连锁企业的一名行政主管，因为和单位同事之间的关系不合一直想离职另寻发展。陈某发现公司劳动人事管理存在各种漏洞：公司不仅考勤记录制度不完善，而且劳动合同管理也存在相当大的漏洞。于是他利用职务便利将自己的考勤记录修改为全勤，同时抽走了自己的劳动合同，并向所在区劳动争议仲裁委员会提出了仲裁申请，以公司未依法支付加班费为由要求解除劳动合同，并要求公司按照其提供的考勤记录支付加班费，并支付相应工龄的经济补偿金以及未签订书面劳动合同的双倍补偿。仲裁庭独任仲裁员赵某发现其提交的考勤记录证据可能存在问题但未当场说明。休庭后，赵某私下找到陈某，给其说明其制作伪证应承担相应的法律责任。同时赵某暗示陈某：如果陈某愿意支付一些费用，他将作出有利于陈某的裁决。在陈某承诺愿意支付相应的费用后，赵某裁决公司应支付陈某加班费、经济补偿金和未签劳动合同的赔偿金共计 9 850 元，并且注明为终局裁决。公司接到相关裁决后大为疑惑，但因公司自身管理确实存在问题，准备就此作罢履行裁决决议。此间，正值企业更换办公场地，行政部的小张发现了在公司档案柜中陈某的考勤记录原件，于是向公司行政部经理作了反映。行政部经理回想起当时裁决完后，陈某曾偷偷将一个信封交给仲裁员赵某，于是行政部经理怀疑这其中有可能有伪造证据、行贿及违法裁决的问题，于是在收到裁决书的第二个星期就向当地中级人民法院提出了申请撤销仲裁的请求。

【案例评析及处理结果】

根据《劳动争议调解仲裁法》第 49 条规定，用人单位有证据证明本法第 47 条规定的仲裁裁决有下列情形之一，可以自收到仲裁裁决书之日起 30 日内向劳动争议仲裁委员会所在地的中级人民法院申请撤销裁决：适用法律、法规确有错误的；劳动争议仲裁委员会无管辖权的；违反法定程序的；裁决所根据的证据是伪造的；对方当事人隐瞒了足以影响公正裁决的证据的；仲裁员在仲裁该案时有索贿受贿、徇私舞弊、枉法裁判行为的。法院经调查核实情况后，作出了撤销仲裁裁决的判决。

六、劳动争议仲裁裁决的效力

《劳动争议调解仲裁法》对仲裁裁决分两类：一是一裁终局裁决；二是一般裁决。因此，《劳动争议调解仲裁法》对两种裁决的效力也作出了不同的规定：一裁终局裁决，裁决书自作出之日起发生法律效力。一般裁决，当事人对仲裁裁决不服的，可以自收到仲裁裁决书之日起向人民法院提起诉讼；期满不起诉的，裁决书发生法律效力。

七、劳动争议仲裁裁决的执行

1.执行仲裁裁决的条件

仲裁裁决的执行，必须符合下列条件。

（1）必须有当事人的申请。一方当事人不履行仲裁裁决时，另一方当事人（权利人）须向人民法院提出执行申请，人民法院才可能启动执行程序。是否向人民法院申请执行，是当事人的权利，人民法院没有主动采取执行措施对仲裁裁决予以执行的职权。

（2）当事人必须在法定期限内提出申请。仲裁当事人在提出执行申请时，应遵守法定期限，及时行使自己的权利，超过了法定期限再提出申请执行时人民法院不予受理。

（3）当事人必须向有管辖权的人民法院提出申请。

裁决书如何申请执行？

【案例介绍】

申请人：某德资电梯制造公司

被申请人：小李

小李作为江苏苏州某德资电梯制造公司的储备技术干部，在派往德国汉堡大学进修之前，与公司签订了为期5年的培训服务期协议。该培训服务期协议约定，小李到德国接受培训后至少要为公司服务5年，若小李工作不到5年离职应以违约金25万元为基数，每工作满一年少支付5万元。当服务期刚履行完2年时小李打算离开公司，并许诺依照约定支付违约金15万元。公司因此与小李解除了劳动合同，并约定在3个月内支付违约金。此后，小李到苏州某日资电梯制造公司工作。3个月过去了，小李并未按照事先的承诺支付违约金。德资公司遂向所在地劳动争议仲裁委员会申请仲裁。经过审理，仲裁委员会裁决小李于仲裁裁决生效后10日内向德资公司支付违约金15万元。但是在仲裁裁决后的10日内小李依然没有支付违约金。德资公司向人民法院申请强制执行，人民法院经审查受理了申请，并向小李的现任职单位发出了协助执行通知书，要求该日资公司按月扣除小李的部分工资，以支付德资公司的违约金。但是日资公司的负责人认为：小李与原德资公司的纠纷与本公司没有关系，如果公司扣发了小李的工资，会很大程度上影响小李的工作积极性，而且小李是公司作为专门人才引进的，如果扣发了小李的工资，可能会给公司生产造成不利影响，甚至会引发新的纠纷，于是拒绝了法院的协助执行通知书。

【案例评析及处理结果】

根据《劳动争议调解仲裁法》第51条的规定：当事人对发生法律效力的裁决书应依照规定的期限履行。当事人一方逾期，另一方当事人可以依照民事诉讼法的有关规定向人民法院申请执行。

本案中，小李应当依照培训协议和约定来支付违约金，在其违约后公司可依照上述规定申请法律保护，对逾期不执行的可采取强制措施。

2.执行仲裁裁决的程序

1）申请执行

一方当事人在规定的期限内不履行仲裁裁决时，权利方当事人在符合前述条件的情况下，有权请求人民法院强制执行。当事人申请执行时应当向人民法院递交申请书，在申请书中应说明对方当事人的基本情况以及申请执行的事项和理由，并向法院提交作为执行依据的生效的仲裁裁决书或仲裁调解书。

2）执行

当事人向有管辖权的人民法院提出执行申请后，受申请的人民法院应当根据《民事诉讼法》规定的执行程序予以执行。人民法院的执行工作由执行员进行。

（1）执行员接到申请执行书后，应当向被执行人发出执行通知，责令其在指定的期间履行仲裁裁决所确定的义务。如果被执行人逾期再不履行义务的，则采取强制措施予以执行。

（2）被执行人未按执行通知履行仲裁裁决确定的义务，人民法院有权冻结、划拨被执行人的存款；有权扣留、提取被执行人应当履行义务部分的财产；有权强制被执行人迁出房屋或者退出土地；有权强制被执行人交付指定的财物或票证；有权强制被执行人履行指定的行为。

（3）被执行人未按仲裁裁决书或调解书指定的期间履行给付金钱义务的，应当加倍支付迟延履行期间的债务利息；未按规定期间履行其他义务的，应当支付迟延履行金。人民法院采取有关强制措施后，被执行人仍不能偿还债务，应当继续履行义务，即申请人发现被执行人有其他财产的，可以随时请求人民法院予以执行。当被申请人因严重亏损，无力清偿到期债务时，申请人可以要求人民法院宣告被执行人破产还债。

（4）在执行程序中，双方当事人可以自行和解。如果达成和解协议，被执行人不履行和解协议的，人民法院可以根据申请执行人的申请，恢复执行程序。被执行人向人民法院提供担保，并经申请执行人同意的，人民法院可以决定暂缓执行的期限。被执行人逾期仍不履行的，人民法院有权执行被执行人的担保财产或担保人的财产。

角色扮演

本实训项目由任课教师提前准备关于劳动争议仲裁的案例，并将学员分成若干组，每组中的成员分别担任案例中涉及的纠纷双方利益成员、争议仲裁机构成员，由各自负责扮演的角色阐述各方观点，任课教师最后对各方观点进行点评总结，通过此项目的训练提高学员对劳动争议调解仲裁法的理解和记忆，并提升实践及运用能力。

案例讨论

职工造成损失，企业如何追偿？

张某 2007 年 12 月应聘到一家私有服装企业做销售工作，与企业签订了为期两年的劳动合同，合同中约定了张某的工作为销售服装，报酬则采取底薪 800 元加销售提成。该企业对销售人员的规定是代企业销售的服装，如 3 个月内既没有返回货款又没有将未销售的服装完整收回，则销售人员要承担相应的损失，这一部分内容未写进合同。

2008 年 11 月，张某从仓库提走价值 2 万元服装赊销给一服装店店主王某。2009 年 3 月，张某发现王某突然失踪，由于无法及时返回货款也找不到债主，服装企业作出了由张某赔偿 2 万元损失的决定，并开始每月扣除张某工资 500 元。对于企业的决定，张某不服，遂向劳动争议仲裁委员会提出仲裁申请：劳动合同以外的管理规定不具备法律效力，公司作出的要求张某赔偿的决定无效。同时，张某每月工资 800 元，扣除 500 元无法保证正常生活，要求如数发放工资。

思考题

　1.张某提出的两项申请是否合法？理由是什么？

　2.张某一旦辞职，企业如何弥补损失？

▶本章思考题

　1.追溯我国法律，了解我国劳动争议仲裁时效的规定。

　2.你认为应如何提高劳动争议仲裁效能？

参 考 文 献

李林蔚.2007.我国劳动争议处理制度的反思与重构——以法国模式为借鉴.厦门大学硕士学位论文.

刘诚.2006.不同模式劳动争议调解制度异同分析.中国劳动，（5）：32-34.

孙冰心.2008.劳务派遣法律规制研究.吉林大学博士学位论文.

张冬梅.2008.劳动争议处理体制的比较研究——兼谈《劳动争议调解仲裁法》的不足和完善.中国劳动关系学院学报，（6）：45-49.